Verstehen und Sprechen

Helmut Rehder

Ursula Thomas

Freeman Twaddell

Verstehen und Sprechen

REVISED EDITION

HOLT, RINEHART AND WINSTON
New York   Toronto   London

Photograph Credits

Jan Lukas: Cover; Text Pages: 24 *(top),* 25 *(top),* 36, 37, 41, 47, 61, 70, 73, 74, 75 *(bottom),* 85
  (top), 112, 113, 124-125, 134, 135, 144, 152, 153, 163, 167, 171, 180, 181, 182.
Swiss National Tourist Office: 75 *(top),* 162, 177, 194, 195, 206.
German Information Center: 24 *(bottom),* 60, 201 *(center, bottom).*
Austrian National Tourist Office: 101, 207 *(top).*
Austrian Information Service: 207 *(bottom).*
German National Tourist Office: 200.
Landesbildstelle Württemberg: 100 *(center).*
Lufthansa: 201 *(top).*
Fritz Henle from Monkmeyer: 23, 25 *(bottom),* 57, 85, 239.
H. Gräf, Landeshauptstadt Düsseldorf: 96.
H. B. von Harling: 100 *(bottom).*
Ursula Thomas: 62, 203.

COLOR SECTION
Jan Lukas: ix, x-xxi.
Austrian National Tourist Office: xi *(top),* xxii-xxiii.
Swiss National Tourist Office: xxiv.

Illustrations by **Alan Moyler**

Contents

56990

Verstehen und Sprechen

ix

Bodensee

Penzberg

Wies/Schongau

München

Goslar

Wolfenbüttel

Rothenburg

Hamburg

Tiroler

Salzburg

Wien

1 Karl introduces himself to the girl sitting in the next row and asks her what her name is. She says her name is Liese Lehmann.

2 Coming into class, Fritz greets Monika and asks her how she is. Monika thanks him, says she's fine, and asks him how things are going with him. Fritz answers that he's all right too.

1	KARL	Ich heiße Karl. Wie heißt du, bitte?
	LIESE	Ich heiße Liese — Liese Lehmann.
	FRITZ	Guten Morgen, Monika. Wie geht es dir?
2	MONIKA	Danke, es geht mir gut. Und dir — wie geht es dir?
	FRITZ	Danke, es geht mir auch gut.

Notes on German Spelling

The letter **ß** and the letter **s** at the end of the word **es** are two ways of spelling the "hissing sound" in German.

The diphthong in the word **heiße** is usually spelled with the combination **ei**.

The combination **au** is the only way to represent the diphthong in the word **auch**.

Morgen — in German spelling, all nouns begin with a capital letter.

PRACTICE IN READING GERMAN

Ich heiße Helga.	Guten Morgen, Helga. Wie geht es dir?
Ich heiße Annette.	Guten Morgen, Annette. Wie geht es dir?
Ich heiße Monika.	Guten Morgen, Monika. Wie geht es dir?
Ich heiße Hans.	Guten Morgen, Hans. Wie geht es dir?
Ich heiße Klaus.	Guten Morgen, Klaus. Wie geht es dir?
Ich heiße Thomas.	Guten Morgen, Thomas. Wie geht es dir?

3 | Dieter asks Käte the name of the boy sitting next to her. Käte reports that his name is Fritz Krämer.

4 | Karin asks Dieter about the girl sitting behind him. Dieter says that her name is Else.

3	DIETER	Wie heißt der Junge da neben dir?
	KÄTE	Er heißt Fritz — Fritz Krämer.
4	KARIN	Wie heißt das Mädchen da hinter dir?
	DIETER	Sie heißt Else — Else Schulz.

Notes on German Spelling

The letters **j** and **w** are used differently in German and English. In German, the letter **j** represents the first sound in **Junge** (the sound we spell in English with *y*). German **w** represents the first sound in **wie** (the sound we usually spell with *v* in English).

"Umlaut" — the two dots of the letter **ä** in **Krämer** and **Mädchen** are called "umlaut", and the letter **ä** is called "ah-umlaut".

PRACTICE IN READING GERMAN

Der Junge da heißt Walter.
Der Junge da heißt Heinz.
Der Junge da heißt Werner.
Das Mädchen da heißt Doris.
Das Mädchen da heißt Heidi.
Das Mädchen da heißt Ute.

| 5 | Helga wonders who another girl in class is. She asks if it isn't Lotte. Werner tells her that that is Ida, and that Lotte isn't here today. |

| 6 | The teacher (Mrs. Holtz) asks who is absent today and inquires where Rudi Neumeier is. Dieter replies that he isn't here yet. Mrs. Holtz asks why not. She wonders whether he may be sick. Then she inquires about Anna Böll. Karl answers that Paul says she's sick. |

5	HELGA	Wer ist das? Ist das nicht Lotte?
	WERNER	Nein, das ist Ida. Lotte ist heute nicht hier.
6	FRAU HOLTZ	Wer fehlt heute? Wo ist Rudi Neumeier?
	DIETER	Er ist noch nicht hier.
	FRAU HOLTZ	Warum nicht? Ist er vielleicht krank? — Und wo ist Anna Böll?
	KARL	Paul sagt, sie ist krank.

Notes on German Spelling

Notice the combination **eu** in the words **heute** and **Neumeier.**

The letter **ö,** "oh-umlaut", represents a sound we do not have in English. A syllable whose spelling includes **ö** is pronounced with considerable rounding of the lips.

The **ch** combination spells a type of sound which is very common in German; you have already heard it in **nicht, vielleicht, Mädchen, noch, auch.**

PRACTICE IN READING GERMAN

Wer fehlt heute? Wo ist Liese Lehmann?
Wer fehlt heute? Wo ist Karl Bach?
Wer fehlt heute? Wo ist Kurt Reuter?
Wer fehlt heute? Wo ist Irmgard Steinhauer?

Rudi ist noch nicht hier.
Ingeborg ist noch nicht hier.
Sonja ist noch nicht hier.
Hans-Joachim ist noch nicht hier.

BUCHSTABEN

A	a	"ah"	I	i	"ieh"	Q	q	"kuh"	Y	y	"üpsilon"
B	b	"beh"	J	j	"jott"	R	r	"err"	Z	z	"tsett"
C	c	"tseh"	K	k	"kah"	S	s	"ess"			
D	d	"deh"	L	l	"ell"	T	t	"teh"			
E	e	"eh"	M	m	"emm"	U	u	"uh"	Ä	ä	"ah-umlaut"
F	f	"eff"	N	n	"enn"	V	v	"fau"	Ö	ö	"oh-umlaut"
G	g	"geh"	O	o	"oh"	W	w	"weh"	Ü	ü	"uh-umlaut"
H	h	"hah"	P	p	"peh"	X	x	"iks"		ß	"ess-tsett"

(*Homework assignment 1, page 253*)

7 Miss Bieber meets Mrs. Lübke at afternoon coffee, and asks her how she is. Mrs. Lübke replies that everything is fine, and inquires about Miss Bieber's health. Miss Bieber thanks her and says that she is well too.

8 Miss Bieber asks how things are at home. Mrs. Lübke says things are going well. Miss Bieber sends her greetings to Mrs. Lübke's family. Mrs. Lübke thanks her and says good-bye, until this evening, when they are to see each other again.

7	FRÄULEIN BIEBER	Guten Tag, Frau Lübke. Wie geht es Ihnen?
	FRAU LÜBKE	Danke, es geht mir gut. Und Ihnen — wie geht es Ihnen?
	FRÄULEIN BIEBER	Danke, es geht mir auch gut.
8	FRÄULEIN BIEBER	Wie geht es zu Hause?
	FRAU LÜBKE	Danke, es geht uns sehr gut.
	FRÄULEIN BIEBER	Schönen Gruß zu Hause.
	FRAU LÜBKE	Danke schön, Fräulein Bieber. Auf Wiedersehen, bis heute abend.

Notes on German Spelling

The combination **äu** represents the same sound as **eu;** compare the sounds in **Fräulein, heute.**

The letter **ü,** "uh-umlaut", represents a sound that is not heard in most dialects of English. A syllable whose spelling includes **ü** is pronounced with strong rounding of the lips.

PRACTICE IN READING GERMAN

Guten Tag, Frau Lübke.   Wie geht es Ihnen?
Guten Tag, Frau Moser.   Wie geht es Ihnen?
Guten Tag, Fräulein Bieber.   Wie geht es Ihnen?
Guten Tag, Fräulein Möbius.   Wie geht es Ihnen?

Schönen Gruß zu Hause, Fräulein Mohme.
Schönen Gruß zu Hause, Fräulein Bühler.
Schönen Gruß zu Hause, Frau Dieringer.
Schönen Gruß zu Hause, Frau Grünert.

9 Mr. König, the principal, confuses Werner with his older brother and calls him by the wrong name. Werner politely answers that he is *not* Fritz. Mr. König asks him what his name *is*, and Werner tells him. Mr. König then expresses his pleasure at getting acquainted with Werner.

10 Mr. König asks Werner how his family is. Werner says things aren't going so well. Mr. König says that's too bad and asks why. Werner explains that Fritz is sick today. Mr. König expresses sympathy and hopes Fritz will be feeling better soon. Werner thanks him, and the principal says good-bye until tomorrow.

	HERR KÖNIG	Guten Morgen, Fritz. Wie geht's?
	WERNER	Verzeihung, ich bin n i c h t Fritz.
9	HERR KÖNIG	So? Wie heißt du denn?
	WERNER	Ich heiße Werner.
	HERR KÖNIG	Nun, es freut mich, dich kennenzulernen.
	HERR KÖNIG	Wie geht es zu Hause?
	WERNER	Nicht so gut.
	HERR KÖNIG	Das ist schade. Wieso denn?
10	WERNER	Fritz ist heute krank.
	HERR KÖNIG	O, das tut mir leid. Gute Besserung!
	WERNER	Danke schön, Herr König.
	HERR KÖNIG	Auf Wiedersehen, bis morgen.

Notes on German Spelling

The sound-sequence which we spell *ts* in English words like *cats* is a common sequence in German, where it is spelled either **z** or **tz**.   The sequence occurs in German words at the beginning (**zu**) or in the middle (**Verzeihung**) or at the end (**Schulz, Holtz, Heinz**).

The letter **h** has several uses in German.   (1) At the beginning of a word it represents a sound like the English *h*-sound: some German examples are **heiße, hinter, heute, hier, Hause**.   (2) The letter **h** after **a, ä, e, i, o, ö, u, ü** shows that the preceding sound is a long vowel or a diphthong: **Lehmann, geht, fehlt, sehr, Ihnen, Verzeihung, Mohme, Bühler**.   (3) The combination **ch** spells the sound described after Exchange 6 on page 6.   (4) The combination **sch** spells the "hushing sound" in **Schulz, schön, schade**.

Spaced printing: Emphasis is often indicated in German printing by the use of spaced-out letters, like the word n i c h t in Exchange 9.   This corresponds fairly closely to the English use of *italics* for emphasis.

PRACTICE IN READING GERMAN

Ist Heinz vielleicht krank?
Nein, er ist heute nicht krank.
Und Ute Schulz?
Sie ist krank.   Ilse Stehr ist auch krank.
O, das ist schade.   Das tut mir leid. — Und wie geht es dir?
O, m i r geht es sehr gut.

11 The substitute teacher explains why Mrs. Holtz isn't here today. Rudi Neumeier expresses the class's regret, and politely asks her what her name is.

11	FRAU WALLNER	Frau Holtz ist heute nicht hier. Sie ist krank.
	RUDI	O, das tut uns leid. — Verzeihung, wie heißen Sie, bitte?

Note on German Spelling

The letter **v** in German usually represents the *f*-sound: **vielleicht, Verzeihung.**

PRACTICE IN READING GERMAN

Verzeihung, wie heißen Sie, bitte?
Ich heiße Schmidt, Hermann Schmidt.
Guten Tag, Herr Schmidt.   Wie geht es Ihnen?

Wie heißt du?
Ich heiße Claudia, Claudia Seiler.
Guten Tag, Claudia.   Wie geht es dir?

ZAHLEN

0 *0* Null

1	*1*	eins	11	*11*	elf
2	*2*	zwei	12	*12*	zwölf
3	*3*	drei	13	*13*	dreizehn
4	*4*	vier	14	*14*	vierzehn
5	*5*	fünf	15	*15*	fünfzehn
6	*6*	sechs	16	*16*	sechzehn
7	*7*	sieben	17	*17*	siebzehn
8	*8*	acht	18	*18*	achtzehn
9	*9*	neun	19	*19*	neunzehn
10	*10*	zehn	20	*20*	zwanzig

CONVERSATIONS

1 Annemarie returns some books to the neighborhood library and gets some more for her brother and sister, who are recovering from the flu.

FRÄULEIN STOLL Guten Abend, Annemarie. Geht es gut zu Hause?
ANNEMARIE Nein, es geht uns nicht so gut.
FRÄULEIN STOLL O, das ist schade. Wieso denn? Ist Karl krank?
ANNEMARIE Ja, Karl ist heute krank. Berta ist auch krank.
FRÄULEIN STOLL Und dir — wie geht es dir?   5
ANNEMARIE O, m i r geht es gut, danke.
FRÄULEIN STOLL Das freut mich. Nun, gute Besserung zu Hause.
Auf Wiedersehen.
ANNEMARIE Danke schön. Auf Wiedersehen, bis morgen.

⁴ja *yes*

2 Before the Literary Club meeting, the secretary and the vice-president are looking over the audience.

FRAU LACHMANN Wer ist noch nicht hier?
FRAU ANDERSEN Frau Goldschmidt fehlt noch.
FRAU LACHMANN Warum denn?
FRAU ANDERSEN Vielleicht ist sie krank. Vielleicht geht es zu Hause
nicht gut.   5
FRAU LACHMANN Und warum ist Doktor Ranke noch nicht hier?
FRAU ANDERSEN Vielleicht ist er auch krank.
FRAU LACHMANN Ist der Herr da neben Anneliese Schröder nicht
Doktor Ranke?
FRAU ANDERSEN O nein. Das ist Professor Schrempp.   10
FRAU LACHMANN Nein! Wie heißt er?
FRAU ANDERSEN Schrempp — Herr Professor Doktor Schrempp.
FRAU LACHMANN Ach so! —

¹³ Ach so! *So that's the way it is!*

(*Homework assignment 2, page 253*)

1. Freunde

Basic Dialogue One

STEFAN	Sag mal, ist das ein Freund von dir? Ich kenne ihn nicht.
ROLF	Ja, das ist ein Freund von mir.
STEFAN	Wie heißt dein Freund?
ROLF	Er heißt Werner. Er ist ein netter Kerl.
STEFAN	Darf ich ihn kennenlernen?
ROLF	Ja, natürlich. — Werner, dies ist mein Freund Stefan.
WERNER	Es freut mich.

VARIATION TABLES

A Wie heißt dein Freund?

wie heißt	dein Freund der Junge da der Junge hinter uns

B Er heißt Werner. Er ist ein netter Kerl.

er heißt	Werner Fritz Richard	er ist	ein netter Kerl ein guter Freund von mir

VARIATION AND EXPANSION PRACTICE

ILSE	Wie heißt dein Freund?
HEINZ	Er heißt Werner. Er ist ein netter Kerl.
PETER	Wie heißt der Junge da?
KLAUS	Er heißt Fritz. Er ist ein guter Freund von mir.
KARIN	Sag mal, wie heißt der Junge hinter uns? Ich kenne ihn nicht.
HELGA	Er heißt Richard. Er ist ein netter Kerl. Er ist auch ein guter Freund von mir.

(*Homework assignment 3, page 254*)

Basic Dialogue Two

HELGA Das ist eine Freundin von mir.

INGE Ich kenne sie nicht. Wie heißt deine Freundin?

HELGA Sie heißt Christine. Sie ist sehr nett.

INGE So? Ich finde sie nicht sehr hübsch.

VARIATION TABLES

A Ist das Mädchen da eine Freundin von dir? Ich kenne sie nicht.

ist	das Mädchen da das — — — — — der Junge da das	eine Freundin — — — — ein Freund	von dir

ich kenne	sie — — — ihn	nicht

B Ja, sie heißt Christine. Sie ist sehr nett.

ja	sie — — — er	heißt	Christine Andrea — — — — Peter Harald

sie ist — — — er ist	sehr nett eine gute Freundin von mir — — — — ein netter Kerl sehr nett

VARIATION AND EXPANSION PRACTICE

KLAUS Ist das Mädchen da eine Freundin von dir? Ich kenne sie nicht.

ILSE Ja, sie heißt Christine. Sie ist sehr nett.

EVA Wie heißt der Junge da? Ich kenne ihn nicht.

HEINZ Er heißt Harald. Er ist ein Freund von mir.

UWE Sag mal, wie heißt das Mädchen da hinter uns? Ich kenne sie
nicht.

KARIN Sie heißt Andrea. Sie ist sehr nett. Sie ist auch eine Freundin
von mir.

Leute *people*

der **Mann**	*man, husband*	die **Männer**	*men, husbands*	
die **Frau**	*woman, wife*	die **Frauen**	*women, wives*	
der **Herr**	*gentleman, man*	die **Herren**	*gentlemen, men*	
die **Dame**	*lady*	die **Damen**	*ladies*	
das **Fräulein**	*young lady*	die **Fräulein**	*young ladies*	
der **Junge**	*boy*	die **Jungen**	*boys*	
das **Mädchen**	*girl*	die **Mädchen**	*girls*	
der **Freund**	*friend* (MASC.)	die **Freunde**	*friends*	
die **Freundin**	*friend* (FEM.)	die **Freundinnen**	*friends*	
der **Schüler**	*pupil* (MASC.)	die **Schüler**	*pupils*	
die **Schülerin**	*pupil* (FEM.)	die **Schülerinnen**	*pupils*	
der **Lehrer**	*teacher*	die **Lehrer**	*teachers*	
die **Lehrerin**	*teacher*	die **Lehrerinnen**	*teachers*	
der **Student**	*student*	die **Studenten**	*students*	
die **Studentin**	*student*	die **Studentinnen**	*students*	

Titel *titles*

Herr *Mr.*   **Frau** *Mrs.*   **Fräulein (Frl.)** *Miss*

CONVERSATIONS

1 Mr. Keller's maid has orders to check up on all visitors.

HERR STORM   Verzeihung, ist Herr Keller vielleicht zu Hause?

DIENSTMÄDCHEN   Nein, er ist nicht zu Hause.

HERR STORM   O, das ist schade.

DIENSTMÄDCHEN   Wieso? Kennen Sie ihn? Sind Sie ein Freund von ihm?   5

HERR STORM   Ja, er ist ein Freund von mir.

DIENSTMÄDCHEN   Wie heißen Sie, bitte?

HERR STORM   Ich heiße Storm, Theobald Storm.

DIENSTMÄDCHEN   Danke sehr, Herr Storm. — Heute abend ist Herr Keller zu Hause.   10

HERR STORM   Danke sehr! Auf Wiedersehen, bis heute abend.

[4] Sind Sie ein Freund von ihm? *Are you a friend of his?*

2 Miss Bieber takes a great interest in everybody in the neighborhood. She greets Mr. Schröder as he returns from the office.

FRÄULEIN BIEBER   Guten Abend, Herr Schröder.

HERR SCHRÖDER   Guten Abend, Fräulein Bieber.

FRÄULEIN BIEBER   Wie geht es Ihnen, Herr Schröder?

HERR SCHRÖDER   Danke, es geht mir gut. Und Ihnen — wie geht es Ihnen?   5

FRÄULEIN BIEBER   Danke sehr, es geht mir auch gut. Und wie geht es zu Hause?

HERR SCHRÖDER   Es geht uns nicht so gut!

FRÄULEIN BIEBER   Wieso denn?

HERR SCHRÖDER   Meine Frau ist krank.   10

FRÄULEIN BIEBER   O, das tut mir leid. Gute Besserung!

HERR SCHRÖDER   Danke schön, Fräulein Bieber. Auf Wiedersehen.

FRÄULEIN BIEBER   Auf Wiedersehen, Herr Schröder.

(Homework assignment 4, page 255)

Basic Dialogue Three

GÜNTHER   Willst du ins Kino gehen?

KLAUS   Nein, ich möchte gerne nach Hause gehen.

GÜNTHER   Wirklich? Was ist denn los? Bist du müde? Du siehst so aus.

KLAUS   Ich? Müde? Durchaus nicht! Ich bin nur so hungrig. Ich möchte etwas essen und trinken.

VARIATION TABLES

A   Bist du müde? Du siehst so aus.

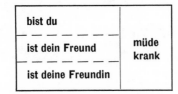

bist du		müde
ist dein Freund		krank
ist deine Freundin		

du siehst	
er sieht	so aus
sie sieht	

B   Nein, ich bin nur so hungrig. Ich möchte etwas essen und trinken.

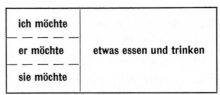

nein	ich bin	nur so hungrig
	er ist	
	sie ist	

ich möchte	etwas essen und trinken
er möchte	
sie möchte	

VARIATION AND EXPANSION PRACTICE

UWE   Bist du müde? Du siehst so aus.

HELGA   Nein, ich bin nur so hungrig. Ich möchte etwas essen und trinken.

ILSE   Ist dein Freund krank?

PETER   Nein, er sieht nur so aus. Er sagt, er möchte ins Kino gehen.

HEINZ   Was ist denn los? Bist du krank? Du siehst wirklich so aus.

EVA   Ja, ich möchte nach Hause gehen.

(Homework assignment 5, page 256)

Basic Dialogue Four

PETER   Was fehlt dir denn, Renate?

RENATE   Nichts.   Ich kann nur meine Schlüssel nicht finden.

PETER   Kann ich dir helfen?   Sind sie vielleicht in deiner Tasche?

RENATE   Nein, hier sind sie.   Auf dem Tisch.

VARIATION TABLES

A   Was fehlt dir denn, Renate?   Kann ich dir helfen?

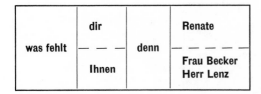 

was fehlt	dir — — — Ihnen	denn	Renate — — — — — Frau Becker Herr Lenz

kann ich	dir — — — Ihnen	helfen

B   Wo sind meine Schlüssel?   O, hier sind sie, auf dem Tisch.

wo	sind meine Schlüssel — — — — — — — ist mein Kugelschreiber

o	hier	sind sie — — — — ist er	auf dem Tisch in meiner Tasche neben dem Buch

VARIATION AND EXPANSION PRACTICE

KLAUS   Was fehlt dir denn, Renate?   Kann ich dir helfen?

RENATE   Wo sind meine Schlüssel?   O, hier sind sie, auf dem Tisch.

HERR SCHULZ   Was ist denn los?   Was fehlt Ihnen, Frau Becker?

FRAU BECKER   Nichts.   Ich kann nur meine Schlüssel nicht finden.

KARIN   Fehlt dir etwas, Gerhard?

GERHARD   Ja.   Kannst du mir helfen?   Wo ist mein Kugelschreiber?

KARIN   Da ist er, in deiner Tasche.

DAS KLASSENZIMMER

1. die Wanduhr
2. die Wandkarte
3. der Tisch
4. das Buch
5. der Stuhl
6. der Papierkorb
7. die Tür
8. das Fenster

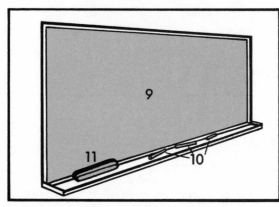

9. die Wandtafel
10. die Kreide
11. der Wischer

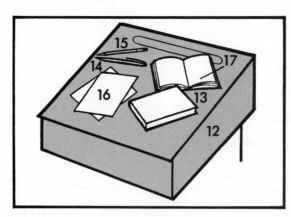

12. das Pult
13. die Bücher
14. der Kugelschreiber
15. der Bleistift
16. das Papier
17. die Seite

CONVERSATIONS

1 Christine wants Berta to hurry up.

CHRISTINE Was ist denn los, Berta?

BERTA Ich kann meine Schlüssel nicht finden. Sie sind nicht in meiner Tasche.

CHRISTINE Kann ich dir helfen? Sind sie vielleicht auf dem Tisch? — Ja, hier sind sie, unter deinem Buch. 5

BERTA Danke schön, Christine.

CHRISTINE Bitte sehr.

⁵ unter *under*   ⁷ Bitte sehr. *You're welcome.*

2 At a big political dinner, Mr. Krespel, the candidate, speaks to somebody he thinks he recognizes.

HERR KRESPEL Ah, guten Abend. Wie geht's Ihnen heute abend?

HERR EGGERS Danke, danke, es geht so. Und wie geht's Ihnen?

HERR KRESPEL Gut, sehr gut.

HERR EGGERS Ist Frau Krespel heute abend nicht hier?

HERR KRESPEL Nein, sie ist zu Hause. Sie ist krank. 5

HERR EGGERS O, das ist schade. Gute Besserung!

HERR KRESPEL Danke sehr. — Und wie geht's Marga?

HERR EGGERS Marga? Wer ist Marga?

HERR KRESPEL Ihre Frau! Sind Sie nicht Herr Mahlmann?

HERR EGGERS Nein, ich heiße nicht Mahlmann. Ich heiße Eggers. 10

HERR KRESPEL O, Verzeihung! Auf Wiedersehen!

(*Homework assignment 6, page 256*)

A

1 [Andrea spricht] Das Mädchen hinter mir heißt Annette. Ich kenne sie nicht sehr gut. Aber Barbara sagt, sie ist sehr nett.

    [1] spricht *speaks*   [2] aber *but*

  1 Wie heißt das Mädchen hinter Andrea?
  2 Kennt Andrea das Mädchen?
  3 Was sagt Barbara?

2 [Werner spricht] Der Junge da heißt Klaus. Er ist ein guter Freund von mir. Er ist sehr nett. Aber heute ist er müde. Er sagt, er möchte nach Hause gehen.

  1 Wie heißt der Junge?
  2 Wer ist Klaus?
  3 Wer ist heute müde?
  4 Was sagt Klaus?

3 [Fritz spricht] Mein Freund Karl sagt, er möchte nach Hause gehen. Warum denn? Sieht er nicht müde aus? Er sagt, er ist nur hungrig. Er möchte etwas essen und trinken.

  1 Was sagt Karl?
  2 Wie sieht er aus?
  3 Ist er müde?
  4 Was möchte er?

B

1 Ich kenne das Mädchen hinter mir. . . . Wie heißt sie? . . . Kennst du sie sehr gut? . . . Ist sie nett?

2 Der Junge da ist ein guter Freund von mir. . . . Wie heißt er? . . . Ist er nett? . . . Ist er müde? . . . Was sagt er?

3 Mein Freund Karl möchte nach Hause gehen. . . . Wie sieht er aus? . . . Ist er hungrig? . . . Was möchte er?

Die Mosel und der Rhein

2. Familie

Basic Dialogue One

RAINER   Grüß Gott, Karin!   Wie geht's denn dem Ralf?   Geht's ihm wieder gut?

KARIN   Danke, es geht ihm ausgezeichnet.   Er ist wieder gesund.

VARIATION TABLES

A   Wie geht es dem Ralf?   Geht's ihm wieder gut?

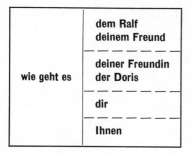 

wie geht es	dem Ralf deinem Freund		geht's	ihm	wieder gut
	deiner Freundin der Doris			ihr	
	dir			dir	
	Ihnen			Ihnen	

B   Danke, ausgezeichnet.   Er ist wieder gesund.

danke	ausgezeichnet	er ist sie ist ich bin	wieder gesund

VARIATION AND EXPANSION PRACTICE

EVA   Wie geht es der Doris?   Geht's ihr wieder gut?

HEINZ   Ausgezeichnet, danke.   Sie ist wieder gesund.

ILSE   Geht's deiner Freundin wieder gut?

KARIN   Nein, sie ist heute wieder krank.

UWE   Sag mal, wie geht's dir heute?   Bist du wieder gesund?   Du siehst so aus.

PETER   Ja, danke.   Es geht mir wirklich ausgezeichnet.

Basic Dialogue Two

KURT   Ich habe zwei Brüder und eine Schwester. Hast du auch
        Geschwister?

DORIS   Nein, ich habe keinen Bruder. Ich habe auch keine Schwe-
        ster. Ich bin nämlich ein Einzelkind.

VARIATION TABLES

A Hast du Geschwister?

hast du	Geschwister einen Bruder eine Schwester

B Ja, ich habe zwei Brüder und eine Schwester.

		drei			drei	
ja	ich habe	zwei	Brüder	und	zwei	Schwestern
		einen		aber	eine	
nein		keinen	Bruder		keine	Schwester

VARIATION AND EXPANSION PRACTICE

HELGA   Hast du Geschwister?

RENATE   Ja, ich habe zwei Brüder und eine Schwester.

KURT   Nein, ich habe keinen Bruder und keine Schwester.

PETER   Hast du einen Bruder?

HEINZ   Ja. Ich habe einen Bruder. Er heißt Werner.

KLAUS   Nein. Ich habe nur zwei Schwestern.

EVA   Sag mal, wie heißen deine Brüder und deine Schwestern?

ILSE   Meine Schwestern heißen Anna und Irmgard. Ich habe keinen
        Bruder.

VERWANDTE

der **Vater**	die **Väter** ⎫
die **Mutter**	die **Mütter** ⎬ die **Eltern**
der **Bruder**	die **Brüder** ⎫
die **Schwester**	die **Schwestern** ⎬ die **Geschwister**
der **Sohn** ⎫ das **Kind**	die **Söhne** ⎫ die **Kinder**
die **Tochter** ⎭	die **Töchter** ⎭
der **Onkel**	die **Onkel**
die **Tante**	die **Tanten**
der **Neffe**	die **Neffen**
die **Nichte**	die **Nichten**
der **Vetter**	die **Vettern**
die **Kusine**	die **Kusinen**
der **Großvater**	die **Großväter** ⎫
die **Großmutter**	die **Großmütter** ⎬ die **Großeltern**
der **Enkel**	die **Enkel** ⎫
die **Enkelin**	die **Enkelinnen** ⎬ die **Enkelkinder**
der **Schwager**	die **Schwäger**
die **Schwägerin**	die **Schwägerinnen**

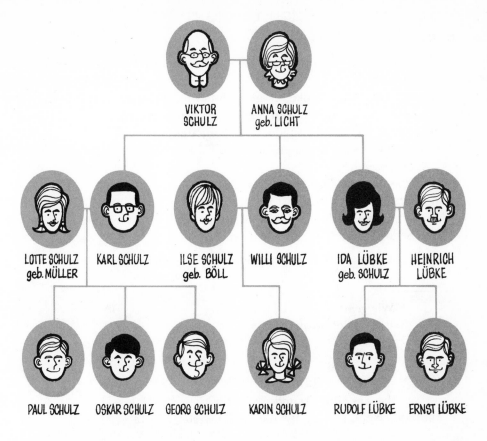

Viktor und Anna Schulz sind die Eltern von Karl, Willi und Ida.   Sie haben zwei Söhne und eine Tochter.   Viktor und Anna sind die Groß-eltern von Paul, Oskar, Georg, Karin, Rudolf und Ernst.   Sie haben fünf Enkel und eine Enkelin.

Willi Schulz ist der Vater von Karin.   Ihre Mutter ist Ilse Schulz. Karin hat zwei Tanten, Lotte Schulz und Ida Lübke, und zwei Onkel, Karl Schulz und Heinrich Lübke.   Sie hat fünf Vettern, Paul, Oskar, Georg, Rudolf und Ernst.

Karl Schulz ist der Sohn von Viktor und Anna Schulz.   Karl hat einen Bruder, Willi, und eine Schwester, Ida.   Karl und seine Frau Lotte haben drei Söhne, Paul, Oskar und Georg.   Karl hat eine Nichte, Karin, und zwei Neffen, Rudolf und Ernst.   Er hat auch einen Schwager, Heinrich Lübke, und eine Schwägerin, Ilse Schulz.

(*Homework assignment 7, page 257*)

CONVERSATIONS

1 Dr. Hubenthal checks up on Heinz's recovery.

DR. HUBENTHAL   Grüß Gott, Frau Uhlemann! Wie geht's dem Heinz?

FRAU UHLEMANN   Danke, es geht ihm wieder besser. Er ist wieder so hungrig. Er möchte immer essen und trinken.

DR. HUBENTHAL   Sehr schön, Frau Uhlemann.   5

FRAU UHLEMANN   Er ist noch ein bißchen müde, aber es geht ihm ausgezeichnet.

DR. HUBENTHAL   Das freut mich.

FRAU UHLEMANN   Ja, er ist wieder gesund.

DR. HUBENTHAL   Auch das freut mich. Heinz ist ein netter Kerl. 10 Schönen Gruß. Auf Wiedersehen.

³ besser *better*   ⁴ immer *always*   ⁶ ein bißchen *a little*
⁶ aber *but*   schon *already*

1 Wie geht es Heinz Uhlemann?
2 Ist er schon wieder gesund?
3 Warum möchte er immer essen und trinken?

2 Oskar asks Rudolf about the girl he walked to school with.

OSKAR   Ist das eine Freundin von dir?

RUDOLF   Nein, das ist nur meine Schwester Marta.

3 The teacher left her glasses at home again today.

LEHRERIN   Helga, wie heißt der Junge da vor dir?

SCHÜLERIN   Er heißt Heinz, Heinz Rosen.

LEHRERIN   Und der Schüler da hinter dir?

SCHÜLERIN   Das ist Kurt Bluhm.

LEHRERIN   Und der Schüler neben dir?   5

SCHÜLERIN   Aber Fräulein Schmidt, das ist kein Schüler. Das ist meine Freundin Marie, Marie Dietrich.

¹ vor *in front of*

1 Wie heißt der Junge vor Helga?
2 Wie heißt der Junge hinter Helga?
3 Wie heißt die Freundin von Helga?

(*Homework assignment 8, page 257*)

Basic Dialogue Three

KARLHEINZ   Habt ihr Vettern und Kusinen?

MONIKA   Wir haben nur einen Vetter, Eberhard Schneider.

ERIKA   Eberhard hat zwei Schwestern.   Unsere Kusinen sind Zwillinge.   Sie heißen Liese und Lotte.

KARLHEINZ   Ich habe vier Vettern, aber nur eine einzige Kusine. Die heißt Julie.

VARIATION TABLES

A   Habt ihr Vettern und Kusinen?

habt ihr	
hast du	Vettern und Kusinen

B   Wir haben einen Vetter und eine Kusine.

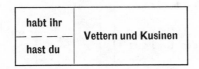

wir haben	einen Vetter keinen Vetter	und	eine Kusine keine Kusine
ich habe	drei Vettern fünf Vettern		drei Kusinen fünf Kusinen

VARIATION AND EXPANSION PRACTICE

UWE   Hast du Vettern und Kusinen?

RITA   Ja, ich habe zwei Vettern und vier Kusinen.

KURT   Habt ihr Vettern und Kusinen?

KARIN   Nein, wir haben keinen Vetter und keine Kusine.

HEINZ   Ja.   Unsere Vettern sind Zwillinge, sie heißen Michael und Markus.   Unsere Kusinen Barbara und Brigitte sind auch Zwillinge.

(*Homework assignment 9, page 258*)

Basic Dialogue Four

FRAU BRANDT	Wie geht's der Tante?
HERR STRAUB	Der Tante Viktoria? Na, sie sieht immer noch ein bißchen blaß aus. Aber es geht ihr schon viel besser, danke.
FRAU BRANDT	Das freut mich.

VARIATION TABLES

A Wie geht's der Tante? Sie sieht ein bißchen blaß aus.

	der Tante der Großmutter	sie sieht	
wie geht's	dem Onkel dem Großvater	er sieht	ein bißchen blaß aus
	den Großeltern	sie sehen	

B Es geht ihr schon viel besser.

es geht	ihr	schon viel besser
	ihm	
	ihnen	immer noch nicht gut

VARIATION AND EXPANSION PRACTICE

FRAU BECKER	Wie geht's der Großmutter? Sie sieht ein bißchen blaß aus.
PETER	Es geht ihr schon viel besser.
HERR SCHULZ	Wie geht's dem Großvater? Er sieht schon viel besser aus.
RITA	Ja, aber er ist immer noch ein bißchen blaß.
FRAU BETZ	Wie geht's der Tante und dem Onkel?
ERIKA	I h r geht es ein bißchen besser. Aber er ist immer noch krank.

Die Tage der Woche

der **Sonntag**	*Sunday*	am **Sonntag**	*on Sunday*
der **Montag**		am **Montag**	
der **Dienstag**		am **Dienstag**	
der **Mittwoch**		am **Mittwoch**	
der **Donnerstag**		am **Donnerstag**	
der **Freitag**		am **Freitag**	
der **Samstag**	*Saturday*	am **Samstag**	
der **Sonnabend**		am **Sonnabend**	

Adjektive

alt — jung (*old — young*)

gut — schlecht (*good — bad*)

groß — klein. (*big — little; of people: tall — short*)

stark — schwach (*strong — ?*)

Fragewörter

Wie?	*How?*	**Was?**	*What?*
Wann?	*When?*	**Warum?**	*Why?*
Wo?	*Where?*	**Wohin?**	*Where to?*
Wer?	*Who?*	**Woher?**	*Where from?*
Wen?	*Whom?*	**Wie lange?**	*How long?*
Wem?	*To whom, for whom?*	**Wie viele?**	*How many?*
Wessen?	*Whose?*	**Was für (ein)?**	*What kind of (a)?*

CONVERSATIONS

1 Before the rehearsal, Mrs. Böll, the advisor for the dramatic club, chats with some of the cast.

FRAU BÖLL   Guten Tag. Wie geht's heute?

WOLFGANG   Es geht uns gut, danke. Und Ihnen?

FRAU BÖLL   Danke, es geht mir auch gut. Wer fehlt heute?

LOTTE   Meine Schwester Luise ist nicht hier.

WALTER   Warum nicht? Ist sie heute krank?   5

LOTTE   Ja, sie ist zu Hause.

WALTER   O, das tut mir leid. Gute Besserung!

LOTTE   Danke schön.

FRAU BÖLL   Ist Luise deine Zwillingsschwester?

LOTTE   Ja, wir sind Zwillinge. Luise ist meine einzige Schwester, 10
und wir haben keinen Bruder.

-----

1 Wer ist heute nicht hier?

2 Wer ist Luise?

3 Haben Lotte und Luise einen Bruder?

2 Mrs. Gepp has been impressed by Fritz's cousin.

FRAU GEPP   Sag mal, Fritz, ist dein Vetter noch zu Hause?

FRITZ   Ja, er ist noch zu Hause.

FRAU GEPP   Ist er dein einziger Vetter?

FRITZ   O nein, er hat noch zwei Brüder. Aber die sind nicht hier.
Sie sind in Afrika. Sie kennen sie nicht.   5

FRAU GEPP   Nein, ich kenne sie noch nicht. Wie heißen sie denn?

FRITZ   Sie heißen Jürgen und Jochen Bethke. Sie sind Zwillinge.

-----

1 Wo ist Fritz' Vetter?

2 Hat Fritz nur einen Vetter?

3 Wo sind die Zwillinge?

4 Wie heißen sie?

(*Homework assignment 10, page 260*)

REPORTS

A

1 [Karl spricht] Ich habe einen Onkel Otto. Mein Onkel Otto ist groß und stark. Er sieht jung aus, und er ist wirklich nicht sehr alt. Er ist der Bruder von meiner Mutter.

> 1 Wie heißt Karls Onkel?
> 2 Was für ein Mann ist sein Onkel Otto?
> 3 Wie sieht er aus?
> 4 Ist er sehr alt?
> 5 Wessen Bruder ist Otto?

2 [Ilse spricht] Ich habe nur e i n e Tante. Meine Tante Paula ist die einzige Schwester von meinem Vater. Meine Mutter hat keine Schwester, nur Brüder. Ich habe viele Onkel, aber nur eine einzige Tante.

> 1 Wie viele Tanten hat Ilse?
> 2 Wer ist ihre Tante Paula?
> 3 Wie viele Schwestern hat Ilses Mutter?
> 4 Hat Ilse einen Onkel?

3 [Ralf spricht] Ich habe viele Geschwister: zwei Brüder und drei Schwestern. Unsere Familie ist sehr groß. Wir haben auch viele Vettern und Kusinen. Mein Großvater hat schon zwanzig Enkelkinder.

> 1 Wie viele Geschwister hat Ralf?
> 2 Ist Ralfs Familie sehr klein?
> 3 Wie viele Enkelkinder hat sein Großvater?

B

1 Ich habe nur einen Onkel. . . . Wie heißt dein Onkel? . . . Was für ein Mann ist dein Onkel? . . . Ist er groß und stark oder klein und schwach? . . . Wessen Bruder ist dein Onkel?

² oder or

2 Ich habe drei Tanten. . . . Wie heißen sie? . . . Wessen Schwestern sind sie? . . . Sind sie nett? . . . Hat deine Mutter Geschwister? . . . Wie viele Onkel und Tanten hast du?

3 Ich habe . . . Bruder/Brüder und . . . Schwester/Schwestern. . . . Ist das eine große Familie? . . . Hast du auch Vettern und Kusinen? . . . Hat dein Großvater viele Enkelkinder?

Kein Durchgang!
Nur Zugang für
Immenstadter-Str. 4-14

Hunde
an die Leine

3. Zahlen

Basic Dialogue One

PETRA   Wie alt ist deine Schwester?

WALTER   Sie ist nur vier Jahre alt. Mein Bruder ist neunzehn, beinahe zwanzig.

PETRA   Und wie alt bist du?

WALTER   Ich bin schon sechzehn Jahre alt.

VARIATION TABLES

A   Wie alt ist deine Schwester?

		deine Schwester dein Bruder
wie alt	ist	
	sind	deine Geschwister

B   Meine Schwester ist sechzehn Jahre alt. Unser Bruder ist nur fünf.

meine Schwester mein Bruder	ist	sechzehn siebzehn achtzehn neunzehn	Jahre alt

unser Bruder unsere Schwester	ist nur	fünf sechs sieben

VARIATION AND EXPANSION PRACTICE

PETER   Wie alt ist deine Schwester?

ERIKA   Sie ist neunzehn Jahre alt. Unser Bruder ist nur sechs.

HELGA   Wie alt sind deine Geschwister?

KARIN   Mein Bruder ist nur sieben Jahre alt, und meine Schwester ist nur elf.

KURT   Wie alt ist dein Bruder?

HEINZ   Er ist sechzehn. Ich bin auch sechzehn. Wir sind nämlich Zwillinge.

(*Homework assignment 11, page 261*)

Basic Dialogue Two

FRÄULEIN BIEBER	Wo wohnst du, Sonja?
SONJA	Ich wohne Schillerstraße neunundfünfzig. Und wo wohnen Sie, Fräulein Bieber?
FRÄULEIN BIEBER	Nicht weit von dir — in der Brucknerstraße.

VARIATION TABLES

A Wo wohnst du, Sonja?

wo	wohnst du	Sonja
	wohnen Sie	Fräulein Bieber
	wohnt ihr	du und Marie

B Wir wohnen nicht weit von Ihnen — in der Schillerstraße.

wir wohnen ich wohne	nicht weit von	Ihnen dir	in der Schillerstraße in der Brucknerstraße in der Karlstraße

VARIATION AND EXPANSION PRACTICE

FRAU BECKER	Wo wohnst du, Sonja?
SONJA	Ich wohne nicht weit von Ihnen, in der Brucknerstraße.
HERR SCHULZ	Wo wohnt ihr?
ERNST	Wir wohnen Karlstraße sechsundsechzig — nicht weit von hier.
FRAU JOST	Wo wohnen Sie, bitte?
FRAU BETZ	Ich wohne nicht sehr weit von Ihnen, in der Wieland-straße.

DAS WETTER

im Sommer

1. Es ist schön.

2. Die Sonne scheint.
   Mir wird warm (heiß).

3. Es gibt ein Gewitter.
   Es donnert und blitzt.

im Herbst

4. Der Himmel ist
   bewölkt.

5. Es ist windig.

6. Es wird immer
   kühler (kälter).

im Winter

7. Es ist nebelig.
   Man kann
   nichts sehen.

8. Es schneit und
   mich friert.

9. Es ist eisig kalt,
   aber der Himmel
   ist blau.

im Frühjahr

10. Der Schnee
    schmilzt.

11. Oft regnet es.

12. Es ist frisch, und
    es blühen die Blumen.

CONVERSATIONS

1 Mrs. Grimm hasn't seen the twins around recently.

FRAU GRIMM   Sag mal, Klara, wo wohnen deine Kusinen jetzt?

KLARA HOLZ   Die Zwillinge?   O, die wohnen jetzt in Kronstadt, sehr
weit von hier.

FRAU GRIMM   So?   Das ist schade.   Wie geht es deinem Onkel und
deiner Tante?   5

KLARA HOLZ   Gut, danke.   Aber Luise ist seit Montag krank.   Sie
darf jetzt nicht zur Schule gehen.

FRAU GRIMM   O, das tut mir leid.   Gute Besserung und schönen
Gruß zu Hause.

¹ jetzt *now*   ⁶ ist seit Montag krank *has been sick since Monday*
                       ⁷ zur Schule *to school*

1 Wo wohnen jetzt die Kusinen von Klara?
2 Warum darf Luise nicht zur Schule gehen?

MONIKA Sag mal, Beate, kennst du die Dame da hinter dem Tisch?

BEATE Ja, das ist Frau Doktor Becker. Sie wohnt nicht weit von uns.

MONIKA Ach so! Jetzt weiß ich's. Sie ist eine Freundin von meiner Tante Karin.   5

FRAU BECKER Guten Tag, Beate.

BEATE Guten Tag, Frau Doktor. Wie geht es Ihnen? — Dies ist meine Freundin, Monika Meinhoff.

FRAU BECKER Es freut mich, Sie kennenzulernen. Sind Sie vielleicht die Nichte von meiner Freundin, Karin Meinhoff?   10

MONIKA Ja. Das ist meine Tante. Sie ist die jüngste Schwester von meinem Vater.

FRAU BECKER Wie schön! — Geht es ihr gut?

MONIKA Danke, ausgezeichnet.

FRAU BECKER Und wie geht es d e i n e r Familie, Beate?   15

BEATE Danke. — Meine Eltern sind gesund, aber Robert ist heute ein bißchen krank.

FRAU BECKER Ach, das ist schade. Gute Besserung.

BEATE Danke. — Auf Wiedersehen.

MONIKA Auf Wiedersehen, Frau Doktor.   20

[4] Ach so! *So that's the way it is!*   [4] Jetzt weiß ich's. *Now I know.*
[11] jüngste *youngest*

---

1 Wer ist die Dame hinter dem Tisch?
2 Wessen Freundin ist Frau Doktor Becker?
3 Wer ist die Nichte von Karin Meinhoff?
4 Wessen Schwester ist Karin Meinhoff?
5 Wem geht es ausgezeichnet?
6 Wie geht es Beates Familie?

(*Homework assignment 12, page 261*)

Basic Dialogue Three

HERR MÜLLER	Sag mal, Dieter, wo wohnt ihr jetzt?
DIETER	Seit Montag wohnen wir Buchenweg dreiundsiebzig.
HERR MÜLLER	Habt ihr schon Telefon?
DIETER	Ja, seit gestern nachmittag. Aber ich weiß nicht, welche Nummer wir haben.

VARIATION TABLES

A Habt ihr schon Telefon?

habt ihr		
hast du	schon	Telefon
haben deine Eltern	jetzt	
hat Erich		

B Ja, seit gestern. Aber ich weiß nicht, welche Nummer wir haben.

ja	seit	gestern heute morgen Montag	aber ich weiß nicht, welche Nummer	wir haben
				ich habe
				sie haben
				er hat

VARIATION AND EXPANSION PRACTICE

KLAUS	Hast du schon Telefon?
EVA	Ja, seit heute nachmittag. Aber ich weiß noch nicht, welche Nummer ich habe.
FRAU BETZ	Haben Sie jetzt Telefon?
HERR GREBE	Ja, schon seit Montag. Unsere Nummer ist fünf — dreiundzwanzig — null — eins.

(*Homework assignment 13, page 262*)

Basic Dialogue Four

FRAU BENZ   Wohnt Dora noch bei euch?

CHRISTOPH   Nein, sie wohnt nicht mehr bei uns. Sie ist nämlich verheiratet. Sie und ihr Mann wohnen nicht weit von uns — Bismarckstraße siebenunddreißig.

VARIATION TABLES

A Wohnt Dora noch bei euch?

wohnt	Dora Detlev		bei euch
wohnen	Dora und ihr Mann Dora und dein Schwager Detlev und seine Frau Detlev und deine Schwägerin	noch	bei Ihnen

B Nein, aber sie wohnt nicht weit von uns.

nein	aber	sie er	wohnt	nicht weit	von uns
		sie	wohnen		von hier

VARIATION AND EXPANSION PRACTICE

RITA   Wohnt Detlev noch bei Ihnen?

UWE   Nein, aber er wohnt nicht weit von uns.

KARIN   Wohnen Dora und ihr Mann immer noch bei euch?

ERIKA   Nein, sie wohnen jetzt sehr weit von uns — in der Königstraße.

FRAU BECKER   Wo wohnt Dora jetzt?

PETER   Sie wohnt nicht mehr bei uns. Sie ist nämlich verheiratet. Sie und ihr Mann wohnen in Frankfurt.

Zahlen

21	einundzwanzig	46	sechsundvierzig
22	zweiundzwanzig	57	siebenundfünfzig
23	dreiundzwanzig	68	achtundsechzig
34	vierunddreißig	71	einundsiebzig
35	fünfunddreißig	87	siebenundachtzig
39	neununddreißig	99	neunundneunzig

0	Null	1 000	ein Tausend
100	ein Hundert	1 000 000	eine Million
		1 000 000 000	eine Milliarde

101	hunderteins
211	zweihundertelf
327	dreihundertsiebenundzwanzig
672	sechshundertzweiundsiebzig
1776	tausendsiebenhundertsechsundsiebzig
	siebzehnhundertsechsundsiebzig

Adjektive

fleißig — faul   (*hard-working — lazy*)

klug — dumm   (*intelligent — ?*)

kurz — lang   (*short — ?*)

hübsch — häßlich   (*pretty — ?*)

CONVERSATIONS

1 Karl-Heinz applies for a summer job. The secretary is taking down personal data.

SEKRETÄRIN	Wie heißen Sie, bitte?
KARL-HEINZ	Nordstrom, Karl-Heinz Nordstrom.
SEKRETÄRIN	Wie alt sind Sie?
KARL-HEINZ	Achtzehn, beinahe neunzehn.
SEKRETÄRIN	Sind Sie verheiratet?
KARL-HEINZ	Nein, noch nicht.
SEKRETÄRIN	Wohnen Sie noch bei Ihren Eltern?
KARL-HEINZ	Ja.
SEKRETÄRIN	Adresse?
KARL-HEINZ	Bismarckstraße achtundachtzig.
SEKRETÄRIN	Telefonnummer?
KARL-HEINZ	Buchen drei, fünfundsiebzig, einundzwanzig.
SEKRETÄRIN	Danke schön. Gehen Sie jetzt, bitte, zu Herrn Vogt.

1 Ist Herr Nordstrom verheiratet?
2 Wo wohnt er?
3 Wie alt ist er?
4 Welche Telefonnummer hat er?

2 Little Trudi feels left out.

TRUDI	Sag mal, Vati, warum hab' ich keinen Vetter und keine Kusine?
VATER	Ich bin ein Einzelkind. Ich habe keine Geschwister. Und deine Mutter —
TRUDI	Aber Mutti hat einen Bruder und auch eine Schwester.
VATER	Ja, aber dein Onkel Franz ist nicht verheiratet. Und deine Tante Gertrud ist verheiratet, aber sie hat noch keine Kinder.

1 Hat Trudis Vater Geschwister?
2 Hat ihre Mutter Geschwister?
3 Ist Onkel Franz schon verheiratet?
4 Hat Tante Gertrud schon Kinder?

(*Homework assignment 14, page 263*)

Worms

REPORTS

A

1 [Walter spricht] Ich heiße Walter. Ich bin fünfzehn Jahre alt. Ich habe nur einen Bruder, Dieter. Er ist mein Zwillingsbruder. Wir sind die einzigen Kinder in unserer Familie.

    1 Wie heißt der Junge?
    2 Wie alt ist er?
    3 Wie heißt sein Bruder?
    4 Haben die Zwillinge eine Schwester?
    5 Wie viele Kinder hat diese Familie?

2 [Doris spricht] Ich habe zwei Schwestern und nur e i n e n Bruder. Mein Bruder Ralf ist schon zwanzig Jahre alt. Meine Schwestern heißen Karin und Bettina. Karin ist zwölf Jahre alt, und Bettina ist zehn.

    1 Wie viele Geschwister hat Doris?
    2 Wie alt ist ihr Bruder?
    3 Wie heißen ihre Schwestern?
    4 Wie alt sind ihre Schwestern?

3 [Günther spricht] Herr Bach ist unser Lehrer. Er ist ein guter Lehrer, aber er weiß nicht, wo die Kreide ist. Er kann sie nicht finden. Aber ich weiß, wo sie ist. Sie ist in meinem Pult.

    1 Wer ist Herr Bach?
    2 Was für ein Lehrer ist Herr Bach?
    3 Was weiß er aber nicht?
    4 Was kann er nicht finden?
    5 Wer weiß, wo die Kreide ist?
    6 Wo ist sie?

4 [Michael spricht] Ich wohne noch bei meinen Eltern. Wir wohnen in
   der Bismarckstraße, Nummer sechsundvierzig. Meine Schwester
   Marianne ist schon verheiratet. Sie und ihr Mann wohnen auch in
   der Bismarckstraße, aber nicht bei uns.

   1 Bei wem wohnt Michael?
   2 In welcher Straße wohnen sie?
   3 Welche Nummer haben sie?
   4 Wo wohnt seine Schwester Marianne?
   5 Wohnen sie und ihr Mann bei Mariannes Eltern?

B

1 Ich heiße . . . . . . Wie alt bist du? . . . Hast du Geschwister? . . . Wie
  alt ist dein Bruder? . . . Wie groß ist deine Familie?

2 Ich habe . . . Geschwister. . . . Wie viele Schwestern und wie viele
  Brüder hast du? . . . Wie heißen deine Schwestern? . . . Wie heißt dein
  Bruder? . . . Wie alt ist dein Bruder? . . . Wie alt sind deine Schwestern?

3 Unser Lehrer ist Herr Bach. . . . Was für ein Lehrer ist er? . . . Was
  weiß Herr Bach nicht? . . . Was weißt du? . . . Wo ist die Kreide/der
  Wischer/das Buch?

4 Ich wohne bei meinen Eltern. . . . Was ist deine Adresse? . . . Hast du
  eine Schwester? . . . Wohnt sie auch bei den Eltern? . . . Hast du einen
  Bruder? . . . Wohnt er auch bei den Eltern?

4. Daten

Basic Dialogue One

RAINER   Welches Datum haben wir heute?

STEFAN   Heute ist der dritte November.

RAINER   Schönes Herbstwetter, nicht wahr?

STEFAN   Ja. Was macht ihr heute nachmittag? Wollt ihr nicht Tennis spielen?

RAINER   Leider hab' ich keine Zeit dazu.

VARIATION TABLES

A

schönes	Herbstwetter Frühlingswetter	nicht wahr	welches Datum haben wir heute

B

heute ist	der dritte der fünfte der sechsundzwanzigste	Oktober November April Mai

C

wollt möchtet	ihr		Tennis spielen etwas essen und trinken ins Kino gehen
willst möchtest	du	nicht	
wollen möchten	Sie		

D

das	kann ich können wir	leider nicht	ich habe wir haben	keine Zeit dazu

(*Homework assignment 15, page 264*)

Basic Dialogue Two

INGEBORG	Hast du nicht bald Geburtstag?
PETRA	Ja, ein paar Tage nach Weihnachten — am Tag vor Silvester.
INGEBORG	Wie nett, gerade vor Neujahr!
PETRA	Fällt deiner auch in den Winter?
INGEBORG	Nein. Der kommt noch im Herbst. Zu Allerheiligen. — Und wann hat Gisela Geburtstag?
PETRA	Erst mitten im Sommer, am vierten Juli.

VARIATION TABLES

A Hast du nicht bald Geburtstag?

hast	du	
hat	Gisela dein Bruder	nicht bald Geburtstag
haben	die Zwillinge	

B Ja, ein paar Tage nach Weihnachten.//Nein, erst mitten im Frühling.

ja	ein paar Tage	nach Weihnachten vor Silvester nach Allerheiligen	nein	erst	mitten im Frühling am zwölften März am ersten Mai

VARIATION AND EXPANSION PRACTICE

EVA	Haben die Zwillinge nicht bald Geburtstag?
KURT	Ja, ein paar Tage nach Allerheiligen.
HEINZ	Wann hast du Geburtstag?
HELGA	Erst am Tag vor Silvester.
KLAUS	Hat Gisela nicht bald Geburtstag?
ILSE	Nein, erst am vierundzwanzigsten Februar.

Die Jahreszeiten

das **Frühjahr** ⎱
der **Frühling** ⎰
der **Sommer**
der **Herbst**
der **Winter**

Die Monate

der **Januar** (im Januar)

der **Februar** (im Februar)

der **März** (im März)

der **April** (im April)

der **Mai** (im Mai)

der **Juni** (im Juni)

der **Juli** (im Juli)

der **August** (im August)

der **September** (im September)

der **Oktober** (im Oktober)

der **November** (im November)

der **Dezember** (im Dezember)

Ordinalzahlen und Daten

der erste (am ersten)

der zweite (am zweiten)

der dritte (am dritten)

der vierte (am vierten)

der fünfte (am fünften)

der sechste (am sechsten)

der siebte (am siebten)

der achte (am achten)

der neunte (am neunten)

der zehnte (am zehnten)

elft-

zwölft-

dreizehnt-

vierzehnt-

fünfzehnt-

sechzehnt-

siebzehnt-

achtzehnt-

neunzehnt-

zwanzigst-

einundzwanzigst-

dreißigst-

einunddreißigst-

vierzigst-

fünfzigst-

sechzigst-

siebzigst-

achtzigst-

neunzigst-

hundertst-

tausendst-

CONVERSATIONS

1 Christoph is his usual cheerful self.

HERR WAGNER   Sag mal, Christoph, geht es dir nicht gut?

CHRISTOPH   Nein, es geht mir schlecht.

HERR WAGNER   Das tut mir aber leid.   Wieso?   Was fehlt dir denn?

CHRISTOPH   Zu Hause geht's nicht gut.   Mein Bruder ist krank, und
meine Mutter ist krank, und meine Schwester ist immer müde 5
und blaß.   Und ich darf nicht ins Kino gehen.

HERR WAGNER   Das tut mir wirklich leid.   Wie geht's denn in der
Schule?

CHRISTOPH   Nicht viel besser.   Ich kann meine Bücher nicht finden.
Die Schüler sind alle so müde, und die Lehrer sind alle so müde, 10
und Karin ist heute nicht da, — nur Fräulein Bieber geht es
ausgezeichnet.

HERR WAGNER   Wer ist Fräulein Bieber?

CHRISTOPH   Meine Deutschlehrerin.

HERR WAGNER   Nun, Christoph.   Da kann ich dir nicht helfen. 15
Vielleicht geht es dir morgen wieder besser.

⁵immer   *always*

1 Wie, sagt Christoph, geht es ihm?
2 Wie geht's zu Hause?
3 Wieso geht's zu Hause nicht gut?
4 Ist seine Mutter gesund?
5 Wie geht es seiner Schwester?
6 Was darf Christoph nicht?
7 Wie geht's in der Schule?
8 Was kann Christoph nicht finden?
9 Wer ist heute nicht da?
10 Wie geht es Fräulein Bieber?
11 Wer ist Fräulein Bieber?

2 Peter meets a friend of the family.

HERR KESSLER   Grüß Gott, Peter.   Wie geht's?
PETER WOLF   Es geht mir ausgezeichnet, danke.
HERR KESSLER   Und wie geht's bei euch zu Hause?
PETER WOLF   Auch sehr gut.   Mein Bruder Hans kommt in vier-
zehn Tagen zu Besuch.   Er kommt immer im Juli.   Sein Ge-   5
burtstag ist am dreizehnten, und er will zu seinem Geburtstag
immer zu Hause sein.
HERR KESSLER   Wie alt ist Hans jetzt?
PETER WOLF   Er ist beinahe fünfundzwanzig Jahre alt.
HERR KESSLER   Schönen Gruß an ihn, wenn er kommt!   10
PETER WOLF   Danke sehr, Herr Keßler.

[5] zu Besuch *for a visit*		[6] will . . . sein *wants to be*	
[10] an ihn *to him*	[10] wenn *when*		dann *then*

---

1 Wie geht es Peter?
2 Und wie geht's bei ihm zu Hause?
3 Wann kommt sein Bruder zu Besuch?
4 Warum kommt er dann?

(*Homework assignment 16, page 265*)

Basic Dialogue Three————————————

DETLEV   Seit wann hat Jürgen seinen neuen Wagen?
HELENE   Seit dem Frühling.
DETLEV   Hat er denn noch sein altes Moped?
HELENE   Nein, das hat jetzt Armin, mein zweiter Bruder. Der ist
den ganzen Tag unterwegs, wenn das Wetter schön ist.
DETLEV   Was?   Ist Armin alt genug?   Hat er shon einen Führer-
schein?
HELENE   Oh ja.   Er ist schon beinahe neunzehn Jahre alt.

A Seit wann hat Jürgen sein neues Moped?

seit wann	hat Jürgen	sein	neues Moped
	hat Käte	ihr	
	hast du	dein	

seit wann	hat Jürgen	seinen	neuen Wagen
	hat Käte	ihren	
	hast du	deinen	

B Seit seinem Geburtstag. Und er hat noch sein altes Moped.

seit	seinem	Geburtstag	und	er hat	noch	sein	altes Moped
	ihrem			sie hat		ihr	
	meinem			ich habe		mein	

und	er hat	noch	seinen	alten Wagen
	sie hat		ihren	
	ich habe		meinen	

PETER Seit wann hat Käte ihren neuen Wagen?
KARIN Seit ihrem Geburtstag. Und sie hat noch ihr altes Moped.

MARTA Seit wann hast du dein neues Moped?
ERNST Ich? Ein Moped? Weißt du nicht, ich habe noch keinen Führerschein?

(*Homework assignment 17, page 266*)

Basic Dialogue Four

FRAU HINZ	Ist Ihre Tante schon hier, Frau Ebert?
FRAU EBERT	Nein, aber sie kommt in acht Tagen zu Besuch. Möchten Sie dann nicht mit uns hinausfahren? Wir können doch draußen am Fluß essen.
FRAU HINZ	O ja, das Essen schmeckt im Freien immer so gut. Hoffentlich regnet es dann nicht.

VARIATION TABLES

A Ist Ihre Tante schon hier?

ist	Ihre Tante		
	Ihr Onkel	noch nicht	hier
sind	Ihr Bruder und seine Frau	schon	
	Ihre Schwester und ihr Mann		

B Nein, sie kommt in acht Tagen zu Besuch.

nein	sie	kommt	erst im Herbst	zu Besuch
	er		in acht Tagen	
	sie	kommen	gerade nach Silvester	

VARIATION AND EXPANSION PRACTICE

FRAU BETZ	Ist Ihr Onkel schon hier?
FRAU JOST	Nein, er kommt gerade nach Silvester zu Besuch.
HERR SCHULZ	Sind Ihr Bruder und Ihre Schwester schon hier?
HERR WINTER	Nein, sie kommen erst im Herbst zu Besuch.
FRAU BECKER	Sind Ihre Vettern noch nicht hier?
HERR SEILER	Nein, aber sie kommen in ein paar Tagen zu Besuch.

CONVERSATIONS

1 Gerda has been missing Erwin lately.

GERDA Sag mal, Hilde, warum will dein Bruder nicht mehr Tennis
spielen?

HILDE Wieso? Das weiß ich nicht.

GERDA Er kommt auch nicht mehr mit dir zur Schule.

HILDE Nein. Er hat ja jetzt sein Moped!   5

GERDA So? Seit wann hat Erwin ein Moped?

HILDE Das weißt du nicht? Schon seit Weihnachten. Aber erst
seit März darf er es fahren. Im Winter ist es viel zu kalt, sagt
Mutter.

GERDA Und was tut er jetzt?   10

HILDE O, jetzt, mitten im Sommer, ist er den ganzen Tag unterwegs. Da will er nicht mehr schwimmen gehen; und er hat
keine Zeit mehr, Tennis zu spielen. Er will nur noch mit
seinem Moped fahren. Wenn das Wetter schön ist.

GERDA Ach, wie schade.   15

    [8] fahren *drive*   [10] was tut er? *what does he do?*

---

1 Weiß Hilde, warum ihr Bruder nicht mehr Tennis spielen will?
2 Warum kommt er nicht mehr mit Hilde zur Schule?
3 Seit wann hat er sein Moped?
4 Seit wann darf er es fahren?
5 Warum darf er es nicht im Winter fahren?
6 Wann ist er den ganzen Tag unterwegs?
7 Hat er noch Zeit, Tennis zu spielen?

2 Spring fever.

PETER Wie geht's?

HANS O, es geht so.

PETER Was ist denn los? Hoffentlich bist du nicht krank!

HANS Nein, das nicht. Es ist nur das Wetter.

PETER Aber wir haben doch jetzt so schönes Frühlingswetter! 5

HANS Ja, aber bei diesem Wetter müssen wir zur Schule gehen, und das find' ich dumm!

PETER Ich auch. — Ich bin jetzt hungrig.

HANS Ja, ich auch. — Ich habe seit gestern ein Moped. Möchtest du nicht mit mir hinausfahren? Wollen wir nicht zu Jakobs 10 fahren und etwas essen?

PETER Aber was sagt dann unsere Lehrerin?

HANS Nichts. Wir sagen ihr einfach, wir sind krank.

PETER Gut. Jetzt fahren wir!

[6] müssen *have to* [13] einfach *simply*

---

1 Wie ist das Wetter?

2 Was findet Hans dumm?

3 Was möchte Hans machen?

4 Was sagen Hans und Peter zu der Lehrerin?

(*Homework assignment 18, page 266*)

REPORTS

A

1 [Manfred spricht] Heute hab' ich Geburtstag. Zu meinem Geburtstag möcht' ich einen Wagen. Ich bin nämlich sechzehn Jahre alt. Aber mein Vater sagt, ich bin noch nicht alt genug. Ich muß erst einen Führerschein haben.

[3] muß *have to*

1 Wann hat Manfred Geburtstag?

2 Was möchte er zu seinem Geburtstag haben?

3 Wie alt ist Manfred?

4 Was sagt sein Vater?

5 Was muß er erst haben?

2 [Hannelore spricht] Mein Geburtstag kommt im Frühjahr, am siebzehn-
ten Mai. Dann ist es beinahe immer warm. Zu meinem Geburtstag
fährt die ganze Familie hinaus, wenn es nicht regnet. Dann essen
wir draußen am Fluß.

> ³ fährt . . . hinaus *drives out; goes for a drive*

  1 Wann hat Hannelore Geburtstag?
  2 Wie ist das Wetter dann?
  3 Wohin fährt die ganze Familie an ihrem Geburtstag—wenn es nicht
    regnet?
  4 Wo essen sie dann?

3 [Georg spricht] Seit Montag hab' ich ein neues Moped. Es ist aber
wirklich nicht neu, es ist das alte Moped von meinem Bruder Christoph. Der hat nämlich jetzt einen neuen Wagen. Ich bin den
ganzen Tag mit meinem neuen Moped unterwegs, — wenn ich nicht
in der Schule bin.   5

  1 Seit wann hat Georg sein Moped?
  2 Was für ein Moped ist es?
  3 Von wem hat er das Moped?
  4 Was hat Christoph jetzt?
  5 Wann ist Georg mit seinem Moped unterwegs?

——————

B

1 Heute hab' ich Geburtstag. . . . Was möchtest du zu deinem Geburtstag
haben? . . . Wie alt bist du? . . . Was sagt dein Vater? . . . Hast du schon
einen Führerschein?

2 Mein Geburtstag kommt im Frühjahr. . . . An welchem Datum? . . .
Wie ist das Wetter zu deinem Geburtstag? . . . Was macht deine Familie
zu deinem Geburtstag? . . . Wann könnt ihr das nicht machen?

3 Ich hab' ein neues Moped. . . . Seit wann? . . . Ist es wirklich neu? . . .
Was ist es? . . . Warum hast du sein Moped? . . . Was machst du den
ganzen Tag?

Boppard am Rhein

5. Verabredungen und Pläne

Basic Dialogue One

DIETER   Wieviel Uhr ist es?

LOTHAR   Es ist zehn Minuten vor sechs.

DIETER   O, da muß ich schnell machen.

LOTHAR   Warum?   Mußt du schon nach Hause?

DIETER   Ja, wir essen doch um sechs Uhr zu Abend.   Wann eßt ihr zu Abend?

LOTHAR   Wir essen erst um halb sieben.

WIEVIEL UHR IST ES?

Es ist ein Uhr.

Es ist Viertel vor zwei.

Es ist drei Uhr.

Es ist fünf Minuten nach elf.

Es ist halb fünf.

Es ist zehn Minuten nach fünf.

Es ist halb neun.

Es ist zwanzig Minuten nach neun.

Es ist Viertel nach sieben.

Es ist zehn Minuten vor zwei.

der Morgen der Nachmittag der Abend die Nacht

Es ist sieben Uhr.

Die Uhr geht richtig. Die Uhr geht nach. Die Uhr geht vor.

 Ich komme um Mittag nach Hause.

 Ich komme um Mitternacht nach Hause.

 Ich stehe um halb acht auf.

 Ich gehe um acht Uhr zur Schule.

 Ich gehe um zehn Uhr zu Bett.

Ein Tag hat vierundzwanzig Stunden.
Eine Stunde hat sechzig Minuten.
Eine Minute hat sechzig Sekunden.

(*Homework Assignment 19, page 268*)

Basic Dialogue Two

WALTER Was tut ihr am Samstag nachmittag?

BARBARA Das wissen wir noch nicht.

WALTER Heinz und ich gehen gleich nach der Schule in die Stadt. Willst du mitkommen?

BARBARA Ich möchte schon gerne. Aber ich muß erst meine Eltern fragen.

VARIATION TABLES

A Wir gehen Samstag in die Stadt. Willst du mitkommen?

wir gehen ich gehe	Samstag heute nachmittag morgen um zwei Uhr	in die Stadt		willst du — — — — wollt ihr	mitkommen

B Ich möchte schon gerne. Ich muß aber erst meine Eltern fragen.

ich möchte — — — — — wir möchten	schon gerne		ich muß — — — — wir müssen	aber erst	meine — — — — unsere	Eltern fragen

VARIATION AND EXPANSION PRACTICE

KURT Ich gehe um zwei Uhr in die Stadt. Willst du mitkommen?

ERNST Ich möchte sehr gerne. Ich muß aber erst meine Eltern fragen.

KLAUS Heinz und ich gehen heute nachmittag in die Stadt. Wollt ihr mitkommen?

HELGA Wir möchten schon gerne. Aber wir müssen erst unsere Eltern fragen.

RITA Was tut ihr morgen? Ich gehe morgen nachmittag in die Stadt. Wollt ihr mitkommen?

ERIKA Ja, ich möchte schon sehr gerne. Du auch, Petra, nicht wahr? Wir müssen aber erst unsere Eltern fragen.

CONVERSATIONS

1 The boys are playing ball in the early evening.

DETLEV Wieviel Uhr ist es?

UWE Es ist erst halb acht. Mußt du schon nach Hause?

DETLEV Ja. Wir essen bald.

UWE Wir essen schon um sechs Uhr.

DETLEV Im Winter essen wir auch um sechs Uhr. Aber im Som- 5
mer essen wir erst um Viertel vor acht.

---

1 Warum muß Detlev schon nach Hause?
2 Wieviel Uhr ist es?
3 Wann essen Detlev und seine Eltern im Sommer?
4 Und wann im Winter?

2 Just before she gets off the bus, Cäcilie asks about Lottchen's plans.

CÄCILIE Was macht ihr morgen?

LOTTCHEN Wir wollen schwimmen gehen, wenn das Wetter schön
ist. Willst du mitkommen?

CÄCILIE Ja gerne. Was tun wir aber, wenn es regnet?

LOTTCHEN Dann gehen wir am Nachmittag ins Kino. 5

² wollen *plan to*

---

1 Was will Lottchen morgen tun?
2 Will sie auch schwimmen gehen, wenn es regnet?

(*Homework assignment 20, page 268*)

Basic Dialogue Three———————————————

DORIS Morgen nachmittag will ich Einkäufe machen.

RITA Und ich muß mir eine neue Jacke kaufen. Könnten wir
zusammen etwas aussuchen?

DORIS Gerne. Geht es um drei Viertel zwei?

RITA Nein. Bis vierzehn Uhr hab' ich noch Probe.

DORIS Schade. Also dann um Viertel nach zwei?

RITA Gut. Das wäre besser.

A Könnten wir zusammen etwas aussuchen? Geht es um drei Viertel zwei?

könnten wir zusammen	etwas aussuchen Einkäufe machen in die Stadt gehen	geht es	um drei Viertel zwei um Viertel nach zwei um halb drei um drei Uhr

B Das geht leider nicht. Bis vierzehn Uhr hab' ich noch Probe.

das geht leider nicht	bis	vierzehn Uhr vierzehn Uhr dreißig drei Viertel drei	hab' ich haben wir	noch Probe

VARIATION AND EXPANSION PRACTICE

EVA   Könnten wir zusammen etwas aussuchen? Geht es um drei Viertel zwei?

KARIN   Das geht leider nicht. Bis vierzehn Uhr hab' ich noch Probe.

UWE   Könnten wir zusammen Einkäufe machen? Geht es um Viertel nach zwei?

HEINZ   Leider geht das nicht. Bis vierzehn Uhr dreißig haben wir noch Probe.

PETER   Sag mal, könnten wir nicht zusammen in die Stadt gehen? Vielleicht um halb drei?

ILSE   Nein. Es tut mir leid, aber ich habe bis drei Viertel drei noch Probe.

(*Homework assignment 21, page 269*)

Basic Dialogue Four

INGEBORG	Was macht ihr heute nachmittag?
HORST	Wir wollen schwimmen gehen, wenn das Wetter schön ist. Wollt ihr mitkommen?
KARIN	Ja gerne. Aber was machen wir, wenn es regnet?
HORST	Dann können wir uns ein Fernsehprogramm ansehen oder vielleicht ein bißchen tanzen.

VARIATION TABLES

A Was macht ihr heute nachmittag?

was	macht ihr machst du machen Sie machen wir	heute nachmittag heute abend

B Wir wollen schwimmen gehen, wenn das Wetter schön ist.

wir wollen	schwimmen gehen Tennis spielen ein bißchen tanzen uns ein Fernsehprogramm ansehen	wenn das Wetter schön ist wenn es regnet

VARIATION AND EXPANSION PRACTICE

ERIKA	Was macht ihr heute nachmittag?
RITA	Wir wollen Tennis spielen, wenn das Wetter schön ist.
KLAUS	Was machen wir heute abend?
EVA	Wir können uns ein Fernsehprogramm ansehen oder ein bißchen tanzen.
KURT	Was machst du heute nachmittag?
HEINZ	Wir wollen Tennis spielen oder schwimmen gehen, wenn es nicht regnet.

STADTPLAN-INNENSTADT

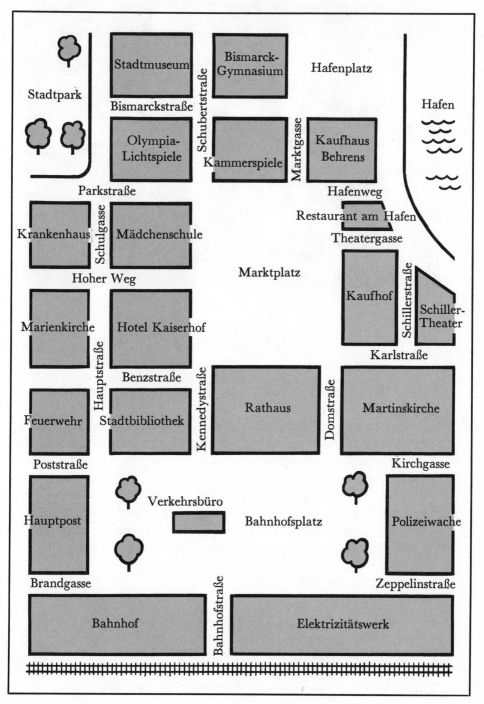

CONVERSATIONS

1 Erich and Klaus are leaving the school building.

ERICH Hast du heute nachmittag wieder Orchesterprobe?

KLAUS Nein, heute nicht.

ERICH O, das ist schön. Dann kannst du mit uns ins Kino gehen.

KLAUS Ich möchte schon gerne, aber leider hab' ich keine Zeit.
Ich muß schnell nach Hause.   5

ERICH Warum denn?

KLAUS Meine Kusinen sind jetzt hier.

ERICH O, deine Kusinen! Wohnen sie denn sehr weit von hier?

KLAUS Ja, sehr weit, in Alaska. Sie sind erst seit gestern bei uns.

ERICH Vielleicht möchten sie dann mitkommen. Warum fragst du 10
sie nicht?

KLAUS Gut, das will ich tun.

---

    1 Hat Klaus heute nachmittag Orchesterprobe?

    2 Kann er dann mit Erich ins Kino gehen?

    3 Warum muß er nach Hause gehen?

    4 Sind seine Kusinen auch von hier?

    5 Können die Kusinen nicht auch ins Kino gehen?

2 During the lunch break.

INGE Ich möchte heute nachmittag mal wieder in die Stadt.

DORIS Darfst du denn? Mußt du nicht erst deine Eltern fragen?

INGE O, ich darf schon. Heute hab' ich nämlich Geburtstag.

DORIS Was, du hast Geburtstag? Das finde ich w i r k l i c h schön.

INGE Wieso denn? 5

DORIS Heute hab' ich nämlich auch Geburtstag!

INGE Wollen wir da nicht zusammen gehen? Meine Schwester will
mit mir gehen. Möchtest du nicht auch mitkommen?

DORIS Nein, das geht heute nicht. Ich habe um vier Uhr Tanzstunde. 10

INGE Das ist aber schade. Wie wäre es um drei Uhr? Hier hab'
ich zwanzig Mark. Meine Eltern sagen, ich darf mir etwas
aussuchen.

DORIS Das wäre schön. Aber um drei Uhr geht es auch nicht.
Dann muß ich wieder in die Schule. 15

INGE Wieso denn? Geht es in der Schule nicht so gut?

DORIS O doch! Aber dann muß ich Frau Lübke bei der Probe
helfen. Es tut mir wirklich leid, aber ich kann heute nicht mit
dir gehen.

[9] Tanzstunde *dancing lesson*   [12] Mark *marks*

---

1 Wohin darf Inge heute nachmittag mal wieder?

2 Warum darf sie das?

3 Wer hat heute auch noch Geburtstag?

4 Was kann Doris heute nicht tun?

5 Warum kann sie das nicht?

6 Kann sie um drei Uhr mit ihnen gehen?

7 Warum geht es um drei Uhr auch nicht?

8 Warum muß sie dann in die Schule?

(*Homework assignment 22, page 270*)

REPORTS

A

1 [Thomas spricht] Mutter sagt, es ist schon halb acht. Warum geht meine Uhr immer nach! Jetzt muß ich aber schnell machen und aufstehen! Ich muß schon um Viertel vor acht zur Schule gehen. Ich hab' keine Zeit mehr, etwas zu essen.

³ aufstehen *get up*

   1 Wieviel Uhr ist es?
   2 Hat Thomas eine gute Uhr?
   3 Was muß er jetzt tun?
   4 Was muß er um Viertel vor acht tun?
   5 Warum kann er nichts essen?

2 [Gabriele spricht] Samstag hab' ich Geburtstag, und am Nachmittag wollen meine Mutter und ich in die Stadt fahren. Sie möchte mir zu meinem Geburtstag eine neue Jacke kaufen. Wir gehen zum Kaufhof. Die haben schöne neue Jacken.

³ zum *to the*

   1 Wann hat Gabriele Geburtstag?
   2 Wohin wollen Gabriele und ihre Mutter fahren?
   3 Was möchte die Mutter ihr kaufen?
   4 Zu welchem Kaufhaus gehen sie?
   5 Was für Jacken haben sie da?

3 [Barbara spricht] Meine Schwester Gisela und ich gehen heute nachmittag nach der Orchesterprobe in die Stadt. Wir wollen unserm Vater etwas zu Weihnachten aussuchen. Das Kaufhaus Behrens hat viele neue Bücher. Vielleicht können wir ein gutes Buch für ihn finden.

⁴ für ihn *for him*

   1 Wohin geht Barbara?
   2 Wer geht mit ihr?
   3 Wann wollen sie in die Stadt gehen?
   4 Was wollen sie da machen?
   5 Was hat das Kaufhaus Behrens?
   6 Was können sie vielleicht für ihren Vater finden?

1 Es ist schon halb acht. . . . Wie geht deine Uhr? . . . Wann mußt du aufstehen? . . . Wann gehst du zur Schule? . . . Was kannst du nicht tun? . . . Warum nicht?

2 Samstag nachmittag will ich mit meiner Mutter in die Stadt fahren. . . . Wann hast du Geburtstag? . . . Was gibt dir deine Mutter zum Geburtstag? . . . Welches Kaufhaus hat schöne Jacken?

3 Wir gehen heute nachmittag in die Stadt. . . . Warum? . . . Was wollt ihr aussuchen? . . . Welches Kaufhaus hat neue Bücher? . . . Was könnt ihr vielleicht im Kaufhaus Behrens finden?

6. Ein Abend im Spielzimmer

Basic Dialogue One

KARL   Wo seid ihr alle? Im Keller?

UWE   Ja, das stimmt. Hier unten im Spielzimmer.

KARL   Das hab' ich mir gedacht. Man kann den Lärm ja schon
von der Straße aus hören.

UWE   Ja, das kann ich glauben.

LIESE   Wer ist das? Doch nicht Karl? Der kommt doch erst
später.

UWE   Doch. Das i s t Karl. Man kann ihn immer an seiner
Stimme erkennen.

VARIATION TABLES

A   Wo seid ihr alle? Im Keller?

wo	seid ihr sind Sie bist du	im Keller im Spielzimmer da draußen da unten da oben

B   Ja, das stimmt. Kannst du den Lärm nicht hören?

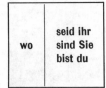

ja	das stimmt	kannst du können Sie	den Lärm Karls Stimme uns	nicht hören

ERIKA	Wo seid ihr? Da unten?
UWE	Ja, das stimmt. Kannst du den Lärm nicht hören?

HERR WINTER	Wo sind Sie denn? Im Spielzimmer?
HERR GREBE	Ja, hier im Keller. Können Sie uns nicht hören?

HELGA	Wo sind Gerhard und Andrea? Im Keller?
KARIN	Ja, ich glaube, sie sind im Spielzimmer. Man kann Andrea immer an ihrer Stimme erkennen.

(*Homework assignment 23, page 272*)

WIE OFT?

immer	always	manchmal	sometimes
gewöhnlich	usually	wieder	again
oft	often	nie	never

Basic Dialogue Two

LIESE	Vorsicht, Karl, wenn du 'runterkommst. Stoß dir nicht den Kopf an der Lampe!
UWE	Hast du deine Ziehharmonika mitgebracht?
KARL	Nein, ich konnte sie nicht mitbringen. Sie ist immer noch kaputt.
UWE	Das ist aber schade. Meine ist nämlich auch kaputt.
LIESE	Dann werden wir heute abend also keine Musik haben?
UWE	O doch! Gregor kann ja schnell nach Hause springen und seine Gitarre holen. Er wohnt doch gleich gegenüber!

A Hast du deine Ziehharmonika mitgebracht?

hast du	deine Ziehharmonika deine Schwester deinen Vetter deine Brüder	mitgebracht
haben Sie	Ihre Gitarre Ihre Tante Ihren Bruder Ihre Vettern	

B Nein, ich konnte sie nicht mitbringen.   Sie ist immer noch kaputt.

nein	ich konnte	sie ihn sie	nicht mitbringen

sie er sie	ist sind	immer noch wieder	kaputt krank

VARIATION AND EXPANSION PRACTICE

ILSE   Hast du deine Gitarre mitgebracht?

KLAUS   Nein, ich konnte sie nicht mitbringen.   Sie ist wieder kaputt.

RITA   Haben Sie Ihren Bruder mitgebracht?

HERR HINZ   Nein, ich konnte ihn nicht mitbringen.   Er ist immer noch krank.

EVA   Warum hast du deinen Vetter Dieter nicht mitgebracht?   Er ist doch ein so netter Kerl.

PETER   Das geht leider nicht.   Der ist immer noch krank.   Man sagt, er ist wieder gesund.   Aber das stimmt nicht.

CONVERSATIONS

1 Mr. Benz has had a hard day at the office.

HERR BENZ   Uff! Das war heute aber furchtbar! Was für ein Tag!

FRAU BENZ   Wieso denn, Heinrich? Bist du müde?

HERR BENZ   Müde? Ich bin ganz kaputt! Den ganzen Tag am Telefon. Das Telefonfräulein hatte auch furchtbar viel zu tun.

FRAU BENZ   Wer ist jetzt das Telefonfräulein bei euch?   5

HERR BENZ   Ach, Frau Weber natürlich! Weißt du das nicht? Man kann sie doch an ihrer Stimme erkennen! — Wann können wir essen?

FRAU BENZ   Nur noch zehn Minuten, dann können wir essen. Setz dich doch noch etwas hin, auf deinen Stuhl. — Und hier ist 10 deine Zeitung — und deine Hausschuhe.

HERR BENZ   Danke! — War jemand heute nachmittag hier?

FRAU BENZ   Nur Onkel Alfred und Tante Christine. Du weißt ja, sie haben jetzt nicht viel zu tun. — Sie sehen doch schon sehr alt aus.   15

HERR BENZ   Was haben sie zu sagen?

FRAU BENZ   Nicht viel. Aber Tante Christine hat eine schöne neue Tasche!

HERR BENZ   So?

FRAU BENZ   Ja. Du darfst mir auch bald eine neue Tasche kaufen. 20

HERR BENZ   Gerne. — Aber können wir nicht bald essen?

¹ Uff! *Whew!*   ¹ war *was*   ¹ furchtbar *terrible*   ³ ganz *completely*
⁴ hatte *had*   ⁴ furchtbar viel *an awful lot*
⁹ setz dich ... hin *sit down there*   ¹⁰ etwas *for a while*
¹¹ Zeitung *newspaper*   ¹¹ Hausschuhe *slippers*   ¹² jemand *anybody*
woran *by what*   fertig *ready*

---

1 Warum ist Herr Benz so müde?

2 Wer ist jetzt das Telefonfräulein bei Herrn Benz?

3 Woran kann man sie erkennen?

4 Wann ist das Essen fertig?

5 Wer war heute nachmittag bei Frau Benz?

6 Was machen die jetzt?

7 Was möchte Frau Benz auch gerne haben?

2 Mr. Goerdeler meets his landlady in the hall, and has another complaint to make.

HERR GOERDELER   Warum ist am Morgen immer so viel Lärm hinter dem Haus?

FRAU LICHTI   Lärm?   Ich höre keinen Lärm.

HERR GOERDELER   Das können Sie doch nicht sagen.   Hören Sie denn nicht den Milchmann mit den Flaschen?   5

FRAU LICHTI   Ach der?   Ja, sehen Sie, meine Kinder trinken immer gerne viel Milch.   In den Sommermonaten sind es beinahe sechs Flaschen an einem Tag.

HERR GOERDELER   Ja, aber der Lärm!   Muß der Mann so viel Lärm machen?   10

FRAU LICHTI   Vielleicht will er schnell machen, und dann stößt er mit den Flaschen an den Wagen.

HERR GOERDELER   Ich frage ja nicht, w i e er es macht.   Ich frage ja nur, w a r u m er es tut.

FRAU LICHTI   Ja, das weiß ich nicht.   Aber ich will es ihm morgen   15 sagen.

---

1 Was hört Herr Goerdeler immer am Morgen?
2 Wer macht den Lärm?
3 Wie macht er den Lärm?
4 Warum macht er so viel Lärm?

(*Homework assignment 24, page 272*)

Basic Dialogue Three

UWE   Guten Abend, Käte.

KÄTE   Guten Abend.   Es tut mir furchtbar leid, daß ich so spät komme.   Aber unser Wagen hatte eine Reifenpanne.

UWE   Das macht nichts.   Wir freuen uns, daß du hier bist.

KÄTE   Ich muß um elf aber wieder zu Hause sein.

UWE   Das geht.   Bis elf Uhr dürfen wir Musik machen. — Setz dich doch hin.

KÄTE   (*zu Liese und Karl*)   Darf ich mich zu euch setzen?

LIESE   Aber gerne!

A Darf ich mich hier hinsetzen?

darf ich	mich	hier zu dir	hinsetzen
dürfen wir	uns	zu euch zu Ihnen	

B Setz dich, wohin du willst.

setz dich		du willst
setzt euch	wohin	ihr wollt
setzen Sie sich		Sie wollen

VARIATION AND EXPANSION PRACTICE

KLAUS   Dürfen wir uns hier hinsetzen?

HELGA   Setzt euch, wohin ihr wollt.

HERR SAHL   Wo dürfen wir uns hinsetzen?

DR. STRAUB   Hier neben uns, wenn Sie wollen.

RITA   Schade, daß wir so spät kommen. Dürfen wir uns hier hinsetzen?

ERIKA   Ja — oder da zu meinen Kusinen, wenn ihr wollt.

(*Homework assignment 25, page 273*)

Basic Dialogue Four

ANNETTE (*in der Küche*) Kann mir vielleicht jemand helfen? Es
stehen noch so viele Gläser hier oben.

UWE (*kommt gleich in die Küche*) Was für Gläser sollen wir
brauchen, große oder kleine?

ANNETTE Die kleinen natürlich. Die sind ebenso gut wie die
großen. Und davon haben wir mehr.

UWE Und bringt sonst noch jemand die Teller?

ANNETTE Die braucht man nicht, wenn man Papierteller hat.

VARIATION TABLES

A Was für Teller bringst du?

was für	Teller Tassen Gläser	bringst du möchtest du .

B Die kleinen, natürlich. Die sind ebenso gut.

die	kleinen großen	natürlich

die sind	ebenso gut viel besser

VARIATION AND EXPANSION PRACTICE

KURT Was für Teller möchtest du?

KARIN Die kleinen natürlich. Die sind ebenso gut.

HELGA Was für einen Wagen hat Käte?

EVA Einen kleinen. Aber sie sagt immer, die großen Wagen sind viel
besser.

PETER Kann jemand uns helfen und die Gläser 'runterbringen?

UWE Ja, natürlich. Wie viele möchtest du? Es stehen noch viele
hier oben.

WIE MAN ISST

Der Eßtisch

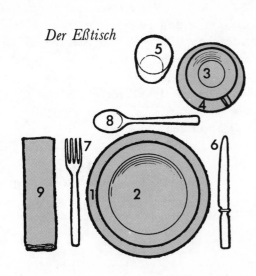

1. der Teller
2. der Suppenteller ⎫
3. die Tasse   ⎬ *das Geschirr*
4. die Untertasse   ⎭
5. das Glas

6. das Messer ⎫
7. die Gabel ⎬ *das Besteck*
8. der Löffel ⎭

9. die Serviette

Das Essen

1. die Suppe
2. das Fleischgericht
3. das Gemüse
4. das Obst
5. der Salat
6. das Brot
7. die Butter
8. der Nachtisch
9. das Getränk

ADJEKTIVE

voll — leer   (*full* — ?)

schwer — leicht   (*heavy, difficult* — ?)

dick — dünn   (*thick, fat* — ?)

CONVERSATIONS

1 Bumbling Jürgen tries to be helpful.

SONJA Was tut Jürgen da draußen? Warum macht er soviel Lärm?

STEFAN Er sagt, er will die Teller und Gläser bringen. — Hör mal,
Jürgen, was tust du da draußen? Warum machst du soviel Lärm?

JÜRGEN O, das tut mir leid! — Hoppla! Jetzt ist alles kaputt!

SONJA Was, alle Teller?   5

JÜRGEN Ja, alle die großen! — Auch die Gläser!

STEFAN Das ist aber dumm!

SONJA Und wir haben so viel zu essen!

JÜRGEN Nun, es sind ja noch Suppenteller da! Und auch kleine
Teller und Untertassen.   10

SONJA Na, jetzt müssen wir Fleisch und Gemüse eben aus Suppen-
tellern essen. Und Milch aus Tassen trinken. — Stefan, willst
du ihm nicht helfen? Sonst macht er noch alles kaputt!

STEFAN Ja gerne.

³ soviel *so much*   ⁴ Hoppla! [*exclamation used when somebody
stumbles and falls or drops something*]   ⁴ alles *everything*
¹¹ müssen . . . eben *just have to*   ¹¹ aus *out of*

1 Was will Jürgen tun?
2 Was macht er kaputt?
3 Was ist noch da?
4 Was haben die jungen Leute zu essen?
5 Wer kann Jürgen helfen?

2 Cold, cold night.

MONIKA Guten Abend, Joachim. Warum kommst du so spät?

JOACHIM Es tut mir furchtbar leid, aber mein Moped hatte eine
Reifenpanne. Hu, ist es kalt da draußen!

MONIKA Schneit es schon?

JOACHIM Nein, noch nicht, aber es ist eisig kalt.   5

MONIKA Gut, daß wir etwas Warmes zu trinken haben. Käte, willst
du nicht Joachim eine Tasse Schokolade bringen?

JOACHIM O, vielen Dank. Heiße Schokolade schmeckt immer gut,
wenn es draußen so kalt ist.

³ Hu! *Brr!*

1 Warum kommt Joachim so spät?
2 Wie ist das Wetter?
3 Was haben die jungen Leute zu trinken?
4 Wann schmeckt heiße Schokolade gut?

(*Homework assignment 26, page 274*)

REPORTS

A

1 [Peter spricht] Mein Onkel Willi hat einen häßlichen alten Wagen.
Wenn mein Onkel ihn fährt, können wir den Lärm von unserm Haus
aus hören. Onkel Willi wohnt nämlich in unserer Straße, gleich
gegenüber. Man kann seinen Wagen immer am Lärm erkennen.
Aber Onkel Willi möchte keinen neuen Wagen haben. Er hat den 5
alten sehr gern.

> 1 Was für einen Wagen hat Peters Onkel Willi?
> 2 Von wo aus kann Peters Familie den Lärm hören?
> 3 Wann kann man diesen Lärm hören?
> 4 Wo wohnt Onkel Willi?
> 5 Was kann man am Lärm erkennen?
> 6 Möchte Onkel Willi einen neuen Wagen haben?
> 7 Warum nicht?

2 [Karl spricht] Es tut mir furchtbar leid, aber ich habe meine Gitarre
nicht mitgebracht. Ich wollte sie mitbringen, aber ich konnte es
nicht. Sie ist nämlich wieder kaputt. Aber ich habe einen Freund
mitgebracht. Er hat eine Ziehharmonika, und die ist nicht kaputt.
Möchtet ihr ihn kennenlernen? Dies ist mein Freund Peter — Peter 5
Wiechmann.

> 1 Was konnte Karl nicht mitbringen?
> 2 Warum nicht?
> 3 Wen hat er aber mitgebracht?
> 4 Was hat dieser Freund?
> 5 Wie heißt sein Freund?
> 6 Ist Peters Ziehharmonika auch kaputt?

3 [Petra spricht]   Morgen kommt eine Freundin von meiner Schwester zu uns zu Besuch.   Sie heißt Kellermann — Heidi Kellermann.   Sie ist dreiundzwanzig Jahre alt und ist seit zwei Jahren verheiratet. Sie und ihr Mann haben ein Kind, einen Sohn.   Er heißt Erik und ist nur ein Jahr alt.   Sie wohnen sehr weit von hier, in Alaska.   Nur 5 Heidi und ihr Sohn kommen morgen.   Heidis Mann kann jetzt noch nicht mitkommen.   Er kommt später, und dann fahren sie alle zusammen wieder nach Hause, nach Alaska.

    1 Wer kommt morgen zu Besuch?
    2 Wie heißt diese Freundin?
    3 Wie alt ist sie?
    4 Seit wann ist sie verheiratet?
    5 Haben die Kellermanns Kinder?
    6 Wie heißt ihr Sohn?
    7 Wo wohnen die Kellermanns?
    8 Kommt Herr Kellermann morgen auch mit?
    9 Wann kommt er?
10 Was tun sie dann?

B

1 Mein Onkel hat einen alten Wagen. . . . Woran kann man diesen Wagen erkennen? . . . Von wo aus kann man den Lärm hören? . . . Wo wohnt dein Onkel? . . . Hat er seinen Wagen gern?

2 Es tut mir furchtbar leid, aber . . . . . . Was konntest du nicht mitbringen? . . . Warum nicht? . . . Konntest du jemanden mitbringen? . . . Was hat er? . . . Wie heißt er?

3 Morgen kommt eine Freundin von meiner Schwester zu uns zu Besuch. . . . Wie heißt sie? . . . Wie alt ist sie? . . . Ist sie verheiratet? . . . Wie viele Kinder haben sie und ihr Mann? . . . Wie alt sind diese Kinder? . . . Wo wohnt diese Familie? . . . Wer kommt morgen? . . . Wer kann aber nicht kommen? . . . Wann kommt er? . . . Was tun sie dann? 5

7. Mußestunden

Basic Dialogue One

JOHANNES Wann können wir mal wieder tanzen?

HANNELORE Dagmar hat ein paar neue Schallplatten.

JOHANNES So? Wann können wir sie uns anhören?

HANNELORE Ich gehe heute abend zu ihr. Peter und Inge werden auch da sein. Komm doch mit!

VARIATION TABLES

A Wann können wir tanzen?

wann	können wir	tanzen
wo	werden wir	Tischtennis spielen
		uns Schallplatten anhören
		uns ein Fernsehprogramm ansehen

B Kommt doch heute abend mit — zu Peter und Inge.

komm		heute abend		
kommt	doch	heute nachmittag	mit	zu Peter und Inge
kommen Sie		morgen abend		

VARIATION AND EXPANSION PRACTICE

KLAUS Wo können wir tanzen?

ILSE Komm doch morgen abend mit — zu Peter und Inge.

RITA Wann werden wir uns mal wieder Schallplatten anhören?

ERIKA Warum gehen wir nicht zu Dagmar? Sie sagt, sie hat ein paar gute neue Schallplatten.

ERNST Sag mal, wo können wir Tischtennis spielen?

HEINZ Das weiß ich nicht. Möchtest du nicht zu mir kommen und dir ein Fernsehprogramm ansehen?

(Homework assignment 27, page 275)

Basic Dialogue Two

CHRISTOPH Was macht ihr heute abend? Wollt ihr nicht ein wenig bei uns tanzen — oder euch etwas Musik anhören?

ANGELIKA Nein, leider dürfen wir das nicht. Wir müssen zu Hause bleiben und arbeiten.

CHRISTOPH Ach, warum wollt ihr immer arbeiten? Ab und zu muß man doch etwas Spaß haben.

VARIATION TABLES

A Wollt ihr tanzen oder euch etwas Musik anhören?

wollt ihr	tanzen oder euch etwas Musik anhören schwimmen gehen oder euch ein Fernsehprogramm ansehen
willst du	tanzen oder dir etwas Musik anhören schwimmen gehen oder dir ein Fernsehprogramm ansehen

B Das dürfen wir nicht. Wir müssen leider zu Hause bleiben.

das	dürfen wir darf ich	nicht

wir müssen ich muß	leider	zu Hause bleiben arbeiten Einkäufe machen

VARIATION AND EXPANSION PRACTICE

KARIN Willst du tanzen oder dir etwas Musik anhören?

EVA Das darf ich nicht. Ich muß leider zu Hause bleiben.

UWE Wollt ihr in die Stadt gehen und Einkäufe machen?

ERIKA Das dürfen wir nicht. Wir müssen leider arbeiten.

PETER Wollen die Zwillinge schwimmen gehen oder sich ein Fernsehprogramm ansehen?

HELGA Das dürfen sie nicht. Sie müssen leider ihrer Mutter helfen.

MUSSESTUNDEN

Was möchtest du heute abend tun,
wenn du Zeit hast?
Möchtest du . . .

1. . . . dir ein Fernsehprogramm
ansehen?

2. . . . einen Brief
schreiben?

3. . . . Klavier üben?

4. . . . einen Roman
lesen?

5. . . . dir ein paar
Schallplatten
anhören?

6. . . . eine Zeitschrift
lesen?

7. . . . Karten spielen?

8. . . . die Zeitung
lesen?

9. . . . Domino spielen?

10. . . . dir das Radio
anhören?

---

1. Ich möchte mir ein Fernsehprogramm ansehen.
2. Ich möchte einen Brief schreiben.
   Ich möchte . . .

ADJEKTIVE

interessant — langweilig   (*interesting* — ?)

Es ist interessant, Karten zu spielen.

Ich finde es langweilig, Domino zu spielen.

CONVERSATIONS

1 Grete telephones Klara.

GRETE O, Klara, kannst du mir helfen?

KLARA Sehr gerne. Was ist denn los?

GRETE Du weißt, wir wollen uns heute abend etwas Musik anhören
und tanzen. Aber wir haben nur ein paar alte Schallplatten.
Kannst du drei oder vier neue Platten mitbringen? ⁵

KLARA O ja, sehr gerne. Ich komme dann um drei Viertel acht
zu euch.

GRETE Hör mal, Klara. Hat Marie vielleicht ein paar neue Platten? Oder Elisabeth?

KLARA Elisabeth nicht, aber ich weiß, daß Marie neulich fünf neue ¹⁰
Platten gekauft hat.

GRETE Gut. Dann will ich mit Marie telefonieren. — Auf Wiedersehen, bis heute abend.

⁵ Platten = Schallplatten   ¹⁰ neulich *recently*   ¹¹ gekauft hat *bought*

---

1 Wann kommt Klara heute abend?
2 Was soll sie mitbringen?
3 Wer hat sonst noch neue Platten?

2 The landlady comes up the stairs and knocks loudly on the door. Hugo Gerstenmaier and his guests answer her sarcastically.

FRAU EBERMAIER Guten Abend! Verzeihung, darf ich fragen, was Sie hier tun?

GERSTENMAIER O, wir hören uns nur ein paar Platten an.

FRAU EBERMAIER Das geht aber nicht. Man kann den Lärm ja schon draußen auf der Straße hören. 5

GERSTENMAIER Das tut mir wirklich leid.

FRAU EBERMAIER Mir auch. Aber so spät darf man hier keine Platten mehr spielen.

GERSTENMAIER Wo können wir sie denn spielen? Im Keller vielleicht? 10

FRAU EBERMAIER Nein, im Keller geht's auch nicht. Da wohnen die Schmidts, und die sind jetzt zu Bett. — Aber vielleicht weit draußen im Freien, wo man Sie nicht so hören kann.

GERSTENMAIER Ja, das wäre viel besser! Kommt, Fritz und Eberhard, wir wollen in den Friedrichspark fahren. Da können wir 15 unsere Platten spielen — wenn es nicht regnet.

EBERHARD Und wenn es nicht zu kalt ist!

FRITZ Und wenn wir eine Steckdose finden können!

GERSTENMAIER Auf Wiedersehen, Frau Ebermaier!

[18] Steckdose *electric outlet; wall plug*

---

1 Wer kommt nach oben?
2 Was hören sich die Jungen an?
3 Wo kann man den Lärm schon hören?
4 Was darf man so spät nicht mehr tun?
5 Auch wo darf man jetzt keine Platten mehr spielen?
6 Wo darf man so spät vielleicht Schallplatten spielen?
7 Was müssen die Jungen tun, wenn sie jetzt Platten spielen wollen?
8 Wie ist es vielleicht im Park?
9 Was kann man im Park nicht finden?

(*Homework assignment 28, page 275*)

Basic Dialogue Three

CORNELIA Hast du nicht Lust, Schi zu laufen?

JOACHIM Das kann ich leider noch nicht.

CORNELIA Was! Du kannst nicht Schi laufen? Das solltest du eigentlich lernen.

VARIATION TABLES

A Hast du Lust, Schi zu laufen?

hast du Lust habt ihr Lust	Schi zu laufen Tischtennis zu spielen kegeln zu gehen zu tanzen
möchtest du möchtet ihr	Schi laufen Tischtennis spielen kegeln gehen tanzen

B Das kann ich leider nicht.

das	kann ich können wir	leider nicht
	möchte ich möchten wir	sehr gerne

VARIATION AND EXPANSION PRACTICE

HEINZ Hast du Lust, Schi zu laufen?

ILSE Das kann ich leider nicht.

KURT Möchtet ihr nicht kegeln gehen?

ERNST Ja, das möchten wir sehr gerne.

RITA Hast du Lust, Tischtennis zu spielen? — O, das kannst du nicht?

KLAUS Leider nicht. Aber könnten wir vielleicht ein wenig tanzen?

(*Homework assignment 29, page 276*)

SPORT

schwimmen	tauchen	Tennis spielen
Fußball spielen	Korbball spielen	Schi laufen
kegeln	Wasserschi fahren	Schlittschuh laufen

BRETT- UND GESELLSCHAFTSSPIELE

SCHACH

Schachfiguren: König, Dame, Läufer, Springer, Turm, Bauer.

KARTENSPIEL

Karten: Pik, Herz, Karo, Treff oder Kreuz; das As, der König, die Dame, der Bube; die Zehn usw.

Basic Dialogue Four

JOACHIM   Kannst du Schach spielen?

CORNELIA   Nein, dafür hab' ich nicht viel übrig.

JOACHIM   Aber ich weiß, dein Bruder Karl spielt sehr gut.   Hat er nicht neulich einen Preis gewonnen?

CORNELIA   Das stimmt.   Und meine beiden Schwäger sind auch ausgezeichnete Schachspieler.

JOACHIM   Siehst du ihnen oft zu?

CORNELIA   Nee. Das ist nichts für mich. Davon versteh' ich nichts.

VARIATION TABLES

A

kannst du	schwimmen tauchen kegeln Tennis spielen Fußball spielen Korbball spielen Schach spielen Karten spielen Schi laufen Wasserschi fahren Schlittschuh laufen

B¹

ja	ich	schwimme tauche kegele	sehr gern

B²

ja	ich spiele	sehr gern	Tennis Fußball Korbball Schach Karten

B³

ja	ich laufe – – – – – ich fahre	sehr gern	Schlittschuh Schi – – – – – Wasserschi

B⁴

nein	davon versteh' ich nichts das ist nichts für mich aber das möcht' ich eigentlich lernen

CONVERSATIONS

1 Marianne phones Friederike to ask for suggestions.

MARIANNE Am Samstag kommt meine Kusine zu uns. Was können
wir am Nachmittag tun?

FRIEDERIKE Wie alt ist deine Kusine?

MARIANNE Sie ist vierzehn Jahre alt.

FRIEDERIKE Vielleicht können wir schwimmen gehen.   5

MARIANNE Leider kann sie nicht schwimmen.

FRIEDERIKE Schade. Spielt sie Tennis?

MARIANNE Nein, das kann sie auch nicht. Sie sagt, sie ist immer
zu müde.

FRIEDERIKE Dann können wir uns vielleicht ein paar neue Schall- 10
platten anhören.

MARIANNE Auch das nicht. Für Musik hat sie nicht viel übrig.

FRIEDERIKE Können wir nicht eine Tasse Tee trinken?

MARIANNE Durchaus nicht. Sie trinkt immer nur Milch.

FRIEDERIKE Na, was tut sie denn am Samstag nachmittag?   15

MARIANNE Sie bleibt zu Hause und arbeitet. Oder sie geht in die
Stadt und macht Einkäufe.

FRIEDERIKE Was für Einkäufe?

MARIANNE Bücher, natürlich.

---

1 Warum hat Mariannes Kusine für Sport nicht viel übrig?
2 Möchte sie sich Musik anhören?
3 Was tut sie Samstag nachmittags?
4 Was kauft sie sich, wenn sie Einkäufe macht?

2 The boys are discussing the school winners at the Track and Field Events.

EMIL Wer hat denn gestern die Preise gewonnen?

HEINZ Hans Seiler hat den Tennispreis gewonnen und Eugen Hartmann den Schwimmpreis.

EMIL Kennst du Hans Seiler? Ich kenn' ihn nicht.

HEINZ O ja, sehr gut. Er ist doch der Sohn von den Seilers draußen 5 in Friedrichstadt. Sie wohnen in dem kleinen Haus am Fluß, weißt du, mitten im Park.

EMIL Ach da? Dann ist er gewiß den ganzen Tag im Wasser!

HEINZ Nein, durchaus nicht. Er kann ja nicht schwimmen!

EMIL Und Eugen Hartmann wohnt auch am Wasser? 10

HEINZ Nein. Seine Eltern wohnen sehr weit vom Fluß! Weißt du, wo? Neben einem Tennisplatz!

EMIL Und wie kommt Eugen zum Schwimmbad?

HEINZ Er muß dahinfahren, mit dem Fahrrad, beinahe eine Stunde lang. 15

EMIL Was? Ist er dann nicht zu müde zum Schwimmen?

MANFRED Nein, durchaus nicht. Wißt ihr nicht, wie sie es machen?

HEINZ Nein. Wie denn?

MANFRED Nun, Eugen Hartmann hat jetzt ein Schlafzimmer bei den Seilers, und Hans Seiler wohnt seit drei Wochen bei Herrn 20 und Frau Hartmann.

EMIL Ach so! Dann sind sie also immer da, wo sie üben müssen.

[8] gewiß *surely*   [11] weit vom *far from the*   [13] Schwimmbad *swimming pool*
[14] dahin *there; to that place*   [14] Fahrrad *bicycle*   [19] Schlafzimmer *bedroom*

---

1 Was für einen Preis hat Hans Seiler gewonnen?
2 Was für einen Preis hat Eugen Hartmann gewonnen?
3 Wo wohnen die Seilers?
4 Wo wohnen die Hartmanns?
5 Wo wohnt Hans jetzt?
6 Und wo wohnt Eugen?

(*Homework assignment 30, page 277*)

REPORTS

A

1 [Helga spricht] Mein Großvater Bürger ist ein ausgezeichneter Schachspieler. Meine ganze Familie spielt Schach. Onkel Johann spielt
ebenso gut wie mein Großvater, und mein älterer Bruder Richard
hat neulich einen Preis gewonnen. Ich sehe ihnen oft zu, aber
Schach ist nichts für mich. Davon versteh' ich nichts. 5

³ älterer Bruder older brother   wovon about what

1 Wer ist ein ausgezeichneter Schachspieler?
2 Was tut Helgas ganze Familie?
3 Wie spielt ihr Onkel Johann?
4 Was hat ihr älterer Bruder Richard neulich gewonnen?
5 Was tut Helga oft?
6 Wovon versteht sie nichts?

2 [Rainer spricht] Hoffentlich wird das Wetter am Sonntag schön kalt sein.
Wir wollen Schi laufen, wenn es nicht zu warm ist. Der Schnee ist
dieses Jahr hoch genug, und man kann gut Schi laufen. Ich fahre
mit meinem Freund Frank. Er ist ein ausgezeichneter Schiläufer,
aber ich lerne es eigentlich noch. 5

¹ wird . . . sein will be

1 Wie wird hoffentlich das Wetter am Sonntag sein?
2 Was wollen die jungen Leute tun?
3 Wie ist der Schnee dieses Jahr?
4 Was kann man tun, wenn der Schnee hoch genug ist?
5 Wer fährt mit Rainer?
6 Was kann Frank tun?
7 Ist Rainer auch ein sehr guter Schiläufer?

3 [Maria spricht]   Klaus und Inge haben einen neuen Tischtennistisch in ihrem Spielzimmer. Ein paar von uns gehen heute abend hin. Ihr Spielzimmer ist eigentlich beinahe der ganze Keller. Man kann sich Musik anhören oder auch tanzen, wenn man nicht Tischtennis spielen will. Oder man kann sich ein Fernsehprogramm ansehen. ₅ Habt ihr nicht Lust, auch mitzukommen?

    1 Was haben Klaus und Inge in ihrem Spielzimmer?
    2 Wann gehen die jungen Leute hin?
    3 Wie groß ist das Spielzimmer bei Klaus und Inge?
    4 Was kann man tun, wenn man nicht Tischtennis spielen will?

———

B

1 Meine ganze Familie spielt Schach. . . . Wer ist ein sehr guter Spieler? . . . Wer hat neulich einen Preis gewonnen? . . . Kannst du sehr gut Schach spielen?

2 Wir wollen am Sonntag Schi laufen. . . . Wie sollte das Wetter sein?¹ . . . Haben wir viel Schnee in diesem Jahr? . . . Kann man dann gut Schi laufen? . . . Mit wem möchtest du Schi laufen? . . . Kannst du sehr gut Schi laufen? . . . Und er/sie?

¹ sollte . . . sein   *was supposed to be*

3 Ein paar von uns gehen heute abend zu Freunden. . . . Warum? . . . Wo ist ihr Spielzimmer? . . . Wie groß ist es? . . . Was kann man da tun?

Österreich

8. Am Fernsprecher

Basic Dialogue One

KARLHEINZ	Hallo! Hier Karlheinz. Kann ich bitte Georg sprechen?
FRAU KROPP	Georg ist leider nicht zu Hause. Soll ich ihm etwas ausrichten?
KARLHEINZ	Würden Sie ihm sagen, er soll mich anrufen, wenn er nach Hause kommt?
FRAU KROPP	Ich will ihm sagen, daß du angerufen hast.
KARLHEINZ	Vielen Dank, Frau Kropp. Auf Wiederhören.

VARIATION TABLES

A Stefan kommt bald nach Hause.

Stefan Helga	kommt	bald um halb fünf in ein paar Minuten erst nach der Probe	nach Hause

B Würden Sie ihm sagen, er soll die Gitarre mitbringen?

würden Sie würdest du	ihm — — — ihr	sagen	er — — — sie	soll	die Gitarre Schallplatten Gläser und Teller meine Wagenschlüssel	mitbringen

VARIATION AND EXPANSION PRACTICE

| FRAU BETZ | Helga kommt in ein paar Minuten nach Hause. |
| UWE | Würden Sie ihr sagen, sie soll die Gitarre mitbringen? |

HANS-GEORG	Stefan kommt erst nach der Probe nach Hause.
ERIKA	Würdest du ihm sagen, er soll ein paar Schallplatten mitbringen?
FRAU JOST	Ach, Sonja kommt erst um halb fünf nach Hause. Dann ist es schon zu spät, nicht wahr?
KARIN	Vielleicht. Aber bitte sagen Sie ihr, sie wollte mir meine Wagenschlüssel bringen.

CONVERSATION

Little sister is always trying to spoil things.

UWE Hallo! Hier Uwe. Kann ich bitte Dieter sprechen?

TRUDI Dieter ist leider nicht zu Hause. Soll ich ihm etwas ausrichten?

UWE Ja, bitte, sag ihm, ein paar von uns wollen heute abend Schlittschuh laufen gehen. Hoffentlich will er auch mit. 5

TRUDI O, schade. Ich weiß schon, das ist nichts für ihn. Es ist ihm viel zu kalt.

DIETER *(kommt)* Trudi, ist das für mich? — Hallo? Hier Dieter.

UWE Hallo, Dieter? Hier Uwe. Dieter, möchtest du heute abend mit uns Schlittschuh laufen gehen? 10

DIETER Ja, natürlich möcht' ich mit.

UWE Na, schön. Trudi sagt, es ist dir zu kalt.

DIETER Was Trudi sagt, ist nicht immer wahr. Ich habe seit meinem Geburtstag neue Schlittschuhe. Es ist mir nicht zu kalt, und ich möchte gerne mit. 15

UWE Dann komm doch um halb acht zu mir, und wir gehen zusammen hin.

DIETER Danke schön. Bis heute abend! Auf Wiederhören! — Trudi!

[12] Na, schön. *Well, that's fine.*

---

1 Wen möchte Uwe sprechen?
2 Ist Dieter zu Hause?
3 Warum hat Uwe angerufen?
4 Was sagt Trudi?
5 Möchte Dieter wirklich Schlittschuh laufen gehen?
6 Was hat Dieter seit seinem Geburtstag?
7 Wann soll Dieter zu Uwe kommen?

(Homework assignment 31, page 278)

Basic Dialogue Two

FRAU BENZ	Hallo? Hier Frau Benz. Wer dort, bitte?
GEORG	Hier Georg. Ist Karlheinz zu sprechen?
FRAU BENZ	Ja gewiß. Einen Augenblick, bitte.

* * *

KARLHEINZ	Georg? Bist du heute abend frei? Hast du deine Hausaufgaben schon gemacht?
GEORG	Ja, glücklicherweise. Ich bin eben damit fertig geworden.
KARLHEINZ	Das ist ziemlich ungewöhnlich, nicht?

VARIATION TABLES

A Hast du deine Hausaufgaben schon gemacht?

habt ihr eure hast du deine haben Sie Ihre	Hausaufgaben schon gemacht Wagenschlüssel wieder gefunden Freunde schon angerufen

B Ja, glücklicherweise. Ich kann ins Kino gehen, wenn du Lust hast.

ja	glücklicherweise gewiß natürlich	ich kann wir können	ins Kino gehen tanzen Schach spielen	wenn	ihr Lust habt du Lust hast Sie Lust haben ihr wollt du willst Sie wollen

VARIATION AND EXPANSION PRACTICE

ERNST	Habt ihr eure Hausaufgaben schon gemacht?
EVA	Ja, glücklicherweise. Wir können ins Kino gehen, wenn du willst.
HERR SCHULZ	Haben Sie Ihre Wagenschlüssel wieder gefunden?
HERR WINTER	Ja, gewiß. Wir können im Freien essen, wenn Sie wollen.
UWE	Hast du deine Freunde schon angerufen?
RITA	Ja, natürlich. Die wollen alle tanzen. Aber wir können doch Schach spielen, wenn du willst.

CONVERSATION

Miss Brauer, a feature writer for the newspaper, has come to get a human-interest story from the high-school principal.

FRL. BRAUER Ich höre, Ihre Schüler gehen nach der Schule immer kegeln?

HERR HENNINGS So? Davon weiß ich nichts.

FRL. BRAUER Dann sagen Sie mir bitte: Was tun Ihre Schüler nach der Schule? 5

HERR HENNINGS Das weiß ich nicht. Sie gehen nach Hause, natürlich.

FRL. BRAUER Das habe ich mir gedacht. Aber ich möchte eigentlich wissen, was sie dann tun. Setzen sie sich alle mit ihren Büchern zu Hause hin und arbeiten? 10

HERR HENNINGS Hoffentlich. Das möchte ich glauben.

FRL. BRAUER Schön. Sie arbeiten also alle mit ihren Büchern? Und wie viele gehen ins Kino?

HERR HENNINGS Ins Kino? Aber Fräulein Brauer, was glauben Sie? In unserer Schule müssen die jungen Leute arbeiten. Unsere 15 Schüler und Schülerinnen gehen erst am Samstag nachmittag ins Kino.

FRL. BRAUER So, so! Mein Vater hat immer gesagt: Man kann die Kinder an ihrem Spiel erkennen. — Und Ihre Schüler bleiben nachmittags alle zu Hause? 20

HERR HENNINGS In den Wintermonaten, glaube ich, ja.

FRL. BRAUER Und im Frühling?

HERR HENNINGS Wenn das Wetter schön ist, dann sind vielleicht ein paar von ihnen draußen im Freien.

FRL. BRAUER Nicht alle? 25

HERR HENNINGS Nein, durchaus nicht. Ein paar, zehn, fünfzehn.

FRL. BRAUER Und was tun sie dann?

HERR HENNINGS O, das weiß ich nicht. Ein paar spielen Tennis hinter der Schule oder vielleicht auch ein bißchen Fußball auf der Straße oder am Fluß. Aber nicht viele von ihnen tun 30 das. —

[18] hat . . . gesagt *said*

FRL. BRAUER   Ich glaube, ich höre ein Moped da draußen vor der
Schule.   Hat hier jemand ein Moped?

HERR HENNINGS   Nein, nein.   Das glaube ich nicht.   Das macht zu
viel Lärm.   Und wer viel Lärm macht, darf nicht in unserer ₃₅
Schule bleiben.

FRL. BRAUER   Ach so!   Was tun Ihre Schüler sonst noch?

HERR HENNINGS   Fräulein Brauer, es ist, wie ich Ihnen sage.   Unsere
Schüler arbeiten.   Sie wissen, was das heißt — arbeiten.   Für
Spiel und Sport haben sie nicht viel übrig.   ₄₀

FRL. BRAUER   Sie spielen keine Schallplatten, sie spielen nicht
Schach, sie gehen nicht Schi laufen, sie gehen nicht tanzen? —
Das müssen sehr gute Schüler sein.

HERR HENNINGS   Ja, das muß ich sagen!   Wenn der Sommer
kommt, dann werden sie alle einen Preis gewinnen!   ₄₅

FRL. BRAUER   Das kann ich glauben. — Nun, vielen Dank, Herr
Hennings.   Ich hab' viel bei Ihnen gelernt.

HERR HENNINGS   O, bitte sehr.   Es freut mich, Sie kennenzulernen!
— Auf Wiedersehen!

³⁹ heißt *means*   ⁴⁷ gelernt *learned*
wirst du gewinnen *will you win*

[*Answer these questions, in complete sentences, as though you were the model student
of all model students, as Mr. Hennings imagines them.*]

1 Was tust du nach der Schule?

2 Was tust du zu Hause nach der
Schule?

3 Wann gehst du ins Kino?

4 Wo bist du sonst am Nachmittag?

5 Wann sind ein paar Schüler
oder Schülerinnen draußen
im Freien?

6 Aber wo bist du?

7 Was tun ein paar Schüler oder
Schülerinnen hinter der Schule?

8 Aber was tust du?

9 Was tun ein paar Schüler auf
der Straße?

10 Aber was tust du?

11 Warum fährst du nicht Moped?

12 Warum möchtest du kein Moped haben?

13 Wieviel hast du für Spiel und
Sport übrig?

14 Du spielst doch Schallplatten?

15 Spielst du nicht Schach?

16 Gehst du Schi laufen?

17 Du gehst aber doch tanzen?

18 Was bist du eigentlich?

19 Was wirst du gewinnen, wenn
der Sommer kommt?

(*Homework assignment 32, page 279*)

Basic Dialogue Three

KARLHEINZ   Hast du heute abend eine Verabredung?

GEORG   Nein, noch nicht.

KARLHEINZ   Willst du mit in die Olympia-Lichtspiele?

GEORG   Aber gewiß. „Männer der Tiefe." Soll ganz fabelhaft sein.

KARLHEINZ   Schön! Ich komme um halb acht bei dir vorbei. Warte doch drinnen, bis ich hupe.

VARIATION TABLES

A   Willst du mit in die Olympia-Lichtspiele? Ich werde um acht Uhr vorbeikommen.

willst du wollt ihr wollen Sie	mit	in die Olympia-Lichtspiele in die Stadt ins Kino	ich werde wir werden	um acht Uhr vorbeikommen

B   Aber gewiß! Ich warte drinnen, bis du hupst.

aber gewiß sehr gerne schön	ich warte wir warten	drinnen	bis	du hupst ihr hupt Sie hupen

VARIATION AND EXPANSION PRACTICE

KLAUS   Wollt ihr mit in die Olympia-Lichtspiele? Ich werde um acht Uhr vorbeikommen.

ILSE   Aber gewiß. Wir warten drinnen, bis du hupst.

HERR MÜLLER   Wollen Sie mit in die Stadt? Ich komme um halb drei vorbei.

MARTA GLINZ   Sehr gerne. Ich werde drinnen warten, bis Sie hupen.

HERR JOST   Möchtest du nicht mit ins Kino? Es soll ganz fabelhaft sein.

FRAU JOST   Na, das weiß ich nicht. Könnten wir nicht warten, bis Uwe und Heidi nach Hause kommen?

30

Frl.
Melanie Oßwald
791 Neu-Ulm
Luitpoldstr. 26

Abs. Martha Saal
56 Wuppertal-Elberfeld
Jägerhofstr. 10

CONVERSATION

An impatient patient meets an unreceptive receptionist.

AUGUSTIN   Verzeihung!   Kann ich vielleicht Doktor Eisenzahn sprechen?

FRÄULEIN   Einen Augenblick, bitte.   Er ist jetzt noch nicht frei.
Können Sie ein paar Minuten warten?   Bitte, setzen Sie sich
doch dort auf das Sofa.   Vielleicht wird er um halb drei frei 5
sein.

AUGUSTIN   So?   Wenn es sein muß.   Darf ich mich etwas hinlegen?

FRÄULEIN   Noch nicht.   Sagen Sie mir erst, bitte, wie Sie heißen
und wo Sie wohnen.

AUGUSTIN   Augustin Pechner, Zwingerstraße dreizehn.   10

FRÄULEIN   Haben Sie Telefon?

AUGUSTIN   Ja, Nummer Vier-Neun-Drei-Sechs-Sieben-Fünf.

FRÄULEIN   Und wie alt sind Sie?

AUGUSTIN   Achtundzwanzig.

FRÄULEIN   Wo arbeiten Sie?   15

AUGUSTIN   Ich bin bei den Atlas-Lichtspielen.

FRÄULEIN   Gut.   So, nun sagen Sie mir, was Ihnen fehlt.

AUGUSTIN   Ach, Fräulein, es geht mir durchaus nicht gut.   Ich bin
immer so müde.   Seit drei Monaten — seit dem Herbst — habe
ich keine Lust zu essen.   Das Essen schmeckt mir nicht mehr. 20
Wenn ich mich hinlege, höre ich immer Stimmen hinter mir —
ganz in der Tiefe.   Und wenn ich nach draußen gehe, stoße ich
mir den Kopf immer an der Tür.

FRÄULEIN   Das ist etwas ungewöhnlich.   Sind Sie verheiratet?

AUGUSTIN   Nein, unverheiratet.   25

FRÄULEIN   Arbeiten Sie vielleicht zu viel?   Oder trinken Sie abends
zu viel Kaffee?

AUGUSTIN   Nein, nur Wasser, oder vielleicht eine Tasse Tee.   Für
Kaffee hab' ich nicht viel übrig.

FRÄULEIN   Herr Pechner, ich weiß nicht, was mit Ihnen los ist.   Sie 30
sehen ziemlich gesund aus. — Kommen Sie doch morgen um
zehn wieder bei uns vorbei.

AUGUSTIN   Wieso morgen?   Ich möchte heute mit Doktor Eisenzahn
sprechen!   Ist er denn heute nicht mehr zu sprechen?

FRÄULEIN   Leider nicht.   Sehen Sie, es ist jetzt schon zwei Uhr vier- 35
zig.   Um drei Viertel drei kommt schon wieder jemand, und

---

[7] Darf ich mich etwas hinlegen?   *May I lie down for a little while?*

um drei muß er ins Krankenhaus. Und wann er damit fertig wird, das weiß ich wirklich nicht.

AUGUSTIN Dann muß man warten, bis er wieder kommt?

FRÄULEIN Ja, es sieht so aus. Ich will ihm ausrichten, daß Sie hier 40 waren. —

AUGUSTIN Nun, dann werde ich morgen um zehn wieder kommen, wenn ich dann nicht auch im Krankenhaus bin.

₄₁ waren *were*

---

1 Warum kann Augustin nicht Dr. Eisenzahn sprechen?
2 Wohin soll er sich setzen?
3 Was soll er dem Fräulein erst sagen?
4 Wo wohnt er denn?
5 Wie alt ist er?
6 Was fehlt ihm?
7 Ist er schon verheiratet?
8 Trinkt er abends vielleicht zu viel Kaffee?
9 Wann soll er wieder vorbeikommen?
10 Warum ist Dr. Eisenzahn heute nicht mehr zu sprechen?
11 Was soll das Fräulein ihm ausrichten?

(*Homework assignment 33, page 280*)

REPORTS

A

1 [Kurt spricht] Gestern abend hat mich mein Vetter Thilo angerufen. Er wollte ins Kino gehen, und ich sollte mit. Aber ich mußte noch meine Hausaufgaben machen, und da konnte ich nicht mit. Aber heute ist Samstag, ich habe keine Hausaufgaben zu machen, und meine Mutter sagt, ich darf heute abend mit Thilo ins Kino gehen. 5

1 Wer hat Kurt angerufen? Wann?
2 Wohin wollte Thilo?
3 Warum konnte Kurt nicht mitgehen?
4 Welcher Tag ist heute?
5 Warum darf Kurt heute abend mitgehen?

2 [Dorothea spricht] Für heute abend hab' ich eine Verabredung. Hans-Joachim hat einen neuen Wagen, und um halb acht kommt er bei mir vorbei. Wir wollen in die Kammerspiele gehen. Später wollen wir im Restaurant am Hafen essen. Wir werden nicht vor Mitternacht nach Hause kommen. 5

1 Für wann hat Dorothea eine Verabredung?
2 Mit wem?

3 Wann kommt er vorbei?
4 Wohin wollen sie gehen?
5 Was wollen sie später tun?
6 Wann werden sie nach Hause kommen?

3 [Heinz spricht] Vater sagt, ich muß heute abend zu Hause bleiben und arbeiten. Ich hab' meine Hausaufgaben noch nicht gemacht. Ich weiß, ich sollte sie eigentlich machen, aber ich bin zu faul dazu. Wie kann ich fleißig aussehen, ohne zu arbeiten? Vielleicht könnte ich einen Roman lesen: ein Roman sieht wie ein Schulbuch aus. 5 Vielleicht könnte ich meiner Tante Ida einen Brief schreiben. Aber Romane lesen, Briefe schreiben — das ist auch Arbeit. Vielleicht wäre es doch besser, die Hausaufgaben zu machen!

⁴ fleißig *studious*   ⁴ ohne zu arbeiten *without studying*

1 Was muß Heinz heute abend tun?
2 Was hat er noch nicht gemacht?
3 Warum hat er sie noch nicht gemacht?
4 Wie möchte er aussehen?
5 Was möchte er aber nicht tun?
6 Was könnte er vielleicht lesen?
7 Wie sieht ein Roman aus?
8 Wem könnte er einen Brief schreiben?
9 Was ist aber auch Arbeit?
10 Was wäre vielleicht doch besser?

B

1 Gestern abend wollte ein Freund/eine Freundin von mir ins Kino gehen. . . . Wie heißt dieser Freund/diese Freundin? . . . Was solltest du tun? . . . Was mußtest du aber noch tun? . . . Was konntest du nicht? . . . Darfst du heute abend ins Kino gehen? . . . Wieso?

2 Heute abend hab' ich eine Verabredung. . . . Mit wem? . . . Was hat er? . . . Wann kommt er vorbei? . . . Wohin wollt ihr? . . . Was wollt ihr später tun? . . . Wann kommt ihr wieder nach Hause?

3 Ich habe meine Hausaufgaben noch nicht gemacht. . . . Was sagt dein Vater dazu? . . . Was sagst du? . . . Wie möchtest du aussehen? . . . Was könntest du tun? . . . Was könntest du vielleicht sonst noch tun? . . . Warum tust du das alles aber nicht? . . . Was wäre vielleicht besser?

⁴ das alles *all of that*

Neuschwanstein

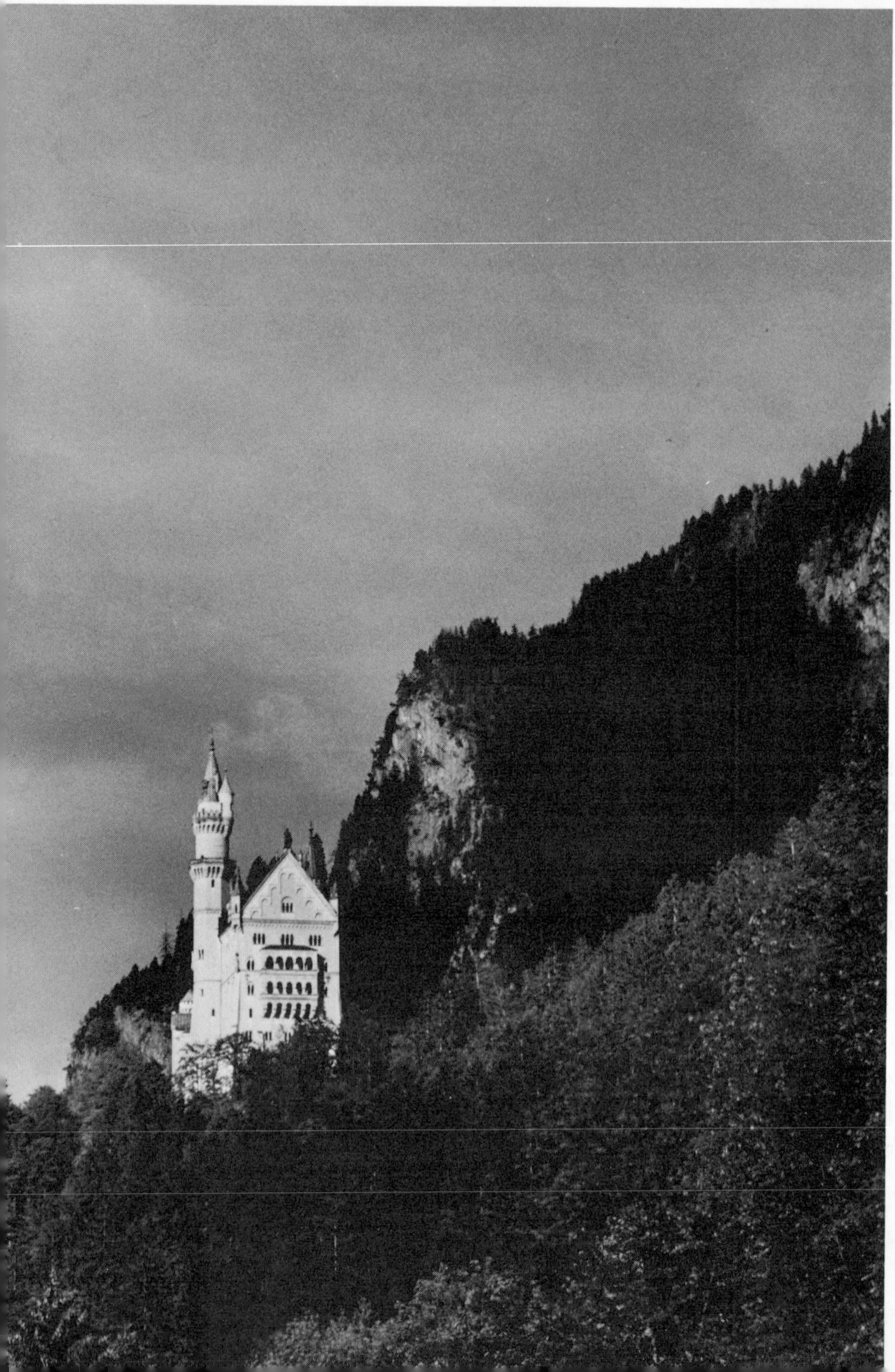

Landsberg

9. Pläne zu einem Ausflug

Basic Dialogue One

JÜRGEN Wo bist du zum Wochenende, Walter?

WALTER Na, zu Hause, wie gewöhnlich.

JÜRGEN Sag mal, möchtest du mit zu unserer Hütte im Wald?

WALTER Was? Ihr habt eine Waldhütte? Wo denn?

JÜRGEN Am See. Nur fünfzig Kilometer von hier. Meine Eltern haben nämlich ein Wochenendhäuschen gekauft. Wir wollen am Freitag hinfahren und kommen am Montag nachmittag wieder zurück.

WALTER Das wäre großartig. Wir haben ja bis Dienstag frei.

VARIATION TABLES

A Bist du zum Wochenende in der Waldhütte?

bist du seid ihr sind Sie	zum Wochenende am Freitag bis Dienstag nächsten Sonntag	in der Waldhütte im Häuschen draußen am Fluß hier in der Stadt

B Nein, ich gehe zu meinem Onkel zu Besuch.

nein	ich gehe wir gehen	zu	meinem Onkel meinen Großeltern unserer älteren Schwester	zu Besuch

VARIATION AND EXPANSION PRACTICE

ERIKA Seid ihr zum Wochenende in der Waldhütte?

KURT Nein, wir gehen zu meinem Onkel zu Besuch.

FRAU LUTZ Sind Sie bis Dienstag draußen am Fluß, wie gewöhnlich?

FRAU BEHM Nein, wir bleiben zum Wochenende zu Hause.

UWE Wo bist du am Freitag — im Wochenendhäuschen?

ILSE Ja, und ich will dann am Sonntag zu meiner älteren Schwester und ihrem Mann gehen.

CONVERSATION

JÜRGEN Manfred, hast du deine Hausaufgaben schon gemacht?

MANFRED Noch nicht ganz.

JÜRGEN Wann wirst du damit fertig sein?

MANFRED O, vielleicht in einer halben Stunde. Warum fragst du?

JÜRGEN Mein Vater hat drei Karten zum Korbballspiel heute abend, 5
und meine Mutter möchte lieber zu Hause bleiben. Sie versteht nämlich nichts von Korbball. Möchtest du vielleicht mit
uns gehen? — Wenn du Lust hast?

MANFRED Nun, mein Vater hat auch schon zwei Karten, und wir
wollen hingehen, aber ich weiß auch, Georg hat keine Karte. 10

JÜRGEN Dein Vetter Georg — Georg Schneider?

MANFRED Ja, er wohnt hier in unserer Straße.

JÜRGEN Nun, ich kenne ihn nicht so gut.

MANFRED Georg ist wirklich ein sehr netter Kerl. Du solltest ihn
besser kennenlernen. Und er kennt auch den Martin Seiler. 15

JÜRGEN Wen kennt er?

MANFRED Martin Seiler, den großen Korbballspieler.

JÜRGEN Ach so! Und er möchte natürlich seinen Freund spielen
sehen, nicht wahr?

MANFRED Ja, gewiß — und vielleicht können wir Martin Seiler nach 20
dem Spiel kennenlernen.

JÜRGEN Oh, das wäre nett! — Wie ist Georgs Telefonnummer? Ich
werde ihn gleich anrufen.

⁵ Karten *tickets*　　　⁶ lieber *rather*　　　¹⁰ hingehen *go (there)*

---

1 Wann wird Manfred mit seinen Hausaufgaben fertig sein?

2 Was hat Jürgens Vater?

3 Warum hat er eine Karte extra?

4 Möchte Manfred mit Jürgen und seinem Vater zum Korbballspiel gehen?

5 Wer hat noch keine Karte?

6 Kennt Jürgen Manfreds Vetter?

7 Wen kennt Georg?

8 Wer ist Martin Seiler?

9 Was könnten sie nach dem Spiel?

10 Warum möchte Jürgen Georgs Telefonnummer wissen?

(*Homework assignment 34, page 281*)

Basic Dialogue Two

WALTER   Sag mal, wird sonst noch jemand da sein?

JÜRGEN   Ja.   Fritz und sein Vetter werden auch kommen.

WALTER   Mit dem Moped?

JÜRGEN   Nein, sie werden mit uns fahren.   Mein Bruder Kurt hat
ja jetzt einen Kombi.

WALTER   Großartig.

VARIATION TABLES

A   Wie willst du denn hinfahren?   Mit dem Moped?

wie	willst du wollen Sie wollen wir	denn hinfahren		mit dem Moped mit Ihrem Wagen mit dem Kombi

B   Nein, mit dem Kombi.   Wir müssen viele Gläser und Teller mitbringen.

nein	mit dem Kombi mit dem Wagen		wir müssen	viele Gläser und Teller den Plattenspieler Fritz und seinen Vetter meine drei Geschwister	mitbringen

VARIATION AND EXPANSION PRACTICE

EVA   Wie willst du denn hinfahren?   Mit dem Moped?

HEINZ   Nein, mit dem Kombi.   Wir müssen viele Gläser und Teller
mitbringen.

KLAUS   Wie wollen wir denn hinfahren?   Mit eurem Wagen?

ERNST   Ja, oder mit dem Kombi.   Wir müssen Fritz und seinen Vetter
mitbringen.

KARIN   Willst du mit dem Kombi hinfahren?

RITA   Ja, natürlich.   Ich muß meine Geschwister und auch den Plattenspieler mitbringen.

VERKEHRSMITTEL

1. das Fahrrad

2. das Moped

3. der Wagen

4. der Bus

5. die Straßenbahn

6. die Untergrundbahn

7. der Zug

8. das Düsenflugzeug

9. der Hubschrauber

10. der Dampfer

CONVERSATIONS

1 Hannelore calls up Paula Dietz to invite her to a Saturday evening party.

HERR DIETZ Hallo! Hier Dietz. Wer dort, bitte?

HANNELORE Hier Hannelore. Darf ich Paula sprechen?

HERR DIETZ Ja gewiß. Einen Augenblick, bitte. — Paula, komm
doch 'runter! Hannelore ist am Telefon. (*Paula kommt.*)

PAULA Danke, Vati! — Hallo, Hannelore! Was ist denn los?   5

HANNELORE Paula, meine Vettern, Konrad und Martin Köpke,
kommen am Samstag abend zu uns. Kannst du auch zu uns
kommen?

PAULA Ja gewiß. Konrad hab' ich neulich schon kennengelernt.
Er ist ein netter Kerl. — Wann soll ich da sein?   10

HANNELORE Um halb acht, wenn du willst.

PAULA Darf ich vielleicht etwas später kommen? Erst um drei
Viertel acht?

HANNELORE Ja gewiß.

PAULA Soll ich etwas mitbringen?   15

HANNELORE Ja, bitte, bring ein paar Schallplatten mit.

PAULA Gut. Ich habe auch ein paar neue.

HANNELORE Jetzt muß ich aber noch Klaus und Elsbeth anrufen.
Hoffentlich können sie kommen.

PAULA Ja, hoffentlich. Und vielen Dank! Auf Wiederhören.   20

HANNELORE Auf Wiederhören, bis Samstag abend.

---

1 Wer kommt am Samstag zu Hannelore?
2 Wann soll Paula kommen?
3 Soll Paula etwas mitbringen?
4 Kennt Paula Konrad schon?
5 Wen muß Hannelore noch anrufen?

2 The phone rings for the fourth time in half an hour.

KONRAD Hallo! Hier Konrad Hardenberg. Wer dort, bitte?

LUISE Hier Luise Kistner. Ist Elsbeth zu sprechen?

KONRAD Elsbeth? Elsbeth? Ich kenne keine Elsbeth! Hier ist neunzehn fünfundvierzig null eins.

LUISE O, Verzeihung! 5

---

1 Welche Nummer hat Konrad Hardenberg?
2 Möchte Luise mit Konrad sprechen?
3 Wer ist Elsbeth?
4 Kennt Konrad Elsbeth?

3 Simone and Yvonne meet in the corridor.

SIMONE Grüß Gott, Yvonne. Wo warst du gestern abend?

YVONNE Wieso?

SIMONE Ich habe nämlich angerufen, und da warst du nicht zu Hause.

YVONNE Das stimmt. Ich war in der Stadt, im Kino. 5

SIMONE Wie war es?

YVONNE Fabelhaft! Wirklich ausgezeichnet. Schade, daß du nicht da warst.

---

1 War Yvonne gestern abend zu Hause?
2 Wer hat Yvonne angerufen?
3 Wo war Yvonne gestern abend?
4 Wie war es im Kino?

(*Homework assignment 35, page 282*)

Basic Dialogue Three

WALTER Wann werden wir losfahren?

JÜRGEN Am Freitag früh um sechs Uhr.

WALTER Geht's nicht schon am Donnerstag?

JÜRGEN Nein, Kurt ist Mittwoch noch auf Reisen, und er kommt erst am Donnerstag zurück. — Die Sache wird sicher viel Spaß machen.

WALTER Ja, das glaub' ich auch. Vielen Dank. — Also, auf Wiedersehen, bis Freitag.

VARIATION TABLES

A Wir werden schon am Freitag früh losfahren, nicht?

wir werden	schon erst	am Freitag früh am Donnerstag morgen nachmittag	losfahren	nicht

B Ja, wenn Kurt dann wieder zu Hause ist.

ja	wenn Kurt dann	wieder zu Hause ist nicht auf Reisen ist wieder gesund ist mit der Probe fertig geworden ist

VARIATION AND EXPANSION PRACTICE

PETER Wir werden schon am Donnerstag losfahren, nicht?

ILSE Ja, wenn Kurt dann nicht auf Reisen ist.

HEINZ Wir werden erst morgen nachmittag losfahren, nicht wahr?

HELGA Ja, ich glaube, Kurt ist dann mit der Probe fertig geworden.

UWE Wir werden schon am Freitag losfahren, nicht?

MARTA Ja, aber nur wenn Kurt dann wieder gesund ist.

CONVERSATION

Karl-Theodor calls up Manfred's home.

KARL-THEODOR   Guten Tag, Herr Strauß! Wie geht's denn dem
Manfred?   Liegt er immer noch im Krankenhaus?

HERR STRAUSS   Ja, leider muß er noch acht Tage im Bett bleiben.
Aber in drei Tagen soll er nach Hause kommen, hat der Doktor
gesagt.   5

KARL-THEODOR   Das freut mich.   Wie geht es ihm?   Was macht
sein Kopf?

HERR STRAUSS   O, er sieht schon viel besser aus.   Nicht mehr so
blaß.

KARL-THEODOR   Darf er fernsehen?   10

HERR STRAUSS   Nein, das geht nicht.   Das wäre zu viel Lärm.

KARL-THEODOR   Darf er Besuch haben — und wann?

HERR STRAUSS   O ja.   Montag bis Freitag von vierzehn bis sechzehn Uhr und Samstag und Sonntag beinahe den ganzen Tag.

KARL-THEODOR   Wo liegt er denn?   15

HERR STRAUSS   Zimmer Nummer hundertachtundzwanzig.   Soll ich
ihm etwas ausrichten?

KARL-THEODOR   Ja, sagen Sie ihm bitte „Gute Besserung" von allen
seinen Freunden.   Und morgen werden ein paar von uns bei
ihm vorbeikommen.   20

HERR STRAUSS   Gern.   Das will ich tun.   Vielen Dank.   Auf Wiederhören!

KARL-THEODOR   Und sagen Sie ihm: „Vorsicht," wenn er wieder
Motorrad fährt!

HERR STRAUSS   Ja, ja.   Das Motorrad — !   25

  ² liegt . . . im Krankenhaus   *is in the hospital*   ¹⁶ Zimmer   *room*
                    ²⁴ Motorrad   *motorcycle*

---

1 Wo ist Manfred Strauß?
2 Wann soll er nach Hause kommen?
3 Sieht Manfred noch sehr blaß aus?
4 Wann darf er Besuch haben?
5 Auch am Samstag und Sonntag?
6 Welche Nummer hat sein Zimmer?
7 Was wollen ein paar von Manfreds Freunden tun?
8 Was soll Manfreds Vater ihm sagen?

(*Homework assignment 36, page 283*)

REPORTS

A

1 [Peter spricht]   Meine Großeltern haben sich neulich ein altes Haus am
See gekauft.   Dieses Haus war eigentlich ein großes Wochenendhaus, aber meine Großeltern wollen das ganze Jahr dort wohnen.
Mein Großvater ist zu alt zu arbeiten und bleibt den ganzen Tag zu
Hause.   Das Haus hat fünf Schlafzimmer und ist groß genug für die   5
ganze Familie.   Wir können ab und zu am Wochenende hinfahren.
Meine Vettern und Kusinen, meine Onkel und Tanten kommen oft
dort zusammen.   Wir können im Sommer auf dem See Wasserschi
fahren und im Winter Schlittschuh laufen.   Wir fahren sehr gern zu
unseren Großeltern.   10

    1 Was haben sich Peters Großeltern gekauft?
    2 Was war dieses Haus früher?
    3 Ist es jetzt nur ein Wochenendhaus?
    4 Warum bleibt der Großvater den ganzen Tag zu Hause?
    5 Wie groß ist das Haus?
    6 Wer kommt dort zusammen?
    7 Was kann man im Sommer dort tun?
    8 Und im Winter?

2 [Angelika spricht]   Am Samstag morgen haben wir gewöhnlich von halb
zehn bis elf Uhr Orchesterprobe.   Ich spiele schon seit zwei Jahren
im großen Stadtorchester.   Wir haben unsere Probe im alten Theater.
Ich fahre um neun Uhr mit dem Bus hin.   Ich muß natürlich auch
mein Musikinstrument mitbringen.   Ich spiele nämlich Cello.   Ein   5
Cello ist ziemlich groß, aber ich spiele es sehr gern.   Wir spielen
heute abend ein Radioprogramm.   Hört euch das Programm an,
wenn ihr Lust und Zeit habt!

    1 Wann hat Angelika Orchesterprobe?
    2 Seit wann spielt sie im Orchester?
    3 Wo hat sie Probe?
    4 Wie und wann fährt sie hin?
    5 Was muß sie mitbringen?
    6 Welches Instrument spielt sie?
    7 Was spielt das Orchester heute abend?
    8 Was sollen Angelikas Freunde tun?

3 [Thomas spricht]   Ich habe ein altes Fahrrad.   Ich fahre mit meinem Fahrrad zur Schule.   Ich möchte ein Moped haben, oder noch besser, einen Wagen.   Aber ich habe noch keinen Führerschein.   Ich muß warten, bis ich alt genug bin.   Das ist aber schwer.

> 1 Was für ein Verkehrsmittel hat Thomas?
> 2 Wohin fährt er damit?
> 3 Was möchte er haben?
> 4 Was wäre noch besser?
> 5 Warum darf er kein Moped und keinen Wagen fahren?
> 6 Wie lange muß er warten?
> 7 Ist es leicht, so lange zu warten?

B

1 Ich fahre sehr gern zu meinen Großeltern. . . . Wo wohnen sie denn? . . . In was für einem Haus wohnen sie? . . . Wie alt ist dein Großvater? . . . Wann fährt die Familie hin? . . . Welche Verwandten kommen dort zusammen? . . . Was kann man bei den Großeltern tun? . . . Macht es Spaß, dort zu sein?

5

2 Am Samstag morgen haben wir gewöhnlich Orchesterprobe. . . . Um wieviel Uhr? . . . Wo? . . . Welches Instrument spielst du? . . . Seit wann? . . . Wie kommst du hin? . . . Bringst du dein Musikinstrument mit? . . . Ist es groß oder klein? . . . Spielst du es gerne?

3 Ich fahre mit meinem Fahrrad zur Schule. . . . Ist es alt oder neu? . . . Möchtest du ein Moped haben? . . . Oder einen Wagen? . . . Darfst du einen Wagen fahren? . . . Hast du einen Führerschein? . . . Bist du alt genug dazu?

10. Am Samstag

Basic Dialogue One

HERR TILLMANNS	Urselchen, komm doch gleich herunter! Mach schnell, es wird spät! Klaus wartet schon lange im Wagen auf dich.
URSULA	Sag ihm doch, er soll ohne mich fahren. — Wo stecken denn meine Schlüssel?
HERR TILLMANNS	Hast du sie wieder mal verloren?
URSULA	O, jetzt weiß ich's: ich hab' sie im Wagen gelassen.

VARIATION TABLES

A Wo steckt denn die Ursula? Wie lange soll Klaus auf sie warten?

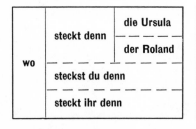

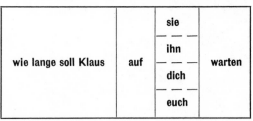

B Klaus soll ohne sie fahren. Herr Lenz will mit ihr fahren.

RITA   Wo steckt denn der Roland?   Wie lange soll Klaus auf ihn warten?

ERNST   Klaus soll ohne ihn fahren.   Herr Lenz will mit ihm fahren.

KARIN   Wo steckst du denn?   Soll Klaus noch auf dich warten?

HEINZ   Ja, wenn er mit mir fahren will.

FRAU JOST   Wo stecken denn die Kinder?   Sollen wir noch auf sie warten?

HERR JOST   Nein, fahren wir ohne sie.   Onkel Helmut kommt bald.   Die Kinder können mit ihm fahren.

CONVERSATIONS

1 Konrad rings the bell and Käte goes to the door.

KONRAD   Käte, hast du Hugo heute morgen gesehen?

KÄTE   Ja, er sitzt im Eßzimmer beim Frühstück.

KONRAD   Noch beim Frühstück?   Wir wollten doch heute morgen Tennis spielen.   (*Hugo kommt*) — Mach schnell, Hugo, es wird spät!   5

HUGO   Ich muß noch meine Tennisschuhe finden.   Käte, hilf mir doch!

KÄTE   Ich habe sie schon gesehen.   Aber wo?   O, ja.   Hier liegen sie im Schrank.

HUGO   Danke schön, Käte. — Komm, Konrad, gehen wir!   10

[1] gesehen   *seen*   [2] Frühstück   *breakfast*   [8] liegen   *are lying*
[9] Schrank   *cupboard*   sitzt   *is sitting*

1 Wo sitzt Hugo immer noch?
2 Was wollten Hugo und Konrad heute morgen tun?
3 Warum soll Käte ihrem Bruder helfen?
4 Wo hat Käte sie gesehen?

2 Mrs. Ochsenbein isn't sure whether Heiner has come home yet or not.

MUTTER   Ist Heiner schon nach Hause gekommen?

KARL   Ich glaube nicht.   Ich habe ihn noch nicht gehört.

PHILIPP   Aber er sitzt doch oben in seinem Zimmer und arbeitet.

KARL   So?   Seit wann denn?

PHILIPP   Seit mehr als einer halben Stunde.   5

[1] ist . . . gekommen   *has come*   [2] gehört   *heard*   [5] mehr als   *more than*

KARL   Das glaube ich nicht. — Heiner! Bist du da?! —

MUTTER   Vielleicht hat er sich hingelegt. — Philipp, würdest du, bitte, nach oben gehen? . . .

PHILIPP   Jetzt ist er nicht mehr da. Seine Bücher liegen unter der Lampe auf dem Tisch. Aber Heiner ist nicht im Zimmer.   10

KARL   Na, wenn er nicht drinnen ist, dann ist er vielleicht draußen. (*Geht zum Fenster.*) Ja, wirklich. Da draußen ist er!

MUTTER   Wo denn?

KARL   Kannst du ihn nicht sehen? Da liegt er doch unter seinem Wagen!   15

MUTTER   Ja, wirklich, da steckt er! Was tut er denn eigentlich?

KARL   Nun — er arbeitet an seinem Wagen! Heute ist es aber keine Reifenpanne! !

[7] hat sich hingelegt *is lying down* [*literally: "has laid himself down"*]

---

1 Warum glaubt Karl, daß Heiner noch nicht nach Hause gekommen ist?
2 Wo hat Philipp ihn aber gesehen?
3 Seit wann sitzt er dort?
4 Was findet Philipp in Heiners Zimmer?
5 Wo ist Heiner vielleicht?
6 Ist er wirklich draußen?
7 Was tut er denn eigentlich?

(*Homework assignment 37, page 284*)

Basic Dialogue Two

DIETER   Ist Werner noch nicht 'runtergekommen?

FRAU GRUNK   O doch! Der sitzt schon in der Küche beim Frühstück. — Bist du heute morgen sehr früh aufgestanden?

DIETER   Viel zu früh — schon um Viertel nach acht.

FRAU GRUNK   Dann hast du gewiß noch nicht gefrühstückt?

DIETER	Ich mag heute kein Frühstück. Wir wollen nämlich um neun Uhr Schlittschuh laufen. Hoffentlich hat Werner seine Schlittschuhe gefunden.
FRAU GRUNK	Die hängen doch schon die ganze Zeit im Schrank in seinem Zimmer!

VARIATION TABLES

A Ist Werner schon 'runtergekommen?

ist		schon 'runtergekommen früh aufgestanden
	Werner	
hat		schon gefrühstückt seine Schlittschuhe gefunden

B Ja. Und du — warum bist du denn so früh aufgestanden?

	bist			so früh aufgestanden so spät losgefahren
warum		du	denn	
	hast			noch nicht gefrühstückt deine Schlittschuhe nicht mitgebracht

VARIATION AND EXPANSION PRACTICE

KLAUS	Hat Werner schon gefrühstückt?
FRAU BETZ	Ja. Und du — warum bist du denn so früh aufgestanden?
ERIKA	Hat Werner seine Schlittschuhe gefunden?
ILSE	Ja, glücklicherweise. Hoffentlich hat er sie nicht wieder verloren.
KURT	Wann ist denn Werner heute morgen aufgestanden?
PETER	Erst um Viertel nach neun. Natürlich sind seine Freunde ohne ihn losgefahren.

A. *das Treppenhaus*

   1. die Treppe
   2. der Treppenabsatz

B. *der Flur*

   3. die Wohnungstür
   4. die Garderobe

C. *die Küche*

   5. der Kühlschrank
   6. der Küchenschrank
   7. der Küchentisch
   8. das Spülbecken
   9. der Küchenherd

D. *das Badezimmer*

   10. das Klosett
   11. das Waschbecken
   12. der Badeofen
   13. die Badewanne
   14. der Wäscheschrank

E. *das Schlafzimmer*

   15. die Kommode
   16. der Nachttisch
   17. das Bett (zwei Betten) } das Möbel
   18. der Kleiderschrank
      (mit Spiegel)

F. *das Wohnzimmer*

   19. der Tisch
   20. der Stuhl (vier Stühle)
   21. der Ofen
   22. das Sofa
   23. das Bücherregal } das Möbel
   24. der Teetisch
   25. der Sessel (zwei Sessel)
   26. der Geschirrschrank

G. *der Balkon*

Wo ist er? — Im Schlafzimmer, in der Küche, auf dem Balkon.
Wohin ist er gegangen? — Ins Schlafzimmer, in die Küche, auf den Balkon.

ZWEI-ZIMMER-WOHNUNG

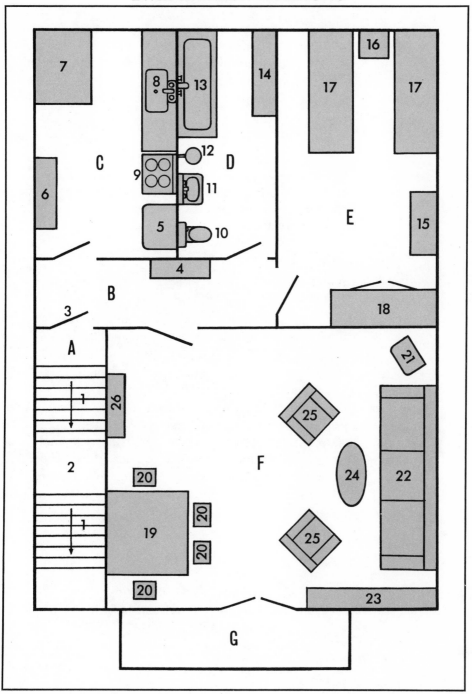

CONVERSATIONS

1 Werner tries to hurry Klemens.

WERNER Mach schnell, Klemens! Wir warten schon alle auf dich.

KLEMENS Aber ich habe noch nicht gefrühstückt. Könnt ihr nicht noch ein paar Minuten warten?

WERNER Nein, wir sollten jetzt schon im Park sein. Wir müssen ohne dich fahren. ⁵

KLEMENS Na, ich komme später.

---

1 Warum soll Klemens schnell machen?

2 Warum kann er noch nicht mit seinen Freunden gehen?

3 Warum können sie nicht noch etwas warten?

4 Wann kommt Klemens?

2 In the kitchen, Erna Helmholz is waiting for her friend, Lieselotte Schröder. Lieselotte's mother calls up the stairs.

FRAU SCHRÖDER Lieselotte, bist du noch nicht aufgestanden?

LIESELOTTE (*von oben*) Doch, Mutti, ich komme gleich!

ERNA Mach doch schnell, Lilo, es wird spät!

LIESELOTTE (*noch oben*) Erna, bist du schon da? Komm herauf und hilf mir! Ich kann meine Noten nicht finden! ⁵

FRAU SCHRÖDER Deine Noten liegen doch hier auf dem Tisch. Komm jetzt herunter! Du mußt noch frühstücken.

LIESELOTTE (*kommt herein*) Ich mag heute kein Frühstück. Ich habe keine Zeit dazu. Wir haben nämlich um neun Uhr Probe, und wir haben nur noch zehn Minuten, bis wir da sein müssen. ¹⁰

ERNA Ja, komm, Lieselotte, mach schnell! Vati wartet schon im Wagen auf uns.

⁴ herauf *upstairs*   ⁵ Noten *music book*   ⁸ herein *in*

---

1 Ist Lieselotte noch im Bett?

2 Warum soll Erna heraufkommen?

3 Warum kann Lieselotte oben die Noten nicht finden?

4 Warum kann Lieselotte nicht mehr frühstücken?

5 Wer wird sie zur Probe fahren?

6 Wo wartet er auf sie?

(*Homework assignment 38, page 285*)

Basic Dialogue Three

HERR STEIN Ist Barbara schon zu Hause?

FRAU STEIN Ja. Sie sitzt oben im Schlafzimmer auf dem Bett. Seit einer halben Stunde sitzt sie am Telefon.

HERR STEIN Wo war sie eigentlich den ganzen Tag?

FRAU STEIN Das kann ich dir nicht sagen. Sie ist nach Hause gekommen und gleich nach oben gegangen. Sie hat mich nicht einmal gegrüßt.

CONVERSATION

Hans finally arrives at Erwin's cabin.

HANS Also — dies ist euer Wochenendhäuschen?

ERWIN Ja, wie findest du es?

HANS Sehr schön — aber ein bißchen klein.

ERWIN Meinst du?

HANS Ja, wo ist denn die Küche?   5

ERWIN Nun, eine Küche haben wir nicht. Wenn wir essen wollen, können wir im Freien essen.

HANS Und wenn es regnet — dann eßt ihr eben nicht?

ERWIN Nein, dann fahren wir nicht ins Wochenendhaus.

HANS Und wo sind die Betten?   10

ERWIN Die haben wir noch nicht gekauft.

HANS Wo kann man sich denn hinlegen?

ERWIN Da auf das Sofa!

HANS Wenn ich mich da hinlege, stoße ich mir ja den Kopf an der Lampe.   15

ERWIN Ah, das macht nichts.

HANS Du, ist es nicht ziemlich kalt hier?

ERWIN Kalt? Es ist doch heute nicht kalt! Wir sollten erst ein wenig schwimmen gehen. Dann wirst du es nicht mehr kalt finden.   20

HANS Und wo geht ihr gewöhnlich schwimmen? Wo ist denn der See?

⁴ Meinst du? *Do you think so?*

ERWIN Einen See haben wir hier nicht. Aber da unten ist ein
kleiner Fluß. Der ist auch im Sommer noch kalt.

HANS Darf ich vielleicht ein Glas Wasser haben? ²⁵

ERWIN Das Wasser ist draußen im Wagen. Ich hoffe, daß wir
Wasser mitgebracht haben.

HANS — Sag mal, Erwin. Ich glaube, es wird heute noch regnen.
Wollen wir nicht bald wieder nach Hause fahren?

²⁶ hoffe *hope*

---

1 Wie groß ist Erwins Wochenendhäuschen?

2 Welches Zimmer hat dieses
Häuschen nicht?

3 Wo muß man essen, wenn man
essen will?

4 Wo muß man sich hinlegen,
wenn man sich hinlegen will?

5 Wie findet Hans die Temperatur in diesem Haus?

6 Was möchte Erwin erst tun?

7 Wo kann man hier schwimmen
gehen?

8 Wie ist das Wasser im Fluß?

9 Und wie ist es im Sommer?

10 Was möchte Hans haben?

11 Was hofft Erwin?

(*Homework assignment 39, page 287*)

München

München

REPORTS

A

1 [Stefan spricht] Heute morgen bin ich um sieben Uhr aufgestanden. Um halb acht habe ich gefrühstückt und um Viertel vor acht bin ich zur Schule gegangen. Wir essen um zehn Minuten nach zwölf zu Mittag. Jetzt ist es Viertel nach zwei. Um sechs Minuten nach drei ist die Schule aus, und ich gehe nach Hause. Heute nachmittag 5 wollen ein paar von uns nach der Schule Korbball spielen. Unsere Familie ißt um halb sieben zu Abend. Mein Vater kommt nämlich erst um sechs nach Hause. Heute abend muß ich natürlich erst meine Hausaufgaben machen, dann darf ich mir ein Fernsehprogramm ansehen. Um halb elf Uhr gehe ich zu Bett. 10

⁵ aus *out; over for the day*

1 Um wieviel Uhr ist Stefan heute morgen aufgestanden?
2 Wann hat er gefrühstückt?
3 Wann muß er zur Schule gehen?
4 Um wieviel Uhr ißt man in seiner Schule zu Mittag?
5 Wieviel Uhr ist es jetzt?
6 Wann ist seine Schule aus?
7 Was tut Stefan dann?
8 Was wollen Stefan und ein paar von seinen Freunden heute nachmittag tun?
9 Wann ißt Stefans Familie zu Abend? Warum um diese Zeit?
10 Was muß Stefan nach dem Abendessen tun?
11 Was darf er dann tun?
12 Wann geht er zu Bett?

2 [Karin spricht] Wir wohnen in einer Drei-Zimmer-Wohnung. Wir haben ein großes Wohnzimmer, zwei Schlafzimmer, eine Küche und ein Badezimmer.

Mein Schlafzimmer ist ziemlich groß. Es hat ein Bett, einen Kleiderschrank, eine Kommode, einen Tisch und zwei Stühle. An 5 diesem Tisch sitze ich und mache abends meine Hausaufgaben. Ich arbeite gewöhnlich von sieben bis neun Uhr. Dienstag und Donnerstag abends kommt eine Freundin von mir, und wir arbeiten zusammen.

Im Wohnzimmer sind ein Sofa, ein Tisch, zwei große Sessel, drei 10
Lampen, ein sehr großes Bücherregal mit vielen Büchern und ein
Plattenspieler. Ich lese sehr gern Romane, und ich höre mir auch
gern Schallplatten an.

Wir essen gewöhnlich am kleinen Tisch in der Küche, aber wenn
Freunde zu Besuch kommen, essen wir am großen Tisch im Wohn- 15
zimmer.

1 Wo wohnt Karin?
2 Was für Zimmer hat diese Wohnung?
3 Was für Möbel hat Karins Schlafzimmer?
4 Wo macht Karin ihre Hausaufgaben?
5 Wann arbeitet sie?
6 Wer arbeitet zweimal die Woche mit ihr?
7 Was für Möbel hat das Wohnzimmer?
8 Was liest Karin am Abend sehr gerne?
9 Was hört sie sich auch gern an?
10 Wo ißt die Familie gewöhnlich?
11 Wo essen sie aber, wenn Freunde zu Besuch kommen?

B

1 [*Review pages 63–64*] Mein Tag. . . . Wann bist du heute morgen aufgestanden? . . . Wann hast du gefrühstückt? . . . Wann bist du zur Schule
gekommen? . . . Wieviel Uhr ist es jetzt? . . . Wann ißt man in dieser
Schule zu Mittag? . . . Um wieviel Uhr ist diese Schule aus? . . . Was
willst du nach der Schule machen? . . . Wann ißt deine Familie zu 5
Abend? . . . Was tust du am Abend? . . . Wann gehst du zu Bett?

2 [*Review pages 90 and 130–131*] Meine Familie wohnt in einer Wohnung/
in einem Haus. . . . Was für Zimmer hat die Wohnung/das Haus? . . .
Hast du ein großes Schlafzimmer? . . . Was für Möbel hat dein Schlafzimmer? . . . Arbeitest du im Schlafzimmer? . . . Was für Möbel hat
das Wohnzimmer? . . . Was kann man da tun? — . . . sich Fernsehen 5
ansehen? . . . sich Radio anhören? . . . Bücher oder die Zeitung lesen?
. . . sich Schallplatten anhören? . . . Briefe lesen oder schreiben?

11. Einkäufe

Basic Dialogue One

BRIGITTE   Wo ist das Kaufhaus Behrens?

EIN POLIZIST   Immer geradeaus, diese Straße entlang, bis zur dritten
               Verkehrsampel. Dort ist es auf der linken Seite.

BRIGITTE   Danke schön! Ich werde es schon finden.

VARIATION TABLES

A Wo ist das Kaufhaus Behrens?

1

wo ist	das Kaufhaus Behrens der Hauptbahnhof die Martinskirche

2

wie komme ich	zum Kaufhaus Behrens zum Hauptbahnhof zur Martinskirche

Further practice with:

> Können Sie mir sagen, wo . . . ist?
> Können Sie mir sagen, wie ich . . . komme?

B Diese Straße entlang, bis zur dritten Verkehrsampel.

1

diese Straße entlang	bis zur	dritten vierten nächsten	Verkehrsampel

2

hier	links rechts	und dann geradeaus

[*Refer to page 69 for other locations and destinations.*]

CONVERSATION

The girls are on the phone again.

BARBARA Hallo, Gisela! Habt ihr schon zu Abend gegessen?

GISELA Ja, Barbara. Wir sind eben vom Essen aufgestanden. Und ihr?

BARBARA O, wir haben schon vor einer halben Stunde gegessen. Was tust du heute abend? 5

GISELA Ich hab' mich vor fünf Minuten hingesetzt. Ich muß noch ein paar Hausaufgaben machen.

BARBARA Damit bin ich vor zwei Stunden fertig geworden. Hab' ganze drei Stunden gearbeitet. Bin noch ganz kaputt. — Dann kannst du also jetzt nicht mehr in die Lichtspiele? 10

GISELA Nein, dafür ist es jetzt zu spät. Nach acht geht's nicht mehr. Dann dürfen wir nicht mehr aus dem Hause. Erst wieder am Wochenende.

BARBARA Ach, das macht nichts. Wir können uns ab und zu anrufen. Ich habe jetzt ein Telefon in meinem Schlafzimmer. 15 Da können sie uns nicht hören.

GISELA Was für ein Lärm ist das da bei euch?

BARBARA Kannst du das hören? Das ist Erich. Der hat sich doch neulich eine Ziehharmonika gekauft. Die sollte er im Freien spielen. Aber wenn das Wetter nicht schön ist, spielt er sie in 20 seinem Zimmer.

GISELA Das hab' ich mir gedacht. Man kann ja den Lärm von hier aus hören! Warum spielt er denn nicht unten im Keller? Euer Keller ist doch so tief, daß man oben nichts hören kann.

BARBARA Das will Erich eben nicht. 25

GISELA Er kann aber doch schon sehr schön spielen!

BARBARA So? Glaubst du? Ich hab' für seine Musik nicht viel übrig.

GISELA Wie kannst du so etwas sagen? Er sollte eigentlich einmal für uns spielen. Man kann zu seiner Musik doch so gut tanzen! 30 Hast du keine Lust dazu?

BARBARA O, ich weiß nicht.

---

[4] vor einer halben Stunde *half an hour ago*   [6] ich hab' mich
hingesetzt *I sat down*   [29] einmal *sometime*

GISELA Du mußt es ihm sagen. Wir müssen noch einmal über die Sache sprechen.

BARBARA Ja, vielleicht. 35

MUTTER (*von unten*): Barbara! Kann ich auch bald ans Telefon?

BARBARA (*ins Telefon*): Einen Augenblick mal, Gisela. Meine Mutter sagt etwas. — (*Zu ihrer Mutter*) Ja, Mutti. Wir sind gleich fertig. — (*Ins Telefon*) Meine Mutter möchte auch bald tele- fonieren. — Hör mal, Gisela, hast du schon das neue Buch ge- 40 kauft?

GISELA Welches Buch?

BARBARA O, du weißt, Fräulein Miltner hat es neulich mitgebracht. Ohne das Buch können wir wirklich nichts lernen.

GISELA Meinst du? Das will ich nicht sagen. 45

BARBARA Wieso? Weißt du etwas, das besser wäre?

GISELA Ja, ich arbeite immer mit Rudi. Der weiß alles. Er ist ebenso gut wie ein Buch.

BARBARA Ach so! Ja, den kenne ich leider noch nicht.

GISELA Du solltest ihn wirklich kennenlernen. 50

BARBARA Er ist doch neu in der Schule, nicht wahr? Wie heißt er eigentlich — Rudi — ?

GISELA Rudi Brinkmann. Meine Eltern kennen seine Eltern. Sie wohnen jetzt neben uns.

BARBARA In der Schule ist er ja sehr gut. Da hat er immer so viel 55 im Kopf.

GISELA Ja, im Herbst hat er einen Preis gewonnen.

BARBARA Sitzt er denn immer bei seinen Büchern?

GISELA O nein, das glaub' ich nicht.

MUTTER (*von unten*) Barbara, wirst du bald herunterkommen? 60

BARBARA Ja, gleich, Mutter. Ich komme gleich herunter! — Also, auf Wiederhören, Gisela.

GISELA Also, bis morgen!

BARBARA Ja, bis morgen in der Schule.

MUTTER (*von unten*) Barbara! Du sitzt schon seit einer halben 65 Stunde am Telefon!

BARBARA Aber Mutti! Das Telefon ist jetzt frei!

MUTTER Schön! Das freut mich. Wir sollten eigentlich drei Tele- fone haben!

---

[33] noch einmal *again*   [33] über *about*   [36] Kann ich ans Telefon? *Can I get to the telephone?*   [37] ins Telefon *into the telephone*   [45] Meinst du? *Do you think so?*   [47] alles *everything*

1 Wer ist eben vom Essen aufgestanden?
2 Wann haben Barbaras Eltern gegessen?
3 Was muß Gisela noch tun?
4 Wann ist Barbara mit den Hausaufgaben fertig geworden?
5 Kann Gisela jetzt noch in die Lichtspiele?
6 Wann darf sie nicht mehr aus dem Haus?
7 Was hat Barbara jetzt in ihrem Schlafzimmer?
8 Wann kann sie Gisela anrufen?
9 Was hört Gisela?
10 Wer macht den Lärm?
11 Wie macht er den Lärm?
12 Wo will er die Ziehharmonika nicht spielen?
13 Wie findet Gisela Erichs Musik?
14 Warum hat sie für seine Musik viel übrig?
15 Mit wem arbeitet Gisela jetzt immer?
16 Warum arbeitet sie immer mit Rudi?
17 Was weiß er?
18 Wer wohnt jetzt neben Gisela?
19 Wer möchte auch telefonieren?
20 Wie lange wartet sie schon?

(*Homework assignment 40, page 287*)

Basic Dialogue Two

EINE VERKÄUFERIN	Was wünschen Sie, bitte?
HANS-JOACHIM	Ein Paar braune Schuhe, Größe zwoundvierzig.
DIE VERKÄUFERIN	Bitte, nehmen Sie da Platz. — Hellbraun oder dunkelbraun?
HANS-JOACHIM	Das ist mir gleich, wenn sie nur passen.
DIE VERKÄUFERIN	So. Wir wollen einmal dieses Paar anprobieren.
HANS-JOACHIM	Dieser Schuh ist sehr bequem. — Was kosten diese?
DIE VERKÄUFERIN	Dieses Paar kostet nur fünfunddreißig Mark.
HANS-JOACHIM	Gut. Diese will ich nehmen.

KLEIDUNG

Jungen   *Mädchen*

die Hose   das Hemd   der Rock   die Bluse

die Jacke   der Anzug   die Schuhe   die Strümpfe

die Schuhe   die Socken   der Hut   die Tasche

der Gürtel   die Krawatte   die Handschuhe   das Kleid

der Regenmantel   die Brille   der Mantel

FARBEN: rot, weiß, grün, grau, gelb, schwarz, braun, blau

ADJEKTIVE:

teuer — billig   (*expensive* — ?)
hell — dunkel
lang — kurz

A Warum gehst du so spät zum Kaufhaus?

warum	gehst	du		
	geht	Hans Ulrike ihr	so spät	zum Kaufhaus in die Stadt
	gehen	Sie		

B Ich muß mir heute noch ein Paar Schuhe kaufen.

ich	muß	mir		
sie er	muß	sich	ein Paar Schuhe ein Kleid ein paar neue Sachen eine neue Hose	kaufen
wir	müssen	uns		

UWE Warum geht ihr so spät in die Stadt?

ERNST Wir müssen uns ein paar neue Sachen kaufen.

RITA Muß denn Ulrike heute abend noch in die Stadt?

HELGA Ich glaube, ja. Sie sagt, sie muß sich ein neues Kleid kaufen —
für den Tanz am Wochenende.

CONVERSATIONS

1 In the Barnhelm Department Store, Klaus is an ideal customer.

VERKÄUFER Was wünschen Sie, bitte?

KLAUS Ein Hemd, bitte. Größe achtunddreißig.

VERKÄUFER Welche Farbe wünschen Sie?

KLAUS Das ist mir gleich.

VERKÄUFER Hier ist ein schönes blaues Hemd. Wollen Sie das? 5

KLAUS Wieviel kostet es?

VERKÄUFER Neun Mark.

KLAUS Ja, ich kaufe es. Meine Mutter sagt, ich muß ein neues Hemd haben. — Hier sind zehn Mark.

VERKÄUFER ʼDanke schön. — Hier haben Sie das Hemd — und eine 10 Mark.

KLAUS Danke.

VERKÄUFER Bitte sehr. Guten Tag. Kommen Sie bald wieder!

---

1 Was möchte Klaus kaufen?
2 Was ist ihm gleich?
3 Warum kauft er ein neues Hemd?
4 Wieviel kostet das Hemd?

2 In the Egmont Department Store. Anneliese can't make up her mind.

VERKÄUFERIN   Was wünschen Sie, bitte?

ANNELIESE   Ich möchte ein Kleid — oder einen Rock und eine Bluse. Aber ich weiß noch nicht, was es sein soll.

VERKÄUFERIN   Hier ist ein schöner Rock.   Wie finden Sie die Farbe? Möchten Sie ihn vielleicht anprobieren?   5

ANNELIESE   Ja, aber warten Sie.   Ich möchte auch dieses gelbe Kleid anprobieren — und diese weiße Bluse.

(Ein bißchen später.)

VERKÄUFERIN   Wie finden Sie das Kleid?   Ist es nicht hübsch?

ANNELIESE   Ja, es ist hübsch.   Aber es paßt mir nicht.   10

VERKÄUFERIN   Vielleicht haben wir es in Ihrer Größe. — Nein, es tut mir leid, dies ist das einzige. — Wie passen der Rock und die Bluse?

ANNELIESE   Der Rock paßt ausgezeichnet — und die Bluse auch. Aber was kosten diese Sachen?   15

VERKÄUFERIN   Der Rock kostet fünfundfünfzig Mark und die Bluse dreißig Mark.

ANNELIESE   Wissen Sie, das ist ziemlich viel.   Da muß ich erst meine Mutter fragen.   Vielleicht kann die mir helfen.

---

1 Was möchte Anneliese kaufen?
2 Möchte sie den Rock anprobieren?
3 Wie findet sie das Kleid?
4 Warum kauft sie das Kleid nicht?
5 Warum kauft sie den Rock und die Bluse nicht?
6 Wer kann ihr vielleicht helfen?

(Homework assignment 41, page 288)

Basic Dialogue Three

CLAUDIA   Hast du schon Sabine gesehen?   Sie hat sich ein neues Kleid gekauft.

ULRIKE   Ja, ich war gestern mit ihr in der Stadt.   Wie gefällt dir das Kleid?   Steht es ihr nicht glänzend?

CLAUDIA   Sehr nett.   Sie sieht recht hübsch darin aus.   Meine Kusine Berta hat auch so eins.

A Sabine hat sich ein neues Kleid gekauft.

	ein neues Kleid	
Sabine hat sich	eine neue Jacke	gekauft
	einen neuen Rock	
	neue Schuhe	

B Ja, das weiß ich. Ich habe es schon gesehen. Aber es gefällt mir nicht.

	es				
ich habe	sie	schon gesehen			
	ihn				
	sie				

	es			
aber und	sie	gefällt	mir	nicht sehr
	er			
	sie	gefallen		

VARIATION AND EXPANSION PRACTICE

KARIN Sabine hat sich einen neuen Rock gekauft.

EVA Ja, das weiß ich. Ich habe ihn schon gesehen. Und er gefällt mir sehr.

HEINZ Jürgen hat sich eine kurze Hose gekauft.

KURT Ja, das weiß ich. Ich habe sie gesehen. Aber sie gefällt mir nicht.

KLAUS Nicole hat sich ein Paar grüne Strümpfe gekauft.

ERIKA Ja, ich habe sie schon gesehen. Und sie gefallen mir sehr.

CONVERSATIONS

1 A clerk in the Wallenstein Department Store tries hard to make a sale.

LIESELOTTE Ich möchte das Kleid da anprobieren.

VERKÄUFERIN Bitte sehr. Wollen Sie dort in das kleine Zimmer gehen?

LIESELOTTE Wohin?
VERKÄUFERIN In den Anproberaum. Da in der Ecke. 5
    (*Lieselotte geht hinein. — Später.*)
VERKÄUFERIN Wunderbar! Das Kleid paßt Ihnen ausgezeichnet!
LIESELOTTE Ja, aber diese grüne Farbe steht mir nicht.
VERKÄUFERIN Das würde ich nicht sagen. Das Kleid ist wirklich
    reizend! 10
LIESELOTTE Das ist mir gleich. Ich sehe blaß darin aus — in diesem
    grünen Kleid.
VERKÄUFERIN Es ist aber doch so bequem. Setzen Sie sich nur ein-
    mal hin! Paßt es nicht großartig?
LIESELOTTE Aber es gefällt mir nicht — 15
VERKÄUFERIN Ein wunderbares Kleid für den Frühling!
LIESELOTTE Nein. Ich möchte es doch nicht kaufen.
VERKÄUFERIN Wie Sie wünschen!
LIESELOTTE Vielen Dank!

    [5] Anproberaum *fitting room*   [7] wunderbar *wonderful*
        [10] reizend *charming*

1 Wo kann Lieselotte das Kleid anprobieren?
2 Wie findet die Verkäuferin das Kleid?
3 Wie gefällt Lieselotte das Kleid?
4 Warum steht ihr das Kleid nicht?
5 Warum soll Lieselotte sich hinsetzen?
6 Warum möchte Lieselotte das Kleid doch nicht kaufen?

2 Much ado about nothing. (Viel Lärm um nichts.)

FRAU WAGNER Hallo! Hallo! Hier Frau Wagner, Untere Bad-
    straße hundertachtundneunzig. Ist jemand dort?
BEAMTER Ja gewiß. Was können wir für Sie tun?
FRAU WAGNER Bitte, kommen Sie schnell! Da stehen vier Männer
    unter der Verkehrsampel vor meinem Haus und warten. 5
BEAMTER Ja, und?
FRAU WAGNER Sie stehen schon seit mehr als einer Stunde da.
BEAMTER Was tun sie denn?
FRAU WAGNER Das kann ich nicht sehen. Sie stehen zusammen da
    und sprechen mit tiefer Stimme. 10
BEAMTER So? Können Sie denn hören, was sie sagen?
FRAU WAGNER Nein, das kann ich auch nicht.

    [1] untere *lower*   [3] Beamter *official*

BEAMTER   Vielleicht haben sie etwas verloren.

FRAU WAGNER   Das glaub' ich nicht.   Sie sehen immer nach oben.

BEAMTER   Vielleicht haben sie an der Verkehrsampel zu arbeiten.   15

FRAU WAGNER   Aber sie arbeiten ja nicht!   Sie sehen immer nach meinem Zimmer.   Ich weiß nicht, was sie tun; aber ich möchte nicht, daß sie in mein Haus kommen.

BEAMTER   Wie sehen sie denn aus?

FRAU WAGNER   O, nicht ungewöhnlich, wie alle Männer.   20

BEAMTER   Da können wir leider nichts für Sie tun.   Telefonieren Sie, wenn sie hereinkommen.

FRAU WAGNER   Ach, dann kann ich ja nicht zu Bett gehen.   Und es ist schon so spät, und ich möchte mich hinlegen.

BEAMTER   Einen Augenblick, Frau Wagner!   Sie sagen, Sie wohnen   25
Untere Badstraße 198?

FRAU WAGNER   Ja, das stimmt.   Wissen Sie, was los ist?   Was denn?

BEAMTER   Ja, sehen Sie, wir haben eben gehört, die Verkehrsampel an der Ecke da geht nicht.   Sie steht auf rot nach allen vier Seiten.   30

FRAU WAGNER   Ach so!   Und wann können die Männer wieder weitergehen?

BEAMTER   Es wird gleich ein Beamter bei Ihnen vorbeikommen. Danke schön, daß Sie uns angerufen haben.

FRAU WAGNER   Bitte sehr.   Auf Wiederhören!   35

[22] hereinkommen	*come in*	[29] Ecke	*corner*
[32] weitergehen	*go away*	Polizei	*police*

---

1 Wer ruft die Polizei an?

2 Wo wohnt Frau Wagner?

3 Was soll die Polizei tun?

4 Wer steht vor Frau Wagners Haus?

5 Wie lange stehen sie schon da?

6 Wie sprechen sie?

7 Was kann Frau Wagner nicht hören?

8 Was glaubt sie nicht?

9 Auch was glaubt sie nicht?

10 Wie sehen die Männer aus?

11 Was kann die Polizei für Frau Wagner tun?

12 Was soll Frau Wagner tun?

13 Was kann sie nicht tun?

14 Was hat die Polizei eben gehört?

15 Wieso geht die Verkehrsampel nicht?

16 Wer wird gleich bei Frau Wagner vorbeikommen?

(*Homework assignment 42, page 289*)

REPORTS

A

[Review page 69]

1 [Andreas spricht] Ich wohne in der Poststraße, nicht weit von der Hauptpost. Ich muß zur Schule gehen. Meine Schule ist das Bismarck-
Gymnasium in der Bismarckstraße.

Gestern abend hab' ich einen Brief geschrieben, und den muß
ich auf die Post bringen. Ich habe auch einen Roman fertig gelesen, 5
und ich muß das Buch zur Stadtbibliothek zurückbringen. Ich gehe
also aus dem Haus und die Poststraße entlang, bis ich zur Hauptpost
komme. Dort werfe ich meinen Brief ein. Dann muß ich über den
Bahnhofsplatz gehen und den Roman zur Bibliothek zurückbringen.

Von dort gehe ich die Hauptstraße entlang, dann in die Schul- 10
gasse. An der Mädchenschule gehe ich nach rechts in die Parkstraße
und am Marktplatz gehe ich nach links in die Schubertstraße, an
den Olympia-Lichtspielen vorbei. Da steht rechts das Bismarck-
Gymnasium.

⁴ geschrieben *written*   ⁵ gelesen *read*   ⁸ werfe . . . ein *mail*

1 Wo wohnt Andreas?
2 Wohin muß er gehen?
3 Wo ist seine Schule?
4 Was hat er gestern abend geschrieben?
5 Wohin muß er den Brief bringen?
6 Was hat er gestern abend gelesen?
7 Was muß er mit dem Buch tun?
8 Wie kommt er zur Hauptpost?
9 Wie kommt er zur Stadtbibliothek?
10 Wie kommt er dann zur Schule?

2 [Renate spricht]   Gestern nachmittag hab' ich mir eine neue Bluse und einen neuen Rock gekauft.   Ich bin zum Kaufhof gegangen und habe mir eine schöne weiße Bluse ausgesucht, aber die Röcke im Kaufhof waren mir nicht lang genug — ich bin nämlich ziemlich groß.   Ich bin dann zum Kaufhaus Behrens gegangen.   Dort hab' 5 ich drei, vier Röcke anprobiert und am Ende hab' ich einen schönen hellblauen Rock gefunden.   Er hat fünfundzwanzig Mark gekostet. Das ist nicht zu teuer.   Er paßt mir sehr gut und steht mir glänzend. Nächste Woche möchte ich mir ein Paar neue Schuhe kaufen, wenn das nicht zu viel kostet.   10

   ^{6} am Ende *finally* ^{9} nächste *next*

   1 Was hat sich Renate gekauft?
   2 Wohin ist sie gegangen?
   3 Was hat sie im Kaufhof gefunden?
   4 Hat sie auch einen Rock im Kaufhof gefunden?
   5 Wohin ist sie dann gegangen?
   6 Wie viele Röcke hat sie anprobiert?
   7 Was für einen Rock hat sie sich ausgesucht?
   8 Was hat er gekostet?
   9 Wie sieht er aus?
   10 Was möchte sie sich nächste Woche kaufen?

3 [Rainer spricht]   Ich habe für heute abend eine Verabredung mit Rita. Heute nachmittag hab' ich sie angerufen, und sie hat gesagt, sie ist heute abend frei.   Ich soll um sechs Uhr bei ihr vorbeikommen.   Rita wohnt zwei Straßen von mir, nicht weit vom Stadtpark.   Wir wollen im Hotel Kaiserhof essen.   Ich glaube, das Hotel Kaiserhof hat das 5 beste Restaurant in unserer Stadt.   Dann gehen wir in die Olympia-Lichtspiele.   Der Film heißt „Der zweite Schlüssel".   Hoffentlich ist er interessant.

   1 Mit wem hat Rainer eine Verabredung?
   2 Für wann?
   3 Wann hat Rainer Rita angerufen?
   4 Was hat sie gesagt?
   5 Wann soll er bei ihr vorbeikommen?
   6 Wo wohnt Rita?

7 Wo wollen sie essen?

8 Warum dort?

9 Wohin gehen sie dann?

10 Wie heißt der Film?

11 Was hofft Rainer?

B

1 [*Look at page 69*]

Ich wohne . . . Ich muß . . . gehen. Ich gehe . . . entlang, bis ich . . .
komme. Dann gehe ich an . . . vorbei und komme über den . . . -platz.
Dort steht . . .

2 [*Look at page 142*]

Gestern hab' ich mir ein paar schöne neue Sachen gekauft. . . . Wohin
bist du gegangen? . . . Was hast du anprobiert? . . . Hat er/sie/es gut
gepaßt? . . . Was hast du dir am Ende ausgesucht? . . . Wieviel hat
er/sie/es gekostet? . . . Steht er/sie/es dir?

3 Ich habe eine Verabredung. . . . Für wann? . . . Mit wem? . . . Wann
hast du ihn/sie angerufen? . . . Wann sollst du bei ihm/ihr vorbeikommen? . . . Wohin wollt ihr gehen? . . . Was wollt ihr tun? . . . Wird
es interessant oder langweilig sein?

Düsseldorf

12. In der „Grünen Eule"

Basic Dialogue One

WOLFGANG   Kommt doch alle mit in die „Grüne Eule"!

HANNELORE   Aber ist die denn noch offen?

WOLFGANG   An Wochentagen wird sie doch erst um elf Uhr geschlossen.

EBERHARD   Uh! Ich habe nicht genug Kleingeld bei mir. Richard, kannst du mir vielleicht aushelfen?

[*Study the model and then complete the indirect questions and statements. If necessary review Exercises 18, 27, 33.*]

„Ist die ‚Grüne Eule' noch offen?"
Hannelore fragt, ob sie noch offen ist.
Wolfgang sagt, daß sie noch offen ist.

„Ist das Restaurant ‚Vier Jahreszeiten' schon geschlossen?"
Hannelore fragt, ob es............................
Wolfgang sagt, daß................................

Hat Eberhard genug Kleingeld bei sich?
Richard fragt,......................
Eberhard sagt,......................

Kann Richard seinem Freund Eberhard aushelfen?
Eberhard fragt, ob Richard ihm................
Richard sagt, daß er Eberhard................

VARIATION TABLES

A

ist	die „Grüne Eule" der „Goldene Schwan" das Restaurant „Vier Jahreszeiten"	noch offen schon geschlossen

B

ich glaube	sie er es	wird erst	um zehn Uhr um elf Uhr um Mitternacht	geschlossen

VARIATION AND EXPANSION PRACTICE

ILSE   Ist das Restaurant „Vier Jahreszeiten" noch offen?

ERNST   Ich glaube, es wird erst um zehn Uhr geschlossen.

PETER   Glaubst du, daß der „Goldene Schwan" noch offen ist?

RITA   Gewiß. Er wird am Samstag abend erst um Mitternacht geschlossen.

MARTA   Rudi sagt, daß die „Grüne Eule" schon geschlossen ist.

HEINZ   Das stimmt nicht. Sie ist bis elf Uhr noch offen.

CONVERSATION

Richard is having his first ride in Reinhold's new second-hand car.

RICHARD   Warum fährst du nicht los? Die Verkehrsampel ist doch grün!

REINHOLD   Nein, das geht noch nicht. Man kann doch jetzt nur geradeaus fahren. Ich möchte aber nach links fahren.

RICHARD   Ja, dann mußt du also noch warten. — Hast du das Fräulein im roten Kleid gesehen?   5

REINHOLD   Nein, wo?

RICHARD   Da im Wagen neben uns. —

REINHOLD   O, jetzt ist es wieder zu spät! Die Verkehrsampel ist schon wieder rot. — In welchem Wagen?   10

RICHARD Da im offenen Wagen rechts von uns. — Vorsicht! Die Verkehrsampel wird gleich wieder grün! So! Nun kannst du nach links fahren! Mach doch schnell! — Warum fährst du nicht?

REINHOLD Ja, was ist denn los? Da muß etwas kaputt sein. Der 15 Motor geht nicht!

RICHARD In diesem Augenblick! Da stehen acht Wagen hinter uns und hupen!

----

1 Warum kann Reinhold nicht nach links fahren?
2 Wo ist das Fräulein im roten Kleid?
3 Warum fährt Reinhold jetzt nicht nach links?
4 Wann kann man geradeaus fahren?
5 Wann muß man warten?

(*Homework assignment 43, page 290*)

Basic Dialogue Two

[*In der „Grünen Eule": Schüler sitzen vorne an einem Tisch.*]

WOLFGANG Was wollt ihr alle bestellen?

HANNELORE Ich nehme Apfelkuchen. Was nimmst du?

WOLFGANG Ich möchte lieber Erdbeeren mit Schlagsahne.

HANNELORE Die gibt's doch schon längst nicht mehr!

EIN KELLNER (*schreibt*) Also, einmal Apfelkuchen, einmal Erdbeeren. — (*zu Richard*) Was soll es sein, bitte?

RICHARD Nur ein Käsebrot und ein Glas Milch.

DER KELLNER Soll ich sonst noch etwas bringen?

RICHARD Nein, danke. Das wäre alles.

„Was wollt ihr alle haben?"
Wolfgang fragt, was wir alle haben wollen.

„Ich möchte Apfelkuchen."
Hannelore sagt, daß sie. . . . .

„Was nimmst du, Wolfgang?"
Sie fragt Wolfgang, ...nimmt.

„Ich nehme lieber Erdbeeren mit Schlagsahne."
Wolfgang antwortet, daß er. . . . .

„Was soll es sein?"
Der Kellner fragt, ...

„Soll ich sonst noch etwas bringen?"
Er fragt auch, ob. . . . .

VARIATION TABLES

A

was	wollt möchtet werdet	ihr	haben nehmen essen oder trinken

B

wir	nehmen möchten	Apfelkuchen Erdbeeren
ich	nehme möchte	ein Käsebrot ein Glas Milch

VARIATION AND EXPANSION PRACTICE

KURT Was möchtet ihr haben?

KLAUS Wir nehmen ein Käsebrot und ein Glas Milch.

UWE Was möchten Sie sonst noch — vielleicht Erdbeeren und ein Glas Milch?

ERIKA Nein, danke. Nur Apfelkuchen mit Schlagsahne.

ERNST Könnten Sie mir noch etwas zu trinken bringen?

KELLNER Ja, gewiß. Was soll es denn sein — Tee, Kaffee oder Milch?

WAS MAN ISST

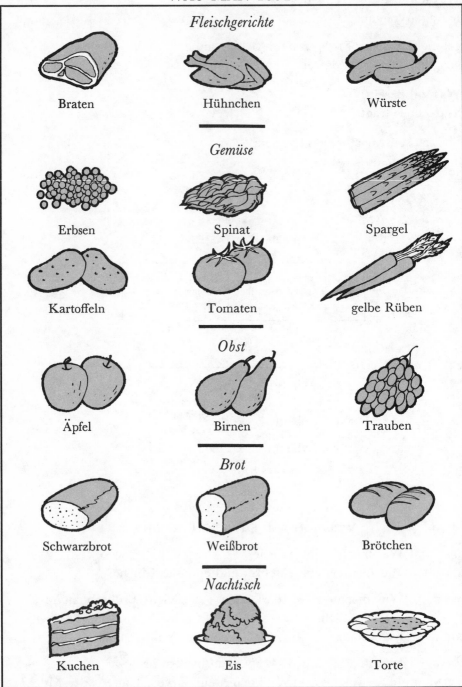

Fleischgerichte

Braten   Hühnchen   Würste

Gemüse

Erbsen   Spinat   Spargel

Kartoffeln   Tomaten   gelbe Rüben

Obst

Äpfel   Birnen   Trauben

Brot

Schwarzbrot   Weißbrot   Brötchen

Nachtisch

Kuchen   Eis   Torte

Some of the boys go to a café.

KELLNERIN   Was wünschen Sie, bitte?

VIKTOR   Ich nehme eine Tasse Kaffee.

DIETER   Ich auch.

FRANZ   Ich mag keinen Kaffee.   Haben Sie Limonade?

KELLNERIN   Ja, wir haben Limonade, Orangensaft und auch Scho- 5
kolade, Kaffee, Tee und Milch.

FRANZ   Ich nehme Limonade.

ROBERT   Ich bin doch ein bißchen hungrig.   Haben Sie etwas zu
essen?

KELLNERIN   Ja, wir haben Apfelkuchen, Erdbeeren mit Schlagsahne 10
und . . .

ROBERT   Ich nehme Erdbeeren mit Schlagsahne.

DIETER   Hast du genug Geld bei dir, Robert?

ROBERT   Na, das weiß ich nicht.   Was kosten die Erdbeeren, Fräulein?   15

KELLNERIN   Fünfundsiebzig Pfennig.

ROBERT   Dann hab' ich genug.

⁵ Saft   *juice*   ¹³ Geld   *money*   ¹⁶ Pfennig   (*1/100 mark*)

---

1 Was soll die Kellnerin Viktor bringen?
2 Was soll sie Dieter bringen?
3 Was soll sie Robert bringen?
4 Hat Robert genug Geld bei sich?

(*Homework assignment 44, page 291*)

Basic Dialogue Three

(*In der „Grünen Eule"*: *Studenten aus der Universität sitzen am nächsten
Tisch.*)

MANFRED   Bist du gestern noch bei Jürgen gewesen?

HELGA   Ja, ich bin noch um acht Uhr hingegangen.   Petra und
Beate sind auch noch gekommen.

MICHAEL   Habt ihr alle viel Spaß gehabt?

RITA   Ja, Georg hat Klavier gespielt.   Und ein paar von uns
haben getanzt.

„Bist du gestern noch bei Jürgen gewesen?"
Manfred fragt Helga, ob sie gestern noch bei Jürgen gewesen ist.

„Ich bin noch um acht Uhr hingegangen."
Helga antwortet, daß sie . . . .[1]

„Petra und Beate sind auch gekommen."
Sie fügt hinzu, daß . . . .[2]

„Habt ihr alle viel Spaß gehabt?"
Michael fragt, ob sie alle . . . .

„Georg hat Klavier gespielt."
Rita sagt, daß Georg . . . .

„Und ein paar von uns haben getanzt."
Rita fügt hinzu, daß ein paar von ihnen . . . .

[1] antwortet *answers*   [2] fügt hinzu *adds*

VARIATION TABLES

A

bist du sind Petra und Beate	auch	bei Jürgen gewesen hingegangen gekommen

B

wir Petra und Beate	haben	viel Spaß gehabt Klavier gespielt dich angerufen
Georg	hat	

VARIATION AND EXPANSION PRACTICE

RITA   Bist du auch bei Jürgen gewesen?
KARIN   Ja, wir haben viel Spaß gehabt.

HELGA   Sind Petra und Beate auch gekommen?
HEINZ   Ja.   Petra hat Klavier gespielt und wir haben getanzt.

EVA   Seid ihr alle schon vor acht Uhr hingegangen?
KLAUS   Wir haben dich angerufen, aber du warst noch nicht nach Hause
        gekommen, und wir konnten nicht auf dich warten.

Some verbs of position and movement

There are several important groups of verbs having to do with position and movements into certain positions:

liegen (gelegen) be lying, be at rest upon something with considerable contact

legen (gelegt) put, cause to lie, place in a lying position

sich legen lie down, put oneself into a lying position

sitzen (gesessen) be sitting, sit, be at rest upon something with some contact

setzen (gesetzt) put, cause to sit, put in a sitting position

sich setzen sit down, put oneself into a sitting position

aufsitzen (aufgesessen) sit up, move from a lying position into a sitting position

stehen (gestanden) be standing, stand, be at rest upon something with not much contact

stellen (gestellt) put, cause to stand, place in a standing position

sich stellen put oneself into a standing position

aufstehen (aufgestanden) stand up, move from a lying or a sitting position into a standing position

Notice that German makes distinctions here which are not always observed in English:

(1) Position vs. movement. English "stand" may correspond to both **stehen** and **stellen:** *They often stand here. Just stand the umbrella in that corner.* — Many speakers of English use "lay" for both **liegen** and **legen,** and some use "set" for the meanings of both **sitzen** and **setzen.**

(2) Grammatical features:

a) Cases with **an, auf, in; über, unter; vor, hinter; neben, zwischen.** DATIVE after the position verbs **liegen, sitzen, stehen.** ACCUSATIVE after the verbs of movement toward a target or destination **legen, setzen, stellen.** [*Review Exercise 41.*]

b) Perfektum. **Haben** + participle with **gelegen, gelegt; gesessen, gesetzt; gestanden, gestellt.** **Sein** + participle with **aufgesessen, aufgestanden.** [*Review Exercises 37, 38.*]

Luzern in der Schweiz

CONVERSATIONS

1 The records and the soft drinks in the Blue Cow are drawing lots of customers.

KURT   Wie war es gestern nachmittag in der „Blauen Kuh"?

MORITZ   Eigentlich gut.   Wir sind früh hingegangen, um drei Viertel vier.

KURT   Ja, vor vier Uhr gibt es noch Stühle.   Dann können wir sitzen und uns die Schallplatten anhören.   5

MORITZ   Nicht wahr?   Aber von halb fünf an —!   Vorgestern nachmittag bin ich da gewesen.   Leider bin ich erst ein bißchen nach fünf Uhr hingekommen.

KURT   Wie war es denn?

MORITZ   Du weißt, es gibt nur vierzig Stühle.   Aber es waren siebzig 10 Jungs und Mädels da. — Da bin ich schnell nach Hause gegangen.

⁶ vorgestern   *day before yesterday*   ⁸ bin hingekommen   *got there*
¹¹ Jungs und Mädels   *kids (boys and girls)*

1 Wann ist Moritz in die „Blaue Kuh" gegangen?
2 Wann gibt es da noch Stühle?
3 Was kann man in der „Blauen Kuh" tun?
4 Wann war Moritz vorgestern in der „Blauen Kuh"?
5 Warum konnte er keinen Stuhl mehr finden?

BRUNO   Was sollen wir jetzt tun?   Wollt ihr ein wenig Tischtennis
spielen?
JÜRGEN   Ich nicht.   Das mag ich heute abend nicht.
HEINZ   Und ich mag mir keine Schallplatten mehr anhören.   Ich
habe heute genug Musik gehört.   5
BRUNO   Was möchtest du tun?
JÜRGEN   Ich?   Ich bin hungrig.   Aber ich mag noch nicht nach
Hause gehen.
HEINZ   Ich bin auch hungrig.   Gehen wir doch ins Zehn-Uhr-
Häuschen!   Da gibt es immer etwas Gutes zu essen.   10
JÜRGEN   Aber das ist ein bißchen weit von hier.   Und dann regnet
es auch noch.
BRUNO   Hört mal.   Ich glaube, es ist noch etwas Apfelkuchen unten
in der Küche.   Und wir haben auch immer ein paar Flaschen
Limonade im Kühlschrank.   Wenn ihr wollt, so kommt doch 15
mit in die Küche.

1 Was will Bruno spielen?
2 Wann mag Jürgen nicht Tischtennis spielen?
3 Was mag Heinz sich nicht mehr anhören?
4 Wohin mag Jürgen noch nicht gehen?
5 Warum will Heinz ins Zehn-Uhr-Häuschen gehen?
6 Warum will Jürgen nicht ins Zehn-Uhr-Häuschen gehen?
7 Was ist unten in der Küche?
8 Was ist immer im Kühlschrank?

(*Homework assignment 45, page 292*)

REPORTS

A

1 [Fritz spricht] Gestern abend sind ein paar von uns in den „Goldenen
Schwan" gegangen. Ich war sehr hungrig und habe mir ein kom-
plettes Abendessen bestellt: Suppe, Fleisch, Gemüse, Salat, ein Getränk und einen Nachtisch. Es hat alles sehr gut geschmeckt; der
„Goldene Schwan" ist ein ausgezeichnetes Restaurant. Dieter war 5
nicht sehr hungrig, er hatte schon zu Hause gegessen; er hat sich
nur ein Käsebrot und ein Glas Milch bestellt. Auch Peter wollte
nur ein Paar Würste und ein Brötchen haben. Aber Wolfgang war
beinahe so hungrig wie ich. Er hat Braten, Salat, Kartoffeln und
zum Nachtisch ein Eis gegessen. 10

    1 Wohin sind ein paar von den Jungen gegangen?
    2 Wann sind sie dorthin gegangen?
    3 Warum hat sich Fritz ein komplettes Essen bestellt?
    4 Was ist eigentlich ein „komplettes Essen"?
    5 Wie hat das alles geschmeckt?
    6 Ist der „Goldene Schwan" ein ziemlich gutes Restaurant?
    7 Warum war Dieter nicht sehr hungrig?
    8 Was hat er sich bestellt?
    9 Was hat sich Peter bestellt?
  10 War Wolfgang hungrig?
  11 Was hat er sich bestellt?

2 [Hans-Joachim spricht] Ich habe für Sport nicht viel übrig. Ich schwimme
und tauche nicht gern, ich spiele nicht Fußball und nicht Korbball,
und ich habe keine Lust, Schi laufen zu lernen. Das mag ich alles
nicht. Es ist mir ziemlich langweilig. Wenn ein Fernsehprogramm
gut genug ist, sehe ich es mir gerne an, aber es muß sehr gut sein. 5
Was tue ich wirklich gern? Nun, ich übe gern Klavier; oft höre ich
mir auch Schallplatten an; ich lese sehr gern: Romane, die besten
Zeitschriften, auch manchmal die Zeitung. Das ist alles sehr interessant. Aber Sport? Davon versteh' ich nichts.

    [8] manchmal *sometimes*   wofür *for what; about what*

    1 Wofür hat Hans-Joachim nicht viel übrig?
    2 Was ist ihm ziemlich langweilig?

3 Wie muß ein Fernsehprogramm sein, wenn Hans-Joachim es sich ansehen möchte?

4 Was findet er interessant?

B

1 Ein paar von uns haben in einem Restaurant gegessen. . . . Wann? . . . In welchem Restaurant? . . . Ist das ein gutes Restaurant? . . . Warst du hungrig? . . . Was hast du dir bestellt? . . . Waren deine Freunde hungrig? . . . Was haben sie sich bestellt? . . . Hat das alles gut geschmeckt?

2 Ich habe für . . . nicht viel übrig. . . . Was findest du langweilig? . . . Was findest du interessant?

Bonn

13. Pech

Basic Dialogue One

HERR BECKER   Was ist denn los, Ralf, fühlst du dich nicht wohl?

RALF   Nun, ich weiß nicht, was mit mir los ist. In der letzten Woche hatte ich beinahe jeden Morgen Kopfweh. Und es tut mir am ganzen Körper weh.

HERR BECKER   Da solltest du aber gleich zum Arzt gehen.

NARRATIVE PARAPHRASE

1 Herr Becker fragt Ralf, was los ist.

2 Er fragt ihn, ob er sich nicht wohl fühlt.

3 Ralf weiß nicht, was mit ihm los ist.

4 Er sagt, daß er in der letzten Woche beinahe jeden Morgen Kopfweh hatte.

5 Und er fügt hinzu, daß es ihm am ganzen Körper weh tut.

6 Herr Becker rät ihm, gleich zum Arzt zu gehen.

QUESTION-ANSWER PRACTICE

1 Wer fragt Ralf, was los ist? — Herr Becker.
Wen fragt Herr Becker, was los ist? — Ralf.
Was fragt Herr Becker den Ralf? — was los ist.

2 Wer fragt Ralf, ob er sich nicht wohl fühlt? — Herr Becker.
Wer fühlt sich vielleicht nicht wohl? — Ralf.
Was möchte Herr Becker wissen? — ob Ralf sich nicht wohl fühlt.

3 Wer weiß nicht, was mit ihm los ist? — Ralf.
Was weiß Ralf nicht? — was mit ihm los ist.

4 Was sagt Ralf? — daß er in der letzten Woche beinahe jeden Morgen Kopfweh hatte.

Wer hatte in der letzten Woche beinahe jeden Morgen Kopfweh? — Ralf.

Was hatte Ralf beinahe jeden Morgen? — Kopfweh.

5 Was fügt Ralf hinzu? — daß es ihm am ganzen Körper weh tut.

Wem tut es am ganzen Körper weh? — dem Ralf.

Wo tut es ihm weh? — am ganzen Körper.

6 Wem rät Herr Becker, gleich zum Arzt zu gehen? — (dem) Ralf.

Was soll Ralf gleich tun? — zum Arzt gehen.

Wann soll er zum Arzt gehen? — gleich.

(*Homework assignment 46, page 293*)

Basic Dialogue Two

FRAU SEILER   Fühlt sich Elisabeth jetzt wieder besser?

FRAU FIEBIG   Heute morgen hatte sie kein Fieber mehr.

FRAU SEILER   Was hat der Arzt gesagt?

FRAU FIEBIG   Sie hatte eine kleine Entzündung.

NARRATIVE PARAPHRASE

1 Frau Seiler fragt Frau Fiebig, ob Elisabeth sich jetzt wieder besser fühlt.

2 Frau Fiebig antwortet, daß Elisabeth heute morgen kein Fieber mehr hatte.

3 Frau Seiler möchte wissen, was der Arzt gesagt hat.

4 Frau Fiebig sagt, daß Elisabeth eine kleine Entzündung hatte.

QUESTION-ANSWER PRACTICE

1 Wer fragt Frau Fiebig, ob Elisabeth sich jetzt wieder besser fühlt?
Wen fragt Frau Seiler, ob Elisabeth sich jetzt wieder besser fühlt?
Wer fühlt sich hoffentlich jetzt wieder besser?
Wie fühlt sich Elisabeth jetzt hoffentlich?

2 Wer antwortet auf Frau Seilers Frage?
Was antwortet Frau Fiebig?
Wer hatte heute morgen kein Fieber mehr?
Wann hatte Elisabeth kein Fieber mehr?

3 Was möchte Frau Seiler wissen?
Wer hat etwas gesagt?

4 Was sagt Frau Fiebig?
Wer hatte eine kleine Entzündung?
Was hatte Elisabeth?

DER MENSCHLICHE KÖRPER

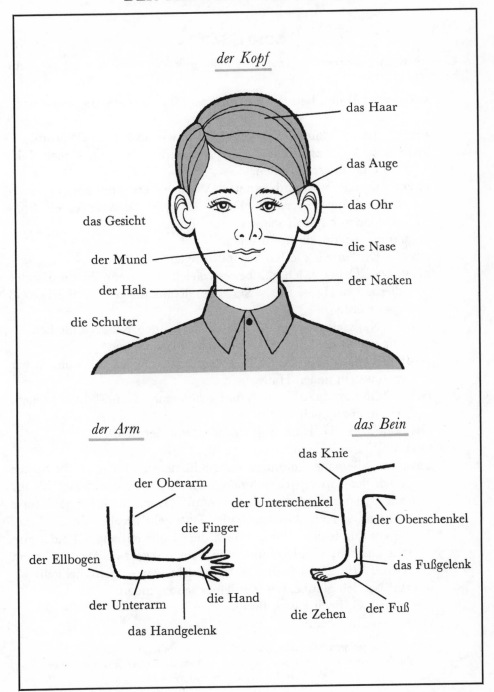

der Kopf

das Haar

das Auge

das Ohr

das Gesicht

die Nase

der Mund

der Nacken

der Hals

die Schulter

der Arm

das Bein

das Knie

der Oberarm

der Unterschenkel

die Finger

der Oberschenkel

der Ellbogen

das Fußgelenk

der Unterarm

die Hand

die Zehen

der Fuß

das Handgelenk

CONVERSATION

Rosmarie Hübner calls her old friend Betty Schöffer with an invitation to a New Year's party.

ROSMARIE Hallo, Betty! Sag mal, seid ihr am Samstag abend noch frei?

BETTY Ja, ich glaube, übermorgen sind wir noch frei. Warum?

ROSMARIE Würdest du und dein Mann mit uns zum Neuen Jahr ein Glas Punsch trinken? 5

BETTY O, das ist furchtbar nett. Viktor ist eben mit seinem neuen Buch fertig geworden. Du weißt doch, daß er einen Preis gewonnen hat, mit seinem ersten Buch?

ROSMARIE Schön, das freut mich.

BETTY Dürfen wir die Kinder mitbringen? 10

ROSMARIE O Betty, ich glaube, es wäre besser, wenn ihr die Kinder diesmal zu Hause laßt. Sie sollen doch schlafen. Es wird gewiß spät werden —

BETTY Na, vielleicht kann Tante Irma bei den Kindern bleiben. — Ihr wohnt doch jetzt in eurem eignen Häuschen? 15

ROSMARIE Ja, das stimmt. Seit dem ersten November wohnen wir in unserem neuen Haus.

BETTY Glaubst du, daß wir es finden können? Kannst du mir sagen, wie man zu euch kommt?

ROSMARIE Ja, das Haus liegt draußen, vor der Stadt. 20

BETTY Wie weit denn?

ROSMARIE Beinahe fünfundzwanzig Kilometer. Ihr müßt die Straße nach dem Sportpark nehmen. Fahrt immer geradeaus, bis ihr zur zwölften Verkehrsampel kommt. Dann müßt ihr nach links fahren, bis zum Schwimmbad. Dort geht's rechts um die Ecke, 25 etwas durch den Wald, immer die Straße entlang. Und wenn ihr aus dem Wald kommt, findet ihr unser Haus auf der linken Seite. Ihr könnt es an der Farbe erkennen — gelb, hellgelb.

BETTY Na, ich glaube, wir werden es schon finden.

ROSMARIE O, noch etwas, Betty. 30

BETTY Ja, was denn?

---

[3] übermorgen *day after tomorrow*   [12] diesmal *this time*

[12] schlafen *sleep*   [15] eignen *own*   [25] um die Ecke *around the corner*

[26] durch den Wald *through the wood*

ROSMARIE Könntet ihr vielleicht ein paar Flaschen Fruchtsaft und
etwas Kuchen mitbringen? Heinz ist noch auf Reisen und
kommt erst am Samstag nachmittag zurück. Und ich komme
vor Silvester nicht mehr in die Stadt.   35
BETTY Ja gewiß, wenn es euch bequemer so ist. Sonst noch etwas?
ROSMARIE Nein, das wäre alles. Recht vielen Dank, Betty! O,
es freut mich so, wieder mit euch zu sprechen!
BETTY Mich auch. Also dann auf Wiedersehen, bis Samstag
abend!   40

³² Fruchtsaft *fruit juice*   womit *with what*

1 Was sollen Betty Schöffer und ihr Mann übermorgen tun?
2 Was wollen sie zusammen tun?
3 Womit ist Viktor Schöffer eben fertig geworden?
4 Was hat er mit seinem ersten Buch gewonnen?
5 Wo sollen Viktor und Betty ihre Kinder lassen?
6 Wer kann bei den Kindern bleiben?
7 Wo wohnen Hübners jetzt?
8 Wo liegt das Haus?
9 Wie kann man es erkennen?
10 Was soll Betty noch mitbringen?
11 Warum kann Rosmarie das nicht aus der Stadt bringen?
12 Warum kann Heinz es nicht mitbringen?

(*Homework assignment 47, page 294*)

Basic Dialogue Three

GABRIELE   Was ist denn dem Klaus passiert?   Der hinkt ja so.

GÜNTHER   Hast du denn nichts davon gehört?   Er ist auf einem
Teppich ausgerutscht und ist die ganze Treppe 'runter-
gefallen.   Dabei hat er sich den Fuß verrenkt.

NARRATIVE PARAPHRASE

1 Gabriele fragt Günther, was denn dem Klaus passiert ist.

2 Sie hat gesehen, daß er so hinkt.

3 Günther fragt, ob Gabriele denn nichts davon gehört hat.

4 Er erklärt, daß Klaus auf einem Teppich ausgerutscht ist.

5 Er fügt hinzu, daß er die ganze Treppe heruntergefallen ist.

6 Dabei, sagt Günther, hat Klaus sich den Fuß verrenkt.

QUESTION-ANSWER PRACTICE

1 Wer fragt Günther, was dem
Klaus passiert ist?
Wen fragt Gabriele?
Was fragt ihn Gabriele?
Wem ist etwas passiert?

2 Wer hat gesehen, daß Klaus so
hinkt?
Was hat Gabriele gesehen?
Wer hinkt?
Was tut Klaus?

3 Was fragt Günther die Gabriele?
Wer hat vielleicht nichts davon
gehört?
Was hat Gabriele vielleicht davon
gehört?

4 Was erklärt Günther?
Wer ist auf einem Teppich aus-
gerutscht?
Wo ist er ausgerutscht?
Was ist dem Klaus passiert?

5 Was fügt Günther hinzu?
Wer ist die ganze Treppe her-
untergefallen?
Wo ist er hingefallen?
Was ist dem Klaus passiert?

6 Was sagt Günther?
Wer hat sich dabei den Fuß ver-
renkt?
Was hat Klaus sich dabei verrenkt?
Was ist ihm dabei passiert?

(*Homework assignment 48, page 295*)

Basic Dialogue Four

MATTHIAS Georgs Bruder hat einen Unfall mit dem Wagen gehabt.
DANIELA So? Hoffentlich war's nichts Ernstes.
MATTHIAS Doch. Er ist gegen einen Baum gefahren. Dabei ist er aus dem Wagen gestürzt und hat sich den Arm gebrochen.

NARRATIVE PARAPHRASE

1 Matthias erklärt, daß Georgs Bruder einen Unfall mit dem Wagen gehabt hat.

2 Daniela ist überrascht. Sie hofft, daß es nichts Ernstes war.

3 Aber es war doch was Ernstes. Matthias erzählt, daß Georgs Bruder gegen einen Baum gefahren ist.

4 Er sagt auch, daß Georgs Bruder dabei aus dem Wagen gestürzt ist und sich den Arm gebrochen hat.

QUESTION-ANSWER PRACTICE

1 Was erklärt Matthias?
Wer hat einen Unfall mit dem Wagen gehabt?
Was hat Georgs Bruder gehabt?
Womit hat Georgs Bruder einen Unfall gehabt?

2 Wer ist überrascht?
Wie ist Daniela?
Was hofft Daniela?
Was war es hoffentlich nicht?

3 Was war es aber doch?
Was erzählt Matthias?
Wer ist gegen einen Baum gefahren?
Wogegen ist Georgs Bruder gefahren?
Was hat Georgs Bruder getan?

4 Wer ist dabei aus dem Wagen gestürzt?
Woraus ist Georgs Bruder gestürzt?
Was hat er sich gebrochen?
Was ist ihm passiert?

wogegen *against what*   getan *done*   woraus *out of what*

KRANKHEITEN UND UNFÄLLE

1. Laura hat Kopfweh.

2. Otto hat sich den Arm gebrochen.

3. Dieter hat Zahnweh.

4. Helene hat eine Erkältung.

5. Fritz hat sich das Bein gebrochen.

6. Heinz hat sich einen Finger gebrochen.

7. Gerda hat ein bißchen Fieber.

8. Lothar hat einen Unfall mit dem Wagen gehabt.

9. Erika hat sich die Brille zerbrochen.

10. Julius hat sich das Schulterblatt gebrochen.

CONVERSATIONS

1 The boys will have to go by bus.

ULRICH   Was tust du heute nachmittag?

CHRISTOPH   Ich habe eigentlich nichts zu tun.

ULRICH   Warum gehen wir nicht schwimmen?

CHRISTOPH   Gut.   Aber wie kommen wir zum Schwimmbad?

ULRICH   Fragen wir Peter.   Er kann uns mit dem Wagen fahren.   5

CHRISTOPH   O nein.   Das geht nicht.   Hast du das nicht gehört?

ULRICH   Was denn?

CHRISTOPH   Er darf nicht mehr mit dem Wagen fahren.

ULRICH   Warum denn nicht?

CHRISTOPH   Er ist gegen eine Telefonstange gefahren.   10

ULRICH   Hoffentlich war's nichts Ernstes.

CHRISTOPH   Nein, glücklicherweise ist nichts passiert.   Aber sein
Vater hat gesagt, er darf ein paar Wochen lang nicht mehr
fahren.

ULRICH   Das ist schade.   Dann müssen wir mit dem Autobus fahren. 15

¹⁰ Stange   *pole*

1 Was hat Christoph heute nachmittag zu tun?
2 Was will Ulrich tun?
3 Wer kann sie vielleicht mit dem Wagen zum Schwimmbad fahren?
4 Was darf Peter nicht mehr tun?
5 Warum darf er nicht mehr mit dem Wagen fahren?
6 Ist etwas Ernstes passiert?
7 Was hat sein Vater gesagt?
8 Wie kommen die Jungen dann zum Schwimmbad?

2 Miss Bieber checks the roll in her home room.

FRÄULEIN BIEBER   Wer fehlt heute?   O, Konrad Wilmanns — Wo
ist denn der?

GREGOR FÖRSTER   Wissen Sie das denn nicht?   Er ist zu Hause und
liegt zu Bett.

FRÄULEIN BIEBER   Wieso denn?   Ist er wieder krank?   5

GREGOR FÖRSTER   Nein, er hat sich beide Arme gebrochen.   Seine
Mutter hat einen Unfall gehabt.   Sie ist gegen einen Baum
gefahren, und Konrad ist dabei aus dem Wagen gestürzt.

⁶ beide   *both*

FRÄULEIN BIEBER O, das ist schade! Davon hatte ich nichts gehört. Konrad hat wirklich Pech gehabt. Im Oktober hat er sich den 10 Fuß verrenkt, nicht?

GREGOR FÖRSTER Ja, und schon im Juli hat er sich zwei Finger gebrochen.

FRÄULEIN BIEBER Nun, sag ihm bitte, es tut mir leid. Hoffentlich kann er bald wieder zur Schule kommen. 15

---

1 Wer fehlt heute?
2 Warum ist er heute nicht hier?
3 Was ist mit ihm los?
4 Ist ihm der Unfall mit einem Moped passiert?
5 Was ist ihm im Oktober passiert?
6 Und im Juli?

3 It's 4:25 p.m. in the "Green Owl".

JOHANN Es ist bald halb fünf, und Bruno ist noch nicht hier.

OSKAR Ja, wie lange warten wir schon auf ihn?

MAX Beinahe eine halbe Stunde.

JOHANN Hier kommt Bruno! Er hinkt ein bißchen, nicht? — Wie geht's, Bruno? 5

BRUNO Danke, es geht so. Es tut mir am ganzen Körper weh, aber es geht.

JOHANN Sag mal, was ist denn passiert?

BRUNO Na, da war ich in der Brückenstraße, auf dem Fahrrad. Und da kommt ein Kombi, links hinter mir. Die Fahrerin ist 10 ein hübsches Fräulein. Sie kennt die Stadt nicht, und sie weiß nicht, daß man an der Verkehrsampel nur geradeaus fahren darf. Sie will nach rechts fahren — und dabei fährt sie gegen mich.

OSKAR Und du bist vom Fahrrad gestürzt? 15

BRUNO Ja, auf die Straße.

OSKAR Und du hast dir nicht den Arm gebrochen?

BRUNO Nein, glücklicherweise nicht. Nur die rechte Hand ist ein bißchen verrenkt. Und mein linker Fuß ist ganz grün und blau. Aber es ist nichts Ernstes. In ein paar Tagen werde ich wieder 20 auf den Beinen sein. — Aber leider muß ich mir ein neues Fahrrad kaufen. Das alte Fahrrad ist ganz kaputt.

1 Wer ist noch nicht hier?
2 Wie lange warten seine Freunde schon auf ihn?
3 Warum kommt Bruno so spät?
4 Wie ist der Unfall passiert?
5 Wo ist der Unfall passiert?
6 Hat er sich den Arm gebrochen?
7 Was muß er sich kaufen?
8 Warum?

(*Homework assignment 49, page 296*)

Zürich

REPORTS

A

1 [Dagmar spricht] Heute hab' ich Kopfweh. Ich möchte sagen, daß ich gestern abend zu viel gelesen habe, daß ich zu viel an meinen Hausaufgaben gearbeitet habe. Aber ich muß sagen: das stimmt nicht. Es war so: Samstag nachmittag war ich bei meiner Freundin Uta. Ihre Eltern haben ein Wochenendhäuschen am See. Es war ziem- 5 lich heiß, und wir wollten schwimmen gehen. Ich habe nicht gewußt, wie tief das Wasser war, und bin gleich hineingesprungen. Da hab' ich mir den Kopf an einem Stein gestoßen. Ihr könnt mir glauben, das hat sehr weh getan! Es war aber nichts Ernstes, ich habe nur Kopfweh, und — ich habe dabei etwas gelernt! 10

> [7] hineingesprungen *jumped in*   [8] Stein *stone*   [8] gestoßen *hit*
> [9] hat ... weh getan *hurt*   darüber *about it*

1 Wie fühlt sich Dagmar heute?
2 Was möchte sie darüber sagen?
3 Ist das aber wahr?
4 Wo war sie Samstag nachmittag?
5 Wie war das Wetter?
6 Was wollten die Mädchen tun?
7 Was ist Dagmar dabei passiert?
8 War es etwas Ernstes?

2 [Rainer spricht] Heute morgen hab' ich wirklich Pech gehabt. Ich sollte um sieben Uhr aufstehen, aber meine Uhr geht nach, und erst um Viertel vor acht bin ich aufgestanden. Ich bin schnell aus dem Bett gesprungen, dabei bin ich auf dem Teppich ausgerutscht und hab' mir das Knie verrenkt. Ich bin die Treppe hinuntergehinkt 5 und habe mich an den Tisch gesetzt. Meine Eltern und meine Schwester hatten schon gegessen, der Kaffee war schon kalt, und das Frühstück hat mir nicht gut geschmeckt. Dann mußte ich schnell zur Schule. Ich konnte meine Bücher nicht finden, und der Bus ist ohne mich losgefahren. Ich mußte auf meinem alten Fahrrad 10

zur Schule fahren — und mit dem verrenkten Knie! Da war viel
Eis auf der Straße, ich bin vom Fahrrad gestürzt und habe mir den
Ellbogen verrenkt. Dabei hab' ich mir auch die Brille zerbrochen.
Ohne Brille kann ich beinahe nichts sehen. So bin ich eine halbe
Stunde zu spät zur Schule gekommen. Jetzt komme ich ins Klassen- 15
zimmer und stoße mir auch noch den Kopf an der Tür. Natürlich
will der Lehrer wissen, warum ich so spät gekommen bin!

1 Wann hat Rainer Pech gehabt?
2 Wann sollte er aufstehen?
3 Warum ist er erst um Viertel vor acht aufgestanden?
4 Wie ist er aufgestanden?
5 Was ist ihm dabei passiert?
6 Wie ist er die Treppe hinuntergegangen?
7 Wohin hat er sich gesetzt?
8 Wie hat ihm das Frühstück geschmeckt?
9 Warum ist der Bus ohne ihn losgefahren?
10 Wie mußte er zur Schule fahren?
11 Was ist ihm auf dem Wege zur Schule passiert?
12 Was hat er sich zerbrochen?
13 Was kann er ohne Brille sehen?
14 Wie spät ist er zur Schule gekommen?
15 Was ist ihm auf dem Wege ins Klassenzimmer passiert?
16 Was fragt ihn der Lehrer?

B

1 Heute hab' ich Kopfweh. . . . Hast du zu viel gearbeitet? . . . Was ist
dir passiert? . . . Bist du die Treppe hinuntergefallen? . . . Hast du
einen Unfall mit dem Wagen gehabt? . . . Hast du dir den Kopf an
einer Tür gestoßen? . . . War es etwas Ernstes?

2a Ich habe neulich Pech gehabt. . . . Ist dir etwas passiert? . . . Hast du
etwas zerbrochen? . . . Hast du etwas verloren? . . . Hast du dir etwas
verrenkt oder gebrochen? . . . Hast du einen Unfall gehabt?

2b Ein Freund/Eine Freundin von mir hat neulich Pech gehabt. . . . Ist
ihm/ihr etwas passiert? . . . Hat er/sie etwas zerbrochen? . . . Hat
er/sie etwas verloren? . . . Hat er/sie sich etwas verrenkt oder gebrochen? . . . Hat er/sie einen Unfall gehabt?

Köln

Studentenprotest
in Heidelberg

FREIE FAHRT MIT DEM

KAMPF DER
FAHRPREISERHÖHUNG
ZAHLT DIE HSB AUS
UNTERNEHMERPROFITEN

14. Sommerpläne

Basic Dialogue————————————————————

[*Herr Bach, Lehrer an einer amerikanischen High-School, spricht mit Christoph und Dorothea, zwei von seinen Schülern.*]

HERR BACH   Jetzt haben wir ja bald Ferien. Wißt ihr schon, was ihr machen werdet? — Du, Christoph?

CHRISTOPH   Ja, ich freue mich schon lange darauf. Diesen Sommer werd' ich arbeiten.

HERR BACH   So? Hast du denn schon eine Stellung?

CHRISTOPH   Ja gewiß. Ich habe mir längst eine verschafft. Mein ältester Bruder besitzt eine Tankstelle, und da wird er mich arbeiten lassen. Ich werde bei ihm wohnen und dazu noch anderthalb Dollar die Stunde verdienen.

HERR BACH   Das hast du dir ja schön ausgedacht! Du wirst dabei auch eine Menge lernen. — Und du, Dorothea, was hast d u in den Ferien vor?

DOROTHEA   Ich mache eine Reise nach Europa.

HERR BACH   So? Das ist ja großartig. Mit deinen Eltern?

DOROTHEA   Nein. Mit einer Gruppe von Schülern. Das ist alles schon geplant. Wir wollen nach Deutschland reisen und nach Österreich und auch in die Schweiz.

HERR BACH   Da wünsch' ich euch viel Vergnügen.

1 Herr Bach bemerkt, daß sie bald Ferien haben werden.

2 Er fragt, ob sie schon wissen, was sie machen werden.

3 Zuerst fragt er Christoph.

4 Christoph antwortet, daß er sich schon lange darauf gefreut hat.

5 Er erklärt, daß er diesen Sommer arbeiten wird.

6 Herr Bach ist etwas überrascht. Er fragt Christoph, ob er schon eine Stellung hat.

7 Christoph versichert dem Lehrer, daß er sich schon längst eine Stellung verschafft hat.

8 Er erklärt, daß sein ältester Bruder eine Tankstelle besitzt.

9 Der Bruder wird Christoph da arbeiten lassen.

10 Christoph fügt hinzu, daß er bei seinem Bruder wohnen wird.

11 Er wird dazu noch anderthalb Dollar die Stunde verdienen.

12 Herr Bach lobt Christoph, daß er sich das schön ausgedacht hat.

13 Er sagt, daß Christoph dabei auch eine Menge lernen wird.

14 Dann wendet sich der Lehrer an Dorothea und fragt sie, was s i e in den Ferien vorhat.

15 Sie antwortet, daß sie eine Reise nach Europa machen wird.

16 Herr Bach findet das großartig.

17 Er möchte wissen, ob Dorothea mit ihren Eltern fahren wird.

18 Dorothea antwortet, daß sie nicht mit ihren Eltern sondern mit einer Gruppe von Schülern fahren wird.

19 Sie sagt, daß das alles schon geplant ist.

20 Sie erklärt, daß sie nach Deutschland, nach Österreich und auch in die Schweiz reisen wollen.

21 Herr Bach wünscht ihnen viel Vergnügen.

[*Herr Bach, Lehrer an einer amerikanischen High-School, spricht mit Christoph und Dorothea, zwei von seinen Schülern.*]

1 Herr Bach bemerkt, daß sie bald Ferien haben werden.

2 Er fragt, ob sie schon wissen, was sie machen werden.

3 Zuerst fragt er Christoph.

4 Christoph antwortet, daß er sich schon lange darauf gefreut hat.

5 Er erklärt, daß er diesen Sommer arbeiten wird.

6 Herr Bach ist etwas überrascht.   Er fragt Christoph, ob er schon eine Stellung hat.

7 Christoph versichert dem Lehrer, daß er sich schon längst eine Stellung verschafft hat.

8 Er erklärt, daß sein ältester Bruder eine Tankstelle besitzt.

9 Der Bruder wird Christoph da arbeiten lassen.

10 Christoph fügt hinzu, daß er bei seinem Bruder wohnen wird.

11 Er wird dazu noch anderthalb Dollar die Stunde verdienen.

12 Herr Bach lobt Christoph, daß er sich das schön ausgedacht hat.

13 Er sagt, daß Christoph dabei auch eine Menge lernen wird.

14 Dann wendet sich der Lehrer an Dorothea und fragt sie, was s i e in den Ferien vorhat.

15 Sie antwortet, daß sie eine Reise nach Europa machen wird.

QUESTION-ANSWER PRACTICE

1 Wer sagt, daß sie bald Ferien haben werden?
Wem sagt Herr Bach das?
Was werden sie bald haben?
Wann werden sie Ferien haben?

2 Was fragt Herr Bach seine Schüler?
Was wissen die Schüler vielleicht jetzt schon?

3 Wen fragt Herr Bach zuerst?

4 Was antwortet Christoph?
Seit wann hat er sich darauf gefreut?
Was hat er schon lange getan?

5 Was erklärt Christoph?
Was wird er diesen Sommer tun?
Wann wird er arbeiten?

6 Wer ist etwas überrascht?
Wie ist Herr Bach?
Was fragt Herr Bach den Christoph?

7 Was hat sich Christoph schon längst verschafft?
Seit wann hat Christoph sich eine Stellung verschafft?

8 Was erklärt Christoph?
Wer besitzt eine Tankstelle?
Was besitzt Christophs ältester Bruder?

9 Wer wird Christoph an der Tankstelle arbeiten lassen?
Wen wird der Bruder da arbeiten lassen?
Was wird Christoph an der Tankstelle tun?

10 Was fügt Christoph hinzu?
Wo wird Christoph wohnen?
Wer wird bei seinem Bruder wohnen?

11 Wieviel wird Christoph dazu noch verdienen?

12 Wen lobt Herr Bach?
Warum lobt Herr Bach den Christoph?
Wie hat Christoph sich das ausgedacht?

13 Was, sagt Herr Bach, wird Christoph dabei lernen?

14 Wer wendet sich dann an Dorothea?
An wen wendet sich der Lehrer dann?
Was fragt er sie?

15 Was antwortet Dorothea?
Wohin wird sie eine Reise machen?

16 Herr Bach findet das großartig.

17 Er möchte wissen, ob Dorothea mit ihren Eltern fahren wird.

18 Dorothea antwortet, daß sie nicht mit ihren Eltern sondern mit einer Gruppe von Schülern fahren wird.

19 Sie sagt, daß das alles schon geplant ist.

20 Sie erklärt, daß sie nach Deutschland, nach Österreich und auch in die Schweiz reisen wollen.

21 Herr Bach wünscht ihnen viel Vergnügen.

QUESTION-ANSWER PRACTICE
(Continued)

16 Wer findet das großartig?
Wie findet Herr Bach das?

17 Was möchte Herr Bach wissen?

18 Was antwortet Dorothea?
Wird sie mit ihren Eltern fahren?
Mit wem wird sie fahren?

19 Was, sagt Dorothea, ist schon geplant?

20 Was erklärt sie?
Wohin wollen sie reisen?

21 Was wünscht ihnen Herr Bach?

CONVERSATIONS

1 Waiting for the bus.

KÄTE Was ist denn los, Lotte?

LOTTE Wieso denn?

KÄTE Du hinkst ja so.

LOTTE O, hast du denn nichts davon gehört?

KÄTE Nein, was? Was ist dir denn passiert? 5

LOTTE Freitag bin ich spät aufgestanden. Ich mußte schnell machen, und dabei bin ich über unsere Katze gefallen und habe mir den Fuß verrenkt.

KÄTE Eure Katze? Seit wann habt ihr denn eine Katze?

LOTTE Seit zwei Wochen. Wir haben sie draußen im Friedrichs- 10 park gefunden, und sie will nun bei uns bleiben. — Sehr nett, aber ganz schwarz, weißt du.

KÄTE Ach so! Nun, das tut mir furchtbar leid. Was sagt denn der Arzt?

LOTTE Er kann nicht viel machen. Der Fuß ist nicht gebrochen, 15 nur verrenkt. Nun muß ich eben warten, bis er wieder besser wird.

KÄTE Na, hoffentlich geht's dir bald wieder besser.

LOTTE Danke schön, Käte.

⁷ Katze *cat*

1 Warum hinkt Lotte so?
2 Wie ist das passiert?
3 Wie sieht die Katze aus?
4 Wo hat Lotte die Katze gekauft?

2 A driver is being stopped by a traffic cop.

POLIZIST Sie sind eben durch ein rotes Licht gefahren!

FAHRER Verzeihung! Ich glaube, es war noch grün, aber dann ist es gelb geworden.

POLIZIST Was? Können Sie denn nicht sehen? Die Verkehrsampel ist doch rot. 5

FAHRER Ja, j e t z t ist sie rot. Vor einem Augenblick war sie aber noch grün.

POLIZIST Das kann jeder sagen! Ich hab' es doch gesehen, daß Sie durch ein rotes Licht gefahren sind.

FAHRER Nun, ich bedaure es. Es soll nicht wieder passieren. 10

¹ Licht *light*   ⁸ jeder *anybody*   ¹⁰ bedaure *regret*

POLIZIST   Also, Sie haben gewußt, daß das Licht rot war?

FAHRER   Nein, durchaus nicht!

POLIZIST   Einen Augenblick mal!   Haben Sie hier nicht das Verkehrszeichen gesehen?   „Schule — Kleine Kinder"?

FAHRER   O ja, das habe ich gesehen.   15

POLIZIST   Warum sind Sie aber dann so schnell gefahren?

FAHRER   Ich?   Schnell?   Seit wann sind fünfzehn Kilometer zu schnell?

POLIZIST   Hören Sie mal!   Ich weiß, was ich sage!   Hier an der Straßenecke bin ich Herr.   Und was ich sage, ist richtig!   Sie 20 sind hier über 40 km gefahren.

FAHRER   Das stimmt aber nicht!

POLIZIST   Darf ich mal Ihren Führerschein sehen?

FAHRER   Ja, gewiß, einen Augenblick. — O, das tut mir furchtbar leid.   Ich habe ihn jetzt nicht bei mir.   Ich muß ihn zu Hause 25 gelassen haben, in meiner alten Jacke.

POLIZIST   Was?   Sie haben Ihren Führerschein nicht bei sich?   Das geht aber nicht!   Die Sache kostet Sie viel Geld.   (*Schreibt einen Strafzettel aus.*)   Nummer eins: durch ein rotes Licht gefahren!   Nummer zwei: vierzig Kilometer die Stunde!   Nummer drei: 30 ohne einen Führerschein. — So.   Wie heißen Sie bitte?

FAHRER   Arthur Lamm.

POLIZIST   Wo wohnen Sie?

FAHRER   Friedenstraße neunundsiebzig.

POLIZIST   Wie alt sind Sie?   35

FAHRER   Einundzwanzig Jahre.

POLIZIST   Das macht zusammen hundertundzwanzig Mark.

FAHRER   Was?   Aber hören Sie mal, das ist ja furchtbar!

POLIZIST   Wenn es Ihnen nicht gefällt, können Sie da drüben in das große Gebäude gehen.   Die erste Tür links!   Dort bekommen 40 Sie Auskunft!

---

[13] Verkehrszeichen   *traffic sign*   [20] Straßenecke   *street corner*
[20] Herr   *master*   [20] richtig   *right*   [21] über   *more than*
[21] km = Kilometer   [29] Strafzettel   *traffic ticket*
[39] da drüben   *over there*   [40] Gebäude   *building*
[40] bekommen . . . Auskunft   *get information*   falsch   *incorrect*

1 Wir wissen, daß der Fahrer wirklich durch ein rotes Licht gefahren ist.

2 Man soll vor einer Schule langsam fahren.

3 Der Fahrer sagt, daß er 15 km gefahren ist.

4 Herr Lamm sagt, daß er seinen Führerschein verloren hat.

5 Herr Lamm findet, daß die Sache für ihn sehr teuer wird.

(*Homework assignment 50, page 297*)

3 At the "Green Owl," some friends discuss a recent ballet movie.

MARIANNE Wie war denn der Film, den ihr neulich gesehen habt? Hat er euch gefallen?

ECKART Du meinst „Das blaue Licht"? — O, es geht so.

KURT Mir hat er gar nicht gefallen.

JUTTA Aber ich fand ihn großartig.   5

KURT Wieso? Es ist ja nichts darin passiert!

JUTTA Wie kannst du das nur sagen? Es ist doch viel darin passiert.

KURT Ja, die Dekorationen und die Kleider waren ja alle recht nett. Aber das Ganze war doch ziemlich schlecht.

RUDOLF O nein, Kurt! Durchaus nicht! Der Film ist glänzend. 10 Das sagen auch meine Schwester und mein Schwager, und die haben das Stück mehr als einmal gesehen.

JUTTA Das find' ich auch. Wie gefällt dir Regina?

MARIANNE Wer ist Regina?

JUTTA Sie ist die Tänzerin in dem Stück. Sie ist beinahe noch wie 15 ein Kind. Aber tanzen kann sie — das solltest du sehen! Es könnte nicht besser sein!

MARIANNE Ja, davon hab' ich auch gehört.

ECKART Aber was ist dabei? Das ist doch ganz gewöhnlich. Sie hat eben tanzen gelernt.   20

JUTTA Ja, tu du es einmal!

ECKART Ich bedaure! Ich hab' für Tanzen nicht viel übrig.

KURT Was hat dir denn so an ihr gefallen?

JUTTA Da ist der Augenblick, wo sie ihre Schuhe verloren hat. Sie hat sie im Keller gelassen. Aber sie weiß nicht, wo, und kann 25 sie nicht mehr finden. Und nun tanzt sie die Treppe herunter und tanzt wieder die Treppe hinauf, und sie tanzt nach draußen und die Straße entlang und über den Fluß, bis hinaus vor die

---

[4] gar nicht *not at all*   [5] fand *considered*   [12] Stück *play*

Stadt. Und dann tanzt sie im Freien, unter den Bäumen. Aber da kann sie natürlich ihre Schuhe auch nicht finden. Sie 30 wird hungrig und die Füße tun ihr weh, sie hat Fieber und es tut ihr am ganzen Körper weh — aber sie muß tanzen — —

RUDOLF Jutta, willst du nicht auch sagen, wie ihr Freund sie nach Hause fährt?

JUTTA Ja, das ist auch so etwas! — Da liegt sie also da draußen 35 unter den Bäumen —

RUDOLF Du hast gar nicht gesagt, daß sie hingefallen ist.

JUTTA Ja, da ist sie ausgerutscht und hingefallen und hat sich den Fuß verrenkt. Ich weiß nicht: ist er gebrochen oder nur verrenkt?
40

RUDOLF Nur verrenkt.

JUTTA Na, da liegt sie also, und auf einmal regnet es und wird kalt —

MARIANNE Ist es denn Winter?

JUTTA Ja, Winter oder spät im Herbst. Na, jedenfalls wird es kalt, 45 und da sieht man, wie in den Bäumen über ihr zwei schwarze Katzen sitzen, und beide machen einen furchtbaren Lärm. Und ganz oben im Baum, da sitzt eine schwarze Eule und wartet. Und in diesem Augenblick kommt jemand auf einem Motorrad; aber es ist kein wirkliches Motorrad, denn es ist halb 50 Wagen und halb Fahrrad. Es hupt ein bißchen, und die beiden Katzen fallen vom Baum herunter und legen sich neben Regina hin.

MARIANNE Wer ist denn der Mann und was will er?

JUTTA Das erkennt man nicht gleich. Ich glaube, er ist auch ein 55 Tänzer; aber er trägt einen Anzug, der ihm nicht paßt — ein schwarzes Hemd und eine grüne Jacke und eine lange gelbe Krawatte. Aber die Krawatte ist viel zu lang und hängt an ihm herunter, und wie er tanzen will, fällt er darüber und er stürzt hin.
60

ECKART Hatte er nicht Rollschuhe an den Füßen?

JUTTA So? Das hab' ich gar nicht gesehen. Jedenfalls — er tanzt auch unter den Bäumen — aber nicht so gut wie Regina — und in dem Augenblick, wie er hinfällt, findet er Regina, zwischen den beiden Katzen.
65

MARIANNE Und was passiert?

---

⁴⁵ jedenfalls *anyhow*   ⁴⁶ sieht *sees*   ⁵⁶ trägt *is wearing*
⁶⁰ stürzt hin *falls headlong*   ⁶¹ Rollschuhe *roller skates*   ⁶⁴ zwischen *between*

JUTTA   Das kann man nicht so gut sehen.   Aber er will ihr helfen und seine Jacke nehmen und die kleine müde Regina auf die Jacke legen.   Aber in dem Augenblick sieht die Jacke so aus wie ein großer grüner Teppich.   70

KURT   Hm, glücklicherweise hatte er eine Jacke dabei!

JUTTA   Ach, Kurt!   Mußt du immer so sprechen?

KURT   So etwas gibt es doch nicht!

JUTTA   Das wissen wir doch.

KURT   Na, gewiß fühlt sie sich gleich wieder besser!   75

MARIANNE   Ja, aber sagt mal, warum heißt die Sache eigentlich „Das blaue Licht"?

RUDOLF   Ja, das ist auch sehr schön. —

ECKART   Aber erst muß er sie doch nach Hause fahren!

KURT   Keine Sorge!   Das tut er natürlich auf dem Motorrad!   80 Warum hat er es sonst mitgebracht?

ECKART   Er hat also gewußt, daß es einen Unfall geben wird.

MARIANNE   Warum also nun „Das blaue Licht"?

JUTTA   Ja, das ist so.   Morten hat Regina lange nicht mehr gesehen —   85

MARIANNE   Wer ist Morten?

JUTTA   Das ist doch ihr Freund.   Hab' ich das nicht gesagt? — Nun, Morten hat sie lange nicht mehr gesehen.   Es ist draußen längst wieder Frühling.   Aber Morten kann sich nicht wohlfühlen. Er hat kein Geld mehr, er kann sich kein Frühstück, keine 90 Tasse Kaffee kaufen.   Es ist spät am Abend auf der Straße. Alles ist geschlossen.   Er setzt sich an der Ecke beim Kaufhaus unter eine blaue Lampe und spielt die Ziehharmonika.

ECKART   Aha!   Das ist also „das blaue Licht"!

MARIANNE   Das hab' ich mir gedacht. — Und da kommt gewiß 95 Regina wieder zu ihm.   Sie hat ihre Schuhe wieder gefunden. Und kann nun tanzen, wohin sie will.   Ist das vielleicht so?

JUTTA   Ja, beinahe, aber nicht ganz!

RUDOLF   Wieso?   Wie meinst du das?

JUTTA   Sie findet ihn wieder unter dem blauen Licht, gewiß.   Aber 100 jetzt geht das blaue Licht immer mit ihr.   Sie ist eine wunderbare Tänzerin, und ihr Tanzen ist glänzend.   Aber es ist auch kühl und kalt wie das blaue Licht.

---

[80] Keine Sorge!   *Don't worry!*   [83] es . . . geben wird   *there will be*

RUDOLF Ja, das stimmt.

MARIANNE Aber wie ist die Musik?

JUTTA O, die mußt du hören. Die paßt ganz großartig.

MARIANNE Wann wird das Stück wieder gegeben?

JUTTA Erst am nächsten Freitag und Samstag. Gehst du hin?

MARIANNE Wenn ich Zeit habe, ja. Ich will aber übermorgen noch anrufen. —

KURT Ja, die Musik ist nicht schlecht. Die gibt's jetzt auch auf Schallplatten. — Na, viel Vergnügen! — Wie wär's mit einem Käsebrot?

[105]

[110]

---

[107] wird . . . gegeben *will be given*

RICHTIG ODER FALSCH?

1 Der Film „Das blaue Licht" hat Jutta sehr gefallen.

2 Dieser Film hat auch Kurt sehr gefallen.

3 Im Film muß Regina ohne Schuhe tanzen.

4 Im Film tanzt Regina nur im Freien.

5 Sie ist auf einem Teppich ausgerutscht.

6 Ein freundlicher Mann kommt und hupt.

7 Dieser Mann trägt ungewöhnliche Kleidung.

8 Regina weiß, daß Morten einen Unfall mit dem Motorrad gehabt hat.

9 Das Licht hat die richtige Farbe für Reginas Tanzen.

10 Der Film hat auch Marianne sehr gefallen.

(*Homework assignment 51, page 298*)

REPORTS

A

1 [Annette spricht] Diesen Sommer werd' ich arbeiten. Ich habe mir eine Stellung beim Kaufhaus Behrens verschafft. Dort werd' ich Damenkleidung verkaufen. Bei der „Damenkleidung" kann man Kleider, Mäntel, Blusen und Röcke kaufen. Ich werde zwei Dollar die Stunde verdienen. Und wenn ich mir etwas bei Behrens kaufen will, dann ist es für mich billiger. So kann ich meine Kleidung für den Herbst kaufen. Bei Behrens kann man hübsche Sachen finden. Ich freue mich schon auf meine Sommerstellung. [5]

1 Was wird Annette diesen Sommer machen?

2 Wo hat sie sich eine Stellung verschafft?

[3] verkaufen *sell*   Vorteil *advantage*
Worauf freut sie sich? *What is she looking forward to?*

3 Was wird sie verkaufen?
4 Was kauft man bei der „Damenkleidung"?
5 Wieviel wird sie verdienen?
6 Was ist ein Vorteil für sie?
7 Was kann sie so kaufen?
8 Was für Sachen kann man bei Behrens finden?
9 Worauf freut sie sich schon?

2 [Edwin spricht] Meine Familie macht diesen Sommer eine Reise nach Europa. Ich fahre natürlich auch mit. Wir reisen nach Deutschland und Österreich und in die Schweiz, wo die Familie von meiner Mutter wohnt. Meine Mutter kommt nämlich aus der Schweiz, aus Bern. Wir wollen unsere Verwandten in der Schweiz besuchen. 5 Ich habe Onkel und Tanten, Vettern und Kusinen in kleinen Städten nicht weit von Bern. Meine Großeltern wohnen auch dort. Sie wohnen jetzt in Biel, am Bieler-See. Ich habe gehört, daß es dort sehr schön ist. Ich freue mich sehr auf meine Reise nach Europa.

1 Wohin fährt Edwins Familie diesen Sommer?
2 Fährt Edwin auch mit?
3 Wohin reisen sie?
4 Wo wohnt die Familie von seiner Mutter?
5 Woher kommt seine Mutter?
6 Wen will die Familie in der Schweiz besuchen?
7 Wo wohnen seine Onkel und Tanten?
8 Wo wohnen seine Großeltern jetzt?
9 Was hat Edwin vom Bieler-See gehört?
10 Worauf freut er sich sehr?

B

1 Ich habe eine Sommerstellung. . . . Wo hast du dir eine verschafft? . . .
Was für Arbeit wirst du machen? . . . Wieviel wirst du verdienen? . . .
Welchen Vorteil hat diese Arbeit? . . . Wirst du dabei auch etwas lernen?

2 Ich mache diesen Sommer eine Reise. . . . Wohin? . . . Mit wem? . . .
Hast du Verwandte oder Freunde dort? . . . Wollt ihr sie besuchen?
. . . Was wollt ihr dort tun? . . . Freust du dich darauf?

La Neuveville am Bieler–See

Bern

Zürich

In der Schweiz

Der Bieler—See

15. Amerikanische Schüler
in Frankfurt

Basic Dialogue

[Eine Gruppe von Schülern aus verschiedenen amerikanischen Schulen steht vor dem Frankfurter Hauptbahnhof.]

JOHANNES Da wären wir also! — Was sollen wir uns nun zuerst ansehen, das Goethe-Haus oder den Römer?

BARBARA Der Römer — was ist das?

MARKUS Das ist doch der alte Teil vom Frankfurter Rathaus. Fräulein Bieber hat ein paar Mal davon gesprochen — erinnerst du dich nicht mehr daran?

DOROTHEA U n s e r Lehrer, Herr Bach, spricht immer vom Goethe-Haus. Das dürfen wir auch nicht vergessen.

JOHANNES Ich will euch was vorschlagen. Wir können nicht beide Gebäude zu gleicher Zeit sehen. Warum trennen wir uns nicht? Die einen gehen zum Goethe-Haus und die andern zum Römer.

DOROTHEA Sollen wir uns um sechs Uhr an der Hauptwache treffen?

BARBARA Ja, und dann tauschen wir unsere Notizen aus!

DOROTHEA Wunderbar! Das sollte eure Lehrerin und unseren Lehrer zufrieden stellen — und wir gewinnen etwas mehr Zeit zum Abendessen.

(Homework assignment 52, page 299)

1 Johannes freut sich, daß sie endlich da sind.

2 Er fragt, was sie sich zuerst ansehen sollen — das Goethe-Haus oder den Römer.

3 Barbara möchte wissen, was der Römer ist.

4 Markus erklärt, daß der Römer der alte Teil vom Frankfurter Rathaus ist.

5 Er erinnert Barbara daran, daß Fräulein Bieber ein paar Mal davon gesprochen hat.

6 Er fragt Barbara, ob sie sich nicht mehr daran erinnert.

7 Dorothea bemerkt, daß i h r Lehrer immer vom Goethe-Haus spricht.

8 Sie besteht darauf, daß sie das auch nicht vergessen dürfen.

9 Johannes macht einen Vorschlag.

10 Er bemerkt, daß sie nicht beide Gebäude zu gleicher Zeit sehen können.

11 Er fragt, ob sie sich nicht trennen sollen.

12 Er schlägt vor, daß die einen zum Goethe-Haus gehen und die andern zum Römer.

13 Dorothea fragt, ob sie sich um sechs Uhr an der Hauptwache treffen sollen.

14 Barbara ist damit einverstanden.

15 Sie sagt, daß sie dann ihre Notizen austauschen können.

16 Dorothea freut sich über diesen Vorschlag. Sie glaubt, daß das die Lehrerin und den Lehrer zufrieden stellen sollte.

17 Sie fügt hinzu, daß sie so etwas mehr Zeit zum Abendessen gewinnen.

NARRATIVE PARAPHRASE

AMERIKANISCHE SCHÜLER IN FRANKFURT

[*Eine Gruppe von Schülern aus verschiedenen amerikanischen Schulen steht vor dem Frankfurter Hauptbahnhof.*]

1 Johannes freut sich, daß sie endlich da sind.

2 Er fragt, was sie sich zuerst ansehen sollen — das Goethe-Haus oder den Römer.

3 Barbara möchte wissen, was der Römer ist.

4 Markus erklärt, daß der Römer der alte Teil vom Frankfurter Rathaus ist.

5 Er erinnert Barbara daran, daß Fräulein Bieber ein paar Mal davon gesprochen hat.

6 Er fragt Barbara, ob sie sich nicht mehr daran erinnert.

7 Dorothea bemerkt, daß i h r Lehrer immer vom Goethe-Haus spricht.

8 Sie besteht darauf, daß sie das auch nicht vergessen dürfen.

9 Johannes macht einen Vorschlag.

10 Er bemerkt, daß sie nicht beide Gebäude zu gleicher Zeit sehen können.

11 Er fragt, ob sie sich nicht trennen sollen.

12 Er schlägt vor, daß die einen zum Goethe-Haus gehen und die andern zum Römer.

13 Dorothea fragt, ob sie sich um sechs Uhr an der Hauptwache treffen sollen.

14 Barbara ist damit einverstanden.

15 Sie sagt, daß sie dann ihre Notizen austauschen können.

16 Dorothea freut sich über diesen Vorschlag. Sie glaubt, daß das die Lehrerin und den Lehrer zufrieden stellen sollte.

17 Sie fügt hinzu, daß sie so etwas mehr Zeit zum Abendessen gewinnen.

198 UNIT FIFTEEN

QUESTION-ANSWER PRACTICE

1 Wer freut sich, daß sie endlich da sind? Warum freut sich Johannes?

2 Was fragt Johannes? Was sollen sie sich zuerst ansehen?

3 Was möchte Barbara wissen?

4 Wer erklärt, was der Römer ist? Was ist der Römer? Wie heißt der alte Teil vom Frankfurter Rathaus?

5 Woran erinnert Markus Barbara? Wer hat ein paar Mal davon gesprochen? Wie oft hat Fräulein Bieber davon gesprochen?

6 Was fragt Markus Barbara?

7 Was bemerkt Dorothea? Wer spricht immer vom Goethe-Haus? Wovon spricht ihr Lehrer immer? Wie oft spricht ihr Lehrer vom Goethe-Haus?

8 Worauf besteht Dorothea?

9 Wer macht einen Vorschlag? Was macht Johannes?

10 Was bemerkt er? Was können sie nicht tun? Was können sie nicht zu gleicher Zeit sehen?

11 Was fragt Johannes?

12 Was schlägt er vor? Wohin sollen die einen gehen? Wohin sollen die andern gehen? Wer soll zum Goethe-Haus gehen? Wer soll zum Römer gehen?

13 Was fragt Dorothea? Wann sollen sie sich treffen? Wo sollen sie sich treffen?

14 Wer ist damit einverstanden?

15 Was sagt Barbara? Was können sie dann austauschen?

16 Wer freut sich über diesen Vorschlag? Worüber freut sich Dorothea? Was glaubt sie? Wen sollte das zufrieden stellen?

17 Was fügt sie hinzu? Was werden sie so gewinnen? Wozu werden sie so mehr Zeit gewinnen?

Woran erinnert Markus Barbara? *What does Markus remind Barbara about?*
Wovon spricht ihr Lehrer immer? *What does their teacher talk about all the time?*
Worauf besteht Dorothea? *What does Dorothea insist on?*
Worüber freut sich Dorothea? *What is Dorothea glad about?*
Wozu werden sie so mehr Zeit gewinnen? *What will they gain more time for that way?*

(*Homework assignment 53, page 300*)

Frankfurt

Die neue Wohnung

[Review pages 130–131]

Herr und Frau Günther haben eine neue Wohnung. Um halb neun Uhr kommen die Leute mit dem Möbelwagen und bringen die Möbel. Frau Günther ist allein[3] in ihrer Wohnung, denn Herr Günther ist schon um acht Uhr in sein Geschäft gegangen. Die Leute fragen, wohin sie die Möbel stellen sollen. Und sie bringen die Möbel schneller als Frau [5] Günther antworten kann.

Sie stellen das Klavier in die Ecke[7] und den Tisch vor das Klavier. Sie stellen den Fernsehapparat unter das Fenster, den Sessel neben das Klavier und eine Kommode zwischen den Sessel und den Fernsehapparat. Man bringt die Betten ins Eßzimmer und das Sofa ins Schlafzimmer. Auf [10] das Klavier legen die Leute ein Bild, und auf das Bild setzen sie eine Kaffeekanne. Und sie tragen die Bücher in die Küche und den Kühlschrank in den Keller.

Um fünf Uhr kommt Herr Günther aus dem Geschäft. Er findet seine Möbel in seiner neuen Wohnung und freut sich sehr. Aber er [15] findet sie nicht da, wo sie stehen sollen. Und er kann auch seine Frau nicht finden. Drei Stühle stehen hinter der Tür, ein Teppich liegt unter dem Fenster, der Teetisch steht zwischen einem Bett und einer Stehlampe,[18] und ein Spiegel hängt an der Wand[19] über der Tür. Auf dem Teetisch steht ein Blumentopf,[20] und vor dem Blumentopf liegt eine Rechnung.[20] [20]

Aber wo ist Frau Günther? Ihr Mann geht durch die Wohnung, in die Küche, ins Schlafzimmer und in den Keller. Er kann seine Frau einfach nicht finden. Aber am Ende findet er sie doch. Frau Günther sitzt in ihrem Sessel in einer Ecke hinter all den Möbeln und schläft.

[3] allein *alone*	[4] Geschäft *business*	[7] Ecke *corner*
[18] Stehlampe *floor lamp*	[19] Wand *wall*	[20] Blumentopf *flower pot*
	[20] Rechnung *bill*	

[Review page 161 and Homework assignments 41, 46, 51; then answer the questions.]

Example: Herr Günther ist schon in sein Geschäft gegangen. Wo ist er jetzt?
Er ist jetzt in seinem Geschäft.

1 Die Leute haben das Klavier in die Ecke gestellt. Wo steht es jetzt?
2 Sie haben den Tisch vor das Klavier gestellt. Wo steht er jetzt?
3 Sie haben den Fernsehapparat unter das Fenster gestellt. Wo steht er jetzt?

4 Wo steht der Sessel jetzt?
5 Wo steht die Kommode jetzt?
6 Wo stehen die Betten?
7 Wo steht das Sofa?
8 Wo liegt ein Bild?
9 Wo steht eine Kaffeekanne?
10 Wo liegen die Bücher?
11 Wo steht der Kühlschrank?
12 Wohin haben die Leute drei Stühle gestellt?
13 Wohin haben sie einen Teppich gelegt?
14 Wohin haben sie den Teetisch gestellt?
15 Wohin haben sie einen Blumentopf gestellt?
16 Wohin haben sie die Rechnung gelegt?

REPORTS

1 [Beate spricht]   Ich habe eine Brieffreundin in Deutschland.   Sie heißt Sonja Berg, und sie wohnt in Astrup, nicht weit von Osnabrück. Seit acht Monaten schreiben wir einander Briefe, einmal im Monat. Sonja ist fünfzehn Jahre alt und ist Schülerin an einer Mädchenschule in Osnabrück.   Jeden Morgen fährt sie mit dem Bus nach 5 Osnabrück, und nach der Schule fährt sie wieder nach Hause.   Das ist kein Schulbus, wie bei uns, sondern ein gewöhnlicher Bus, und das kostet zehn Mark im Monat.   Sie schreibt mir, daß man in Deutschland — ebenso wie in Österreich und in der Schweiz — sechs Tage die Woche zur Schule geht.   Nicht nur das: in den 10 deutschen Schulen sind die Sommerferien nicht so lang wie bei uns — nur sechs Wochen lang.   Und in der deutschen Schule gibt es keine freien Stunden.   Die Klasse bleibt gewöhnlich in e i n e m Klassenzimmer, und man hat hier eine Stunde nach der andern.   Jede Stunde kommt ein anderer Lehrer ins Klassenzimmer; der eine 15 Lehrer lehrt Geographie, der zweite Englisch, der dritte Deutsch. Meine Freundin lernt dort Englisch, und ich lerne hier Deutsch.   Sie schreibt ihre Briefe halb auf englisch, halb auf deutsch, und ich schreibe meine auch so.   Wir üben so.   Wir lernen dabei eine Menge, und es macht Spaß.   Ich möchte meine Freundin in Deutsch- 20 land einmal besuchen, und hoffentlich kommt sie auch einmal nach Amerika.   Wir sollten uns eigentlich besser kennenlernen.

³ einander   *each other*

1 Wo wohnt Beates Brieffreundin?
2 Wie heißt sie?
3 Wo liegt Astrup?
4 Wie oft schreiben die beiden Mädchen einander Briefe?
5 Wo geht Sonja zur Schule?
6 Wie kommt sie hin?
7 Fährt sie mit einem Schulbus hin?
8 Wieviel kostet das?
9 Muß sie auch am Samstag zur Schule gehen?
10 Wie lang sind die Sommerferien in Europa?
11 Gibt es freie Stunden in einer deutschen Schule?
12 Wo muß man also seine Hausaufgaben machen?
13 Gehen die Schüler in einer deutschen Schule von Zimmer zu Zimmer?

14 Wer geht von Zimmer zu Zimmer?

15 Wie schreiben Beate und Sonja ihre Briefe?

16 Was möchte Beate einmal tun?

17 Was hofft sie auch?

18 Warum sollten sie das tun?

2 [Rainer ist ein österreichischer Junge. Er wohnt in Schwaz, siebenundzwanzig Kilometer von Innsbruck. Er erzählt seinen Freunden von seiner Reise nach Amerika.]

Letzten Sommer hab' ich eine Reise nach Amerika gemacht. Ich habe Verwandte von mir in Kalamazoo, Michigan, besucht. Ich war fünfeinhalb Wochen da, vom 15. Juni bis zum 24. Juli. Letztes 5 Jahr fiel der 15. Juni auf einen Samstag. An diesem Samstag, sehr früh am Morgen, haben mich meine Eltern mit dem Wagen nach Innsbruck gebracht, und von dort bin ich mit dem Zug nach Zürich gefahren. Dann bin ich per Swissair in einem großen Düsenflugzeug über Montreal nach Chikago geflogen. Mein Onkel und seine 10 beiden ältesten Söhne waren schon früher nach Chikago gefahren, und die haben mich in ihrem großen bequemen Wagen nach Kalamazoo gebracht. Um neun Uhr abends waren wir schon in Kalamazoo. Aber die Reise war sehr lang. Für mich hatte dieser Samstag dreißig Stunden, und das ist ein ziemlich langer Tag. 15

5 fünfeinhalb *five and a half*   6 fiel *came*   9 per *by*
10 über *via*

1 Wer ist Rainer?

2 Wo wohnt er?

3 Wem erzählt er von seiner Reise?

4 Wann hat er diese Reise gemacht? Wohin?

5 Wer wohnt in Kalamazoo, Michigan?

6 Wie lange war Rainer bei seinen Verwandten?

7 Auf welchen Tag fiel der 15. Juni?

8 Wann ist Rainer an diesem Tage aufgestanden?

9 Wer hat ihn nach Innsbruck gebracht?

10 Wohin ist er von Innsbruck gefahren?

11 Mit welchem Verkehrsmittel ist er hingefahren?

12 Wie ist er nach Chikago gekommen?

13 Wer war schon in Chikago?

14 Wie sind sie dann nach Kalamazoo gekommen?

15 Wie hat er den amerikanischen Wagen gefunden?

16 Um wieviel Uhr waren sie schon in Kalamazoo?

17 Wieviel Stunden hatte dieser Tag für Rainer?

18 Wie findet Rainer so einen Tag?

St. Johann in Tirol

Europabrücke (Brennerautobahn), Österreich

16. Am Rhein-Main-Flughafen

Basic Dialogue

[Harry Reynolds, ein Fluggast aus Chikago, wendet sich an die junge Dame am Auskunftsschalter.]

REYNOLDS [1] Entschuldigen Sie, bitte. [2] Wie komme ich so schnell wie möglich nach Karlsruhe?

DIE DAME [3] Mit dem Schnellzug nach Basel. [4] Um zehn Uhr fünfzehn ab Hauptbahnhof.

REYNOLDS [5] Das wäre in einer Stunde. [6] Da hab' ich nicht viel Zeit. — [7] Wie komme ich an den Hauptbahnhof? [8] Geht da vielleicht ein Hubschrauber?

DIE DAME [9] Das wäre nicht nötig. [10] Es ist nicht so weit zum Stadtinnern.

REYNOLDS [11] Sollte ich vielleicht eine Limousine nehmen oder ein Taxi?

DIE DAME [12] Mit dem Bus kommen Sie rechtzeitig hin.

REYNOLDS [13] Ich muß mir ja noch meine Fahrkarte lösen.

DIE DAME [14] Machen Sie sich keine Sorgen. [15] Per Bus sind Sie in dreiundzwanzig Minuten in der Stadt — [16] und es kostet nicht so viel. [17] Aber dann müssen Sie schnell machen: der Bus fährt in drei Minuten ab. [18] Haben Sie Gepäck?

REYNOLDS [19] Meinen Koffer wird die Lufthansa direkt ans Hotel schicken — Schloßhotel in Karlsruhe. [20] Die Zollkontrolle hab' ich schon hinter mir.

DIE DAME [21] Also gut. [22] Der Bus geht da drüben ab. [23] Sehen Sie zu, daß Sie mitkommen.

REYNOLDS [24] Ja, das werd' ich. [25] Danke vielmals.

(Homework assignment 54, pages 300-301)

QUESTION-ANSWER PRACTICE

Wer ist Harry Reynolds?
Wo ist er zu Hause?
An wen wendet er sich?
Wo sitzt das Fräulein?

1 Was sagt Herr Reynolds zuerst?

2 Was will er wissen?
Wohin will er so schnell wie möglich kommen?
Wie will er nach Karlsruhe kommen?

3 Wie kann er hinkommen?
Wohin fährt der Schnellzug?

4 Wann fährt der Schnellzug ab?
Wo fährt er ab?

5 Wann wird das sein?

6 Wieviel Zeit hat Herr Reynolds?

7 Was fragt er das Fräulein?
Wohin will er kommen?

8 Womit könnte er vielleicht zum Hauptbahnhof kommen?

9 Was sagt das Fräulein?

10 Warum ist es nicht nötig, mit einem Hubschrauber zum Stadtinnern zu fliegen?

11 Was könnte Herr Reynolds nehmen?

12 Welches Verkehrsmittel sollte er nehmen?
Wie kommt er rechtzeitig hin?
Wann kommt er mit dem Bus hin?

13 Was muß sich Reynolds noch lösen?

14 Soll er sich Sorgen machen?

15 Wie kommt er in dreiundzwanzig Minuten in die Stadt?
Wann ist er per Bus in der Stadt?
Wo ist er in dreiundzwanzig Minuten per Bus?

16 Wieviel kostet das?

17 Was muß Herr Reynolds tun?
Wann fährt der Bus ab?

18 Was fragt ihn das Fräulein?

19 Wer schickt seinen Koffer direkt ans Hotel?
Wohin schickt die Lufthansa seinen Koffer?
Was schickt die Lufthansa direkt ans Hotel?
Wie heißt das Hotel?
Wo ist das Schloßhotel?

20 Was hat Herr Reynolds schon hinter sich?

21 Wie findet das das Fräulein?

22 Was zeigt sie ihm?
Was geht da drüben ab?
Wo geht der Bus ab?

23 Was soll Herr Reynolds tun?

24 Wird Herr Reynolds mitkommen?

25 Wem dankt er?
Wer dankt dem Fräulein?

CONVERSATIONS

1 Mrs. Weber drops in to check up on a rumor.

FRAU WEBER Man hat mir gesagt, daß Ihr Mann sich eine wunderbare neue Stellung verschafft hat. Stimmt das?

FRAU LENZ Ja, es ist wahr. Sie wissen ja, daß seine frühere Stellung
ziemlich langweilig war. Er hat gut verdient, aber die Arbeit
war ihm nicht interessant genug.   5

FRAU WEBER Ja, ich weiß. Aber es ist doch schon etwas, wenn man
gut verdient, nicht?

FRAU LENZ   O, natürlich! Aber in seiner neuen Stellung wird er noch besser verdienen, und die Arbeit wird auch viel interessanter sein.

FRAU WEBER   O, das ist großartig! Was für eine Stellung ist es denn? Werden Sie immer noch hier in Recksburg wohnen können?

FRAU LENZ   Ja, gewiß. Es würde uns leid tun, wenn wir unsere Freunde hier in Recksburg nicht mehr sehen könnten. — Sie haben wohl gehört, daß Recksburg bald einen großen neuen Flughafen bekommen soll. Und Alfred wird Direktor sein!

FRAU WEBER   Wunderbar! Sagen Sie ihm einen schönen Gruß und beste Wünsche!

---

[17] bekommen *get*   [17] Direktor *manager*

---

1 Hat Herr Lenz wirklich eine neue Stellung?
2 Wie war seine frühere Stellung?
3 Wieviel wird er in seiner neuen Stellung verdienen?
4 Was ist seine neue Stellung?

(*Homework assignment 55, page 301*)

2 Crisis in the parking lot.

SCHILLING   Wissen Sie, was mir neulich auf einem Parkplatz passiert ist?

HELLER   Ich hoffe, es war kein Unfall.

SCHILLING   Nein, aber Pech habe ich gehabt, furchtbares Pech.

HELLER   Wieso denn? Sagen Sie mir doch, was los war.

SCHILLING   Na, ich sollte einen Herrn vom Flughafen abholen, einen Freund von unserem Präsidenten. Ich hatte eine Stunde frei, aber ich hatte es furchtbar eilig. Denn es regnete, und ich hatte keinen Hut. Ich fuhr also schnell zum Kaufhaus Linden, ließ meinen Wagen im Parkplatz an der Straße und kaufte mir einen Hut.

HELLER   So? Und Sie kamen zurück und hatten gewiß eine Reifenpanne.

SCHILLING   Nein, durchaus nicht. Nach zehn Minuten komme ich

---

[6] abholen *go and get*   [8] hatte es . . . eilig *was in a hurry*
[9] fuhr *drove*   [10] ließ *left*   [10] kaufte *bought*

wieder heraus, und da stehen rechts und links von mir zwei 15
andere Wagen, aber so nahe, daß ich einfach nicht in meinen
Wagen konnte.

HELLER   Und was haben Sie da getan?

SCHILLING   Was konnte ich tun?   Ich setze mich also an die Straßenecke und warte.   Ich hatte noch vierzig Minuten Zeit.   Es 20
kamen viele Leute vorbei, aber ich konnte ja nicht zu ihnen
gehen und sagen: „Verzeihung!   Ist das Ihr Wagen?"   Und ich
konnte auch nicht hupen, denn ich konnte ja nicht in meinen
Wagen.

HELLER   Aber hören Sie mal!   Ist Ihr Wagen nicht ein Kombi? 25

SCHILLING   Richtig!   Glücklicherweise wird es mir klar, daß mein
Wagen ein Kombi ist und daß er hinten offen ist.   Ich habe
noch eine Viertelstunde Zeit.   In diesem Augenblick ist mir
alles gleich — !   Ich will nur sehen, wie ich in den Kombi
hineinkommen kann, auf Händen und Füßen.   Da stoße ich 30
mit dem Knie an etwas — ich weiß nicht was — ich rutsche aus,
ich verrenke mir den linken Arm, ich falle in den Wagen, und
meine Beine stecken hinten aus dem Kombi heraus.   Können
Sie sich vorstellen, wie das aussah?   Da kommt ein hübsches
Fräulein, setzt sich in den Wagen rechts neben mir und fährt 35
los!   Sie können mir glauben: es sah so aus, als ob einer von
uns beiden etwas dumm war.

HELLER   Sind Sie denn noch rechtzeitig zum Flughafen gekommen?

SCHILLING   Ja, der Herr hat auf mich gewartet.

¹⁶ nahe *close*	²¹ kamen *came*	²³ denn *because*
²⁶ klar *clear*	²⁷ hinten *in the rear*	³⁰ hineinkommen *get in*
³⁴ aussah *looked*	³⁶ als ob *as if*	

(Homework assignment 56, page 302)

3 Hunter's luck: In a restaurant. Mr. Hanfstängl finds his lawyer sitting alone at a
table.

HANFSTÄNGL   Guten Abend, Dr. Pettenkofer, wie schmeckt's?   Darf
ich mich zu Ihnen setzen?

PETTENKOFER   Aber gewiß!   Das dürfen Sie.   Freut mich sehr!
Wollen Sie da nicht Platz nehmen?   Wir können ja zusammen
zu Abend essen. 5

HANFSTÄNGL   Ja gerne. — Was gibt's denn Schönes?

KELLNERIN Heute haben wir Hühnchen mit Erbsen und Salat. Oder möchten Sie vielleicht Braten mit Spargel?

HANFSTÄNGL Das gefällt mir alles nicht.

KELLNERIN Oder haben Sie Lust zu einer guten Forelle? 10

HANFSTÄNGL Forelle? Ja, großartig! So etwas hab' ich schon lange nicht mehr gegessen.

KELLNERIN Gut. Einmal Forelle mit Butter. Sie wird in zwanzig Minuten fertig sein.

HANFSTÄNGL Bitte schön! Ich kann warten. — Sind Sie mal wieder 15 auf der Jagd gewesen, Herr Doktor?

PETTENKOFER Ja, aber ich habe nichts geschossen. Neulich bin ich schon um fünf aufgestanden. Keinen einzigen Rehbock hab' ich gesehen! Es gibt nicht mehr genug Rehböcke in unseren Wäldern. 20

HANFSTÄNGL Da haben Sie Pech gehabt. Schade.

PETTENKOFER Aber nicht immer! — Wissen Sie, was mir letzten Winter passiert ist?

HANFSTÄNGL Nein, was denn? Ich hoffe, nichts Ernstes!

PETTENKOFER Nun, da bin ich wieder mal auf die Jagd gegangen, 25 nicht weit von Schellbronn. Den ganzen Morgen sehe ich keinen einzigen Rehbock — nichts. Nur ein paar Kühe und Pferde. Aber ich will ja keine Kühe schießen. Und wie ich dann durch den Wald gehe, komm' ich an den Fluß. Da bleib' ich an einem Baum hängen — der war da hingestürzt — 30 und falle hin.

HANFSTÄNGL Das tut mir aber leid!

PETTENKOFER Na, und wie ich wieder zu mir komme, bin ich bis zum Fluß hinunter gestürzt, zwischen all die kleinen Bäume. Ich liege tief da unten, neben dem Wasser, meine Hose ist 35 ziemlich kaputt, und es tut mir am ganzen Körper weh.

HANFSTÄNGL Haben Sie sich dabei nicht Arm und Bein gebrochen?

PETTENKOFER Nein, das nicht. Aber mein rechtes Bein sah furchtbar aus — ganz rot und grün und blau! Aber ich konnte noch gehen. 40

HANFSTÄNGL Glücklicherweise sind Sie nicht auch ins Wasser gefallen.

---

¹⁰ Forelle *trout* ¹⁵ Bitte schön! *That'll be all right.*
¹⁶ auf der Jagd *hunting* ¹⁷ geschossen *shot* ¹⁸ Rehbock *deer*
²⁷ Kühe *cows* ²⁸ Pferde *horses* ²⁸ schießen *shoot*
³⁰ war hingestürzt *had fallen*

PETTENKOFER Ja, das find' ich auch! Aber wie ich wieder zu meinem Wagen komme, seh' ich, daß ich mein Geld verloren habe — über hundert Mark! 45

HANFSTÄNGL Auch das noch! Haben Sie's denn wieder gefunden?

PETTENKOFER Nein, durchaus nicht! Ich bin gleich wieder den Weg zum Fluß gegangen, aber ich hab's nicht gefunden. Es muß ins Wasser gefallen sein.

HANFSTÄNGL Das war aber wirkliches Pech! 50

PETTENKOFER Das find' ich auch.

HANFSTÄNGL Und wie sind Sie wieder nach Hause gekommen?

PETTENKOFER Na, nicht sehr schnell. Ich fahre immer geradeaus, immer am Fluß entlang, und da komm' ich zu einem großen Bauernhof, mitten im Wald. Da spielen fünf oder sechs Jungs 55 und Mädels im Freien, und wie die mich sehen, laufen sie gleich ins Haus.

HANFSTÄNGL Sie haben ja etwas ungewöhnlich ausgesehen!

PETTENKOFER Ja, wirklich, das kann man sagen. Ich gehe ins Haus und lerne ihre Eltern kennen. Sie bedauern, wie ich aus- 60 sehe. Es tut ihnen wirklich leid. Sie gehen zu ihrem Kleiderschrank und bringen mir einen alten schwarzen Anzug. Und wie ich den anprobiere — wirklich! — da paßt er mir ausgezeichnet! Dann geben sie mir noch eine Tasse Kaffee und ein Butterbrot, und ich fühle mich wieder warm. Und hab' auch 65 kein Kopfweh mehr.

HANFSTÄNGL Das war sehr freundlich von ihnen.

PETTENKOFER Ja. Also, ich danke ihnen schön, und spät am Nachmittag setz' ich mich wieder in meinen Wagen und fahre in die Stadt. Denn am nächsten Tag mußte ich wieder arbeiten. 70

HANFSTÄNGL Warum sind Sie denn später wieder auf die Jagd gegangen?

PETTENKOFER Ich bin ja noch nicht fertig. Das Schöne kommt noch.

HANFSTÄNGL Wieso denn? 75

PETTENKOFER Ein paar Tage später komm' ich am Gasthaus zum Löwen vorbei. Sie kennen es ja! Es ist ein gutes Gasthaus. Von drinnen kommt Musik — und ich bin furchtbar hungrig. Also — ich gehe hinein und gehe gleich in den Keller hinunter. Sie wissen, wie gut man da unten frühstücken kann. Und ich 80

---

⁵⁵ Jungs, Mädels *boys, girls*   ⁶⁰ bedauern *feel sorry*   ⁶⁵ Butterbrot *slice of buttered bread*
⁶⁷ freundlich *kind*   ⁷⁷ zum Löwen *at the sign of the Lion*

wollte gerne ein zweites Frühstück essen. Eine Kellnerin kommt und sagt: „Wollen Sie nicht hier auf dem Sofa Platz nehmen? Hier unter dem Licht? Da sitzt man so bequem." — „Gut," sag' ich, „was gibt's heute Schönes?" „Nun," sagt die Kellnerin, „heute haben wir Hühnchen mit Erbsen und 85 Salat. Oder möchten Sie vielleicht Braten mit Spargel?" — „Das gefällt mir alles nicht," sage ich. „Haben Sie nichts Besseres?" — „Ja," sagt sie, „haben Sie nicht Lust zu einer guten Forelle?" „Forelle? Großartig. So etwas hab' ich schon lange nicht mehr gegessen." „Gerne. Wollen Sie sich einen Fisch 90 aussuchen? Sie dürfen sich nämlich einen Fisch aussuchen. Bei uns tut man das so." Ich gehe also an den Wassertank und suche mir einen Fisch aus. „Den da!" sag' ich, und mit dem Netz nimmt sie den Fisch aus dem Wasser heraus und bringt ihn in die Küche. Nach einer Viertelstunde kommt sie wieder 95 und sagt: „Verzeihung, Herr Doktor. Kommen Sie doch bitte schnell in die Küche! Ihr Fisch — " — „ Was ist los mit meinem Fisch?" — „Man hat Geld in Ihrem Fisch gefunden. Über hundert Mark!" — „Was für ein Fisch ist das? Wirklich eine Forelle? — Aha! — Darf ich Sie fragen, wo Sie diesen Fisch 100 gefangen haben?" — „Diesen Fisch hier?" sagt der Mann in der Küche. „Dieser Fisch kommt nicht aus unserm Teich nebenan. Den habe ich oben am Fluß gefangen, nicht weit von Schellbronn." — „Wann?" — „Vorgestern." — „Dann ist das mein Geld!" sag' ich. Aber der Mann in der Küche will mir nicht 105 glauben. Und wir setzen uns zusammen hin und ich muß ihm alles sagen, was mir vor ein paar Tagen oben am Fluß passiert ist. — „Das mag alles sehr schön und gut sein. Sie können auch einen Preis damit gewinnen. Aber ich glaube es immer noch nicht!" „Hören Sie mal," sag' ich, „Mit dem Geld ist auch 110 mein zweiter Wagenschlüssel ins Wasser gefallen. Vielleicht können Sie auch den in diesem Fisch hier finden!" — Und wirklich: sie finden etwas Gelbes — meinen Autoschlüssel!

HANFSTÄNGL   Das ist ja reizend!

PETTENKOFER   Ja, nicht wahr? — Nun, hier kommt Ihre Forelle! Essen 115 Sie mit Vorsicht! Wer kann wissen, was in Ihrem Fisch steckt?

---

[94] Netz   *net*   [102] Teich   *pond*   [102] nebenan   *next door*
    [104] vorgestern   *day before yesterday*   [108] mag   *may*
                    [114] reizend   *delightful*

REPORTS

1 [*Review Unit 7.*]

Ich habe für . . . viel übrig. . . . Was tust du gern? . . . Wo? . . . in der
Schule? . . . im Freien? . . . zu Hause? . . . Spielst du gern Schach? . . .
Tennis? Korbball? . . . Läufst du Schi? . . . Schlittschuh? . . . Fährst
du Wasserschi? . . . Spielst du Klavier? . . . Gitarre? . . .Übst du gern?
. . . Liest du gern? . . . Hörst du dir gern Schallplatten an? . . . Siehst 5
du dir oft Fernsehprogramme an? . . . Was findest du interessant? . . .
Was findest du langweilig?

2 [*Review pages 142 and 169.*]

Ich heiße. . . . . Bist du ein Junge oder ein Mädchen? . . . Bist du
groß oder klein? . . . Welche Farbe haben deine Augen und deine
Haare? . . . Sind deine Haare lang oder kurz? . . . Ist deine Nase lang
oder kurz? . . . Ist dein Mund groß oder klein? . . . Was für Kleidung
hast du an? . . . einen blauen Rock? . . . eine grüne Hose? . . . ein weißes 5
Hemd? . . . braune Schuhe?

3 [*Review page 29.*]

Ich habe eine große/kleine Familie. . . . Hast du Geschwister? . . .
Wie alt sind sie? . . . Wie heißen sie? . . . Hast du noch Großeltern?
. . . Wohnen sie sehr weit von dir? . . . Hast du Onkel und Tanten,
Vettern und Kusinen? . . . Wie oft besuchst du deine Verwandten? . . .
Wo wohnen sie? . . . Zu welcher Jahreszeit fährst du zu deinen Ver- 5
wandten? . . . im Sommer? . . . im Winter? . . . zu Weihnachten?

4 Ich habe vor, nächsten Sommer eine Reise zu machen. . . . Wohin?
. . . Wie lange wirst du auf Reisen sein? . . . Was wirst du sehen? . . .
Was wirst du tun? . . . Wirst du Verwandte oder Freunde besuchen?
. . . Wirst du dabei etwas lernen? . . . Glaubst du, daß es interessant
sein wird? 5

SUPPLEMENTARY READINGS

1 Miss Horstmann is worried about her friend. (*After Unit 3*)

FRAU UHLEMANN 'n Abend, Fräulein Horstmann. Wie geht es
Ihnen?

FRÄULEIN HORSTMANN Danke, es geht mir gut. Und Ihnen — wie
geht es Ihnen, Frau Uhlemann?

FRAU UHLEMANN Danke, es geht mir auch gut.   5

FRÄULEIN HORSTMANN Kennen Sie meine Freundin, Marta Lindemann?

FRAU UHLEMANN Ja, ich kenne sie. Geht es ihr jetzt besser?

FRÄULEIN HORSTMANN Na, es geht so.

FRAU UHLEMANN Wieso denn?   10

FRÄULEIN HORSTMANN Sie ist nicht mehr krank, aber sie ist noch so
müde, und sie sieht immer so blaß aus.

FRAU UHLEMANN O, das tut mir leid. — Wohnt sie noch bei Ihnen?

FRÄULEIN HORSTMANN Ja, sie wohnt noch bei mir.

FRAU UHLEMANN Gute Besserung und schönen Gruß zu Hause.   15

FRÄULEIN HORSTMANN Danke schön, Frau Uhlemann. Auf Wiedersehen.

¹ 'n = Guten

TRUE OR FALSE?

1 Mrs. Uhlemann and Miss Horstmann have been intimate friends
   since childhood.
2 Mrs. Uhlemann knows Marta Lindemann.
3 Marta Lindemann has been sick, but now she is completely well.
4 Marta Lindemann is still living at Miss Horstmann's home.

2 Little Wolfram and Arthur like to brag. (*After Unit 4*)

WOLFRAM Ich habe einen Freund, der ist Polizist.

ARTHUR Das ist nichts. Ich habe einen Freund, der ist Senator.

WOLFRAM Mein Freund hat zwei Brüder, die sind auch bei der
Polizei.

ARTHUR Mein Freund hat zwei Schwestern, drei Brüder und vier 5
Vettern. Die sind alle in Washington.

WOLFRAM Kennst du sie?

ARTHUR Nein, ich kenne sie nicht.

WOLFRAM Aber ich kenne die Brüder von meinem Freund. Sie
sind auch meine Freunde!   10

¹ Polizist *policeman*   ⁴ bei der Polizei *on the police force*

1 Arthur knows a lot of people in Washington.
2 Wolfram has two brothers who are on the police force.
3 The senator has two sisters, three brothers, and four cousins.
4 Wolfram knows at least three policemen.

3 It's Saturday morning. Christel and Erich meet Helga on the way home to lunch.
(*After Unit 5*)

CHRISTEL   Grüß Gott, Helga.   Wie geht's heute morgen?

HELGA   Danke, es geht mir gut.   Und dir?

CHRISTEL   Mir geht's auch gut, danke.   Kennst du schon meinen Vetter Erich — Erich Lindholm?   Er wohnt jetzt bei uns.

HELGA   Grüß Gott, Erich.   5

CHRISTEL   Und das ist Helga, Erich — Helga Tannenbaum.   Helga wohnt neben uns.

ERICH   Morgen, Helga.

HELGA   Mußt du hier auch zur Schule gehen?

ERICH   Ja.   Meine Mutter ist jetzt krank, und ich muß hier bei 10 meiner Tante wohnen, bis sie wieder gesund ist.

HELGA   Es tut mir leid, daß deine Mutter krank ist.   Gute Besserung!

ERICH   Danke sehr.

CHRISTEL   Was tust du heute nachmittag, Helga?   Erich und ich gehen ins Kino.   Willst du mitkommen?   15

HELGA   Ja, gerne.   Aber ich muß erst meine Mutter fragen. — Wieviel Uhr ist es jetzt?

ERICH   Es ist zwanzig Minuten vor zwölf.

HELGA   Da muß ich schnell machen.   Wir essen heute um Viertel vor zwölf.   20

CHRISTEL   Ja, wir müssen auch essen.   Auf Wiedersehen, bis heute nachmittag.

ERICH   Auf Wiedersehen, Helga.

[12] daß   *that*

---

1 What is Erich's relationship to Christel?
2 Where does Helga live?
3 Where is Erich living for the time being?
4 Why is he living there?
5 How long will he be there?
6 What are the plans for the afternoon?
7 Can Helga go along?
8 Why is Helga in a hurry right now?

4 Mr. Schwarz and his assistant, in the elevator. *(After Unit 6)*

HERR SCHWARZ Welches Datum haben wir heute?

HERR LEIPZIGER Heute ist der zweiundzwanzigste.

HERR SCHWARZ Schon der zweiundzwanzigste? Und ich muß noch
meine Einkäufe machen. In zwei Tagen ist Weihnachten, und
am zweiten Weihnachtstag ist Klaudias Geburtstag.[1]   5

HERR LEIPZIGER Klaudia? Ist das nicht Ihre Schwester?

HERR SCHWARZ Ja. Sie ist jetzt verheiratet, und sie und ihr Mann
kommen zu Weihnachten zu Besuch.

HERR LEIPZIGER Hoffentlich können Sie heute und morgen noch
Ihre Einkäufe machen, Herr Schwarz.   10

---

[1] „Weihnachten" beginnt am vierundzwanzigsten Dezember, am Abend. „Der erste Weihnachtstag" ist der fünfundzwanzigste Dezember. Der sechsundzwanzigste Dezember heißt „der zweite Weihnachtstag".

---

1 What is the date of this conversation?

2 What does Mr. Schwarz still have to do?

3 Who is coming for a Christmas visit?

4 When is Klaudia's birthday?

5 How long does Mr. Schwarz have to buy presents?

6 What do Germans call the 26th of December?

5 A big party at Monika's house. *(After Unit 7)*

STEFAN Es freut mich so, daß wir heute abend mal wieder Musik
hören können.

THOMAS Ja, sind Monikas Schallplatten nicht wirklich ausgezeichnet?

STEFAN Ja, ich hab' auch ein paar von meinen mitgebracht.   5

THOMAS Welche denn?

STEFAN Du kennst sie doch nicht: „Tischtelefon" und „Reifenpanne im Schnee."

THOMAS O, die kenne ich doch! Du hast sie ja neulich bei Kurt
Mahler gespielt.   10

STEFAN Ja, das stimmt. Wie findest du sie?

THOMAS O, es geht. Ich hab' nicht viel für sie übrig. —

STEFAN Sag mal, Thomas. Wer ist denn das da neben Monika?

THOMAS Was, die kennst du noch nicht? Das ist doch Monikas
Freundin aus München.   15

STEFAN O ja, die hat doch beim Schilaufen einen Preis gewonnen.

---

[10] gespielt *played*   [15] aus *from*   [16] beim Schilaufen *in skiing*

THOMAS   Ja. Und sie kann auch sehr schön Klavier spielen — und
Ziehharmonika.

STEFAN   Du — die möchte ich kennenlernen. Aber wie macht man
das?   20

THOMAS   Na, du gehst zu ihnen hin und sagst: Verzeihung, ich heiße
Stefan Reuter. Darf ich mich neben Sie setzen?

STEFAN   Nein, so geht es doch nicht.

THOMAS   Oder du sagst: Verzeihung, ich höre, Sie spielen sehr schön
Klavier. Das kann ich auch.   25

STEFAN   Nein, so geht das auch nicht. —

THOMAS   O, o, hier kommt Monika mit ihrer Freundin.

MONIKA   Aber warum kommt ihr nicht und trinkt ein Glas Limonade? Hier ist auch ein Teller Kuchen. Waltraud, ich glaube,
du kennst meinen Freund Stefan noch nicht. — Dies ist Stefan   30
Reuter — Waltraud Kuhn, meine Freundin aus München.

WALTRAUD   Grüß Gott!

STEFAN   Es freut mich sehr! — Schönes Wetter heute, nicht wahr?

WALTRAUD   Glaubst du? Es regnet doch schon den ganzen Tag!

STEFAN   Ja, aber —   35

MONIKA   Möchtet ihr nicht ein Glas Limonade?

STEFAN   O gerne. Darf ich dir ein Glas bringen?

WALTRAUD   Gehen wir doch alle zusammen! Kommt doch mit!

THOMAS   Darf ich auch mitkommen?

MONIKA   Wenn du Lust hast.   40

[29] Kuchen   *cake*

TRUE OR FALSE?

1 Stefan is not very fond of music.
2 Thomas says that Monika's records aren't very good.
3 Thomas heard a couple of Stefan's records at Kurt Mahler's.
4 Thomas didn't particularly like them.
5 Monika's friend from Munich is a good skier.
6 But she isn't a very talented musician.
7 Thomas has some excellent suggestions as to how Stefan can most
   tactfully introduce himself to Monika's friend.
8 Waltraud agrees with Stefan that is has been fine weather that day.
9 The two boys and two girls finally decide to go get some lemonade.

6 Trine and Bärbel are walking home from the bus. *(After Unit 7)*

TRINE Was tust du heute abend? Hast du Zeit, dir bei mir ein
paar neue Schallplatten anzuhören?

BÄRBEL Ja, gerne. Aber leider darf ich das nicht. Meine Mutter
ist krank, und da muß ich zu Hause bleiben.

TRINE O, das ist schade. Vielleicht ist sie am Samstag wieder 5
gesund, und du kannst dann zu mir kommen. Aber schönen
Gruß und gute Besserung.

BÄRBEL Danke, auf Wiedersehen.

---

1 What would Trine like to do this evening?
2 Why does Bärbel have to stay home?
3 When might they be able to get together?

7 Unsere Stadt *(After Unit 8)*

Unsere Stadt ist nicht sehr groß. Hier ist der Marktplatz und dort
ist der Bahnhof. Am Marktplatz stehen das Rathaus und die Kirche,
und vor dem Bahnhof, am Bahnhofsplatz, steht ein Hotel. Das Hotel
heißt ,,Excelsior". Das ist ein großer Name, aber nur ein kleines Hotel.
Neben dem Bahnhof findet man die Post, und hinter dem Rathaus findet 5
man ein Kino. Wenn man vom Bahnhof nach dem Marktplatz geht,
kommt man an der Schule vorbei. Und wenn man vom Marktplatz an
den Fluß geht, kommt man in fünf Minuten zum Krankenhaus.

Unsere Stadt hat auch ein paar Restaurants. Neben der Kirche
steht ein sehr altes Haus. Das ist schon über zweihundert Jahre alt. Es 10
heißt ,,Gasthaus zur Sonne". Dort kann man von acht Uhr morgens bis
elf Uhr abends etwas essen und trinken. Und das Essen schmeckt dort
gewöhnlich ausgezeichnet. Wenn man aber nicht sehr hungrig ist, kann
man zum ,,Excelsior" gehen.

Man kann in unserer Stadt auch ein paar Einkäufe machen. Bei 15
Geschwister Knopf in der Hauptstraße findet man Kleider und Schuhe,
Bücher und Papierwaren, Radios und Fernsehapparate. Geschwister
Knopf haben so gut wie alles. Aber wenn man Juwelen oder Musik-
instrumente oder einen neuen Wagen kaufen möchte, dann muß man in
die Großstadt fahren. Und die ist nicht sehr weit von hier — nur zehn 20
Kilometer mit der Bahn.

In unserer Stadt arbeitet man viel. Die Stadtväter im Rathaus

---

² Kirche *church*	¹⁰ über *more than*	¹¹ Gasthaus *inn*
¹⁶ Schuhe *shoes*	¹⁷ Papierwaren *stationery*	¹⁸ Juwelen *jewels*
²⁰ Großstadt *big city*	²¹ Bahn *railroad*	²² Stadtväter *city fathers*

arbeiten von morgens bis abends. Wenn sie um sechs Uhr nach Hause
gehen, dann sehen sie gewöhnlich sehr müde und hungrig aus. Viele
Autos fahren über den Marktplatz und über den Bahnhofsplatz. Ab und 25
zu hupen sie und machen großen Lärm. Aber wenn sie an der Schule
vorbeifahren, dann dürfen sie keinen Lärm machen. Denn dort sitzen
unsere Jungen und Mädchen und sollen etwas lernen.

Unsere Stadt ist nicht sehr groß, aber sie ist sehr hübsch. Und wir
wohnen hier sehr gerne. 30

²⁵ über *across*   ²⁷ denn *because*   ²⁷ sitzen *sit*

---

1 What two public squares seem to have most of the important public
   buildings close by?
2 How long a walk is it from the marketplace to the hospital?
3 Which restaurant is visited by the people with a considerable
   appetite?
4 Where do the people in this city go to make their more expensive
   purchases?
5 How much of a trip does that involve?
6 What kind of working hours do the city officials observe?
7 Where is noise-control enforced?
8 Why?

8 Katharina meets her friend Henriette in a store downtown. (*After Unit 9*)

HENRIETTE Übermorgen ist der erste Februar, und weißt du, welcher
Tag das ist?
KATHARINA Ja, der erste Februar.
HENRIETTE Ja, und das ist doch Amalias Geburtstag.
KATHARINA Wer ist Amalia? Ich kenne keine Amalia! 5
HENRIETTE Doch, du hast sie schon kennengelernt. Das ist meine
Freundin. Sie war schon bei mir zu Besuch.
KATHARINA O ja. Ich kenne sie. Wie alt ist sie jetzt?
HENRIETTE Sechzehn.
KATHARINA Wird sie zu ihrem Geburtstag hier sein? 10
HENRIETTE Nein, aber ich muß ihr etwas zum Geburtstag kaufen.
Willst du mir helfen?
KATHARINA Ja gerne. Hoffentlich finden wir etwas Schönes.

¹ übermorgen *day after tomorrow*

TRUE OR FALSE?

1 This conversation takes place on the 31st of January.
2 Amalia's birthday is on the first of February.
3 Katharina has never met Amalia.
4 Amalia has visited Henriette in the past.
5 She is going to spend her birthday at Henriette's.

7 Katharina is going to help Henriette find Amalia a birthday present.

9 Carsten talks about the coming weekend. (*After Unit 9*)

SVEN Grüß Gott, Carsten. Wirst du am Samstag frei sein?

CARSTEN Nein, leider nicht. Wir fahren zur Waldhütte, und wir werden das ganze Wochenende da sein.

SVEN O, das wird großartig sein.

CARSTEN Durchaus nicht. Da ist ja nichts zu tun!   5

SVEN Wieso denn? Schwimmst du nicht gerne?

CARSTEN Was? Schwimmen? Jetzt, so früh im Frühling? Erst im Mai können wir im See schwimmen.

SVEN Na, kommt denn nicht ein Freund von dir zu Besuch?

CARSTEN Nein, nur meine Kusinen, und die sind erst zehn Jahre alt. 10 Sie sind nämlich Zwillinge.

SVEN Ach so! — Kannst du denn nicht Schallplatten spielen?

CARSTEN Nein, das kann ich auch nicht. Wir haben ja keine Elektrizität in der Waldhütte.

SVEN Dann kannst du auch nicht fernsehen?   15

CARSTEN Auch das nicht.

SVEN Das ist aber schade. Hoffentlich mußt du nicht immer zum Wochenende so weit von uns sein.

CARSTEN Ja. — Es ist wirklich nicht viel Spaß da draußen am See.

TRUE OR FALSE?

1 Carsten will be away from the city all weekend.
2 He is anticipating it with pleasure.
3 Among other recreations, he looks forward to swimming.
4 The family expects some relatives to visit.
5 Carsten also expects a visit from one of his friends.
6 They will listen to records or watch TV.
7 Sven hopes that Carsten won't always spend his weekends so far away.

10 Verkehrsmittel in Deutschland (*After Unit 10*)

In Deutschland sind die Menschen oft unterwegs. Sie fahren zur Arbeit oder sie müssen Einkäufe machen. Sie möchten ins Theater gehen oder sie wollen einander besuchen. Und wenn sie freihaben, dann machen sie einen Ausflug und fahren nach Norden an den Ozean oder nach Süden in die Berge.   5

¹ Deutschland *Germany*   ¹ Menschen *people*   ³ einander *each other*
⁴ Norden *north*   ⁵ Süden *south*   ⁵ Berge *mountains*

In Deutschland sieht man viele Fahrräder auf den Straßen. Der Schüler fährt mit seinem Fahrrad oder Moped zur Schule, und der Arbeiter fährt zur Fabrik. Wenn man in die Stadt fahren will, dann nimmt man am besten die Straßenbahn oder einen Bus; aber die sind oft so voll, daß die Leute stehen müssen. Und um acht Uhr morgens oder um fünf Uhr nachmittags ist der Verkehr so stark, daß die Verkehrsmittel nur langsam fahren können. Dann muß man eben lange warten, bis man nach Hause kommt.

Mit der Untergrundbahn geht es vielleicht etwas schneller, aber die ist oft ebenso voll wie die Straßenbahn. Und dann gibt es eine Untergrundbahn nur in den größten Städten — wie z.B. Berlin, Hamburg, München, Frankfurt, Köln.

Zur nächsten Stadt oder ins nächste Land fährt man gerne im eigenen Wagen. Auf den Bundesstraßen und Autobahnen kann man sehr viele Wagen sehen, große und elegante für sechs Personen und kleine nette für zwei. Die kleinen sind ebenso gut wie die großen. Denn auch auf der Landstraße geht es oft sehr langsam. Da ist ein junger Mann zu schnell gefahren und hat einen Unfall gehabt. Und dann muß man warten, bis die Straße frei ist.

Das beste Verkehrsmittel ist natürlich die Eisenbahn. In Deutschland gibt es viel mehr Bahnen als in Amerika, und beinahe jede kleine Stadt hat ihren Bahnhof. Gewöhnlich fahren die Züge zur rechten Zeit ab. In einem Zug kann man bequem sitzen und warten, bis man ankommt. Da braucht man nicht arbeiten, wie auf einem Fahrrad, und nicht vorsichtig sein, wie im eigenen Wagen. Im Nah-Verkehr gibt es nichts Besseres.

Wenn man aber über den Atlantik nach Amerika reisen möchte, gibt es zwei Wege. Man kann in Hamburg oder in Bremerhaven einen Dampfer nehmen und in acht Tagen über den Ozean fahren. Aber wenn man keine Zeit hat, nimmt man einen Hubschrauber und fliegt schnell nach dem Flughafen in Frankfurt. Dann setzt man sich in ein Düsenflugzeug der „Lufthansa" und fliegt in acht Stunden nach Neuyork.

---

[6] sieht *sees*   [8] Fabrik *factory*   [9] nimmt man am besten *it is best to take*

[11] Verkehr *traffic*   [18] ins nächste Land *to the next state*

[18] im eigenen *in one's own*   [19] Bundesstraßen *federal highways*

[19] Autobahnen *superhighways*   [21] denn *because*

[22] Landstraße *highway*   [23] hat einen Unfall gehabt *had an accident*

[25] Eisenbahn *railroad*   [26] Bahnen = Eisenbahnen   [26] jede *every*

[27] zur rechten Zeit *on time*   [28] bequem *comfortably*

[28] ankommt *arrives*   [30] vorsichtig *cautious*   [30] Nah-Verkehr *local traffic*

[34] nehmen *take*   [36] Flughafen *airport*   [37] Lufthansa *West German airline*

1 What are the two principal goals of travel for vacations?
2 What means of travel are mentioned for getting
    a) to school?
    b) to the factory?
    c) downtown?
3 Which means of transportation are likely to be crowded at certain times?
4 What form of transport is found in very few German cities?
5 What is a favorite way of getting to a nearby city or state?
6 What varieties of privately owned cars can be seen?
7 Where?
8 Do the larger cars have a great advantage?
9 What is the relative importance of rail travel in Germany and USA?
10 What are three practical advantages of rail travel?
11 If you want to travel by sea, where would you leave Germany?
12 If by air, from what city?

11 Listening in on a phone conversation between Petra and Karin. (*After Unit 11*)

PETRA   Wie gefällt dir Ottos neue Hose?

KARIN   Ich hab' ihn heute noch nicht gesehen. Hat er eine neue Hose?

PETRA   Ja, und weißt du, sie ist grün!

KARIN   Grün! Hellgrün oder dunkelgrün?   5

PETRA   Hellgrün.

KARIN   Hellgrün? Steht ihm eine hellgrüne Hose?

PETRA   Natürlich nicht! Und mit dem roten Hemd paßt sie schon gar nicht zusammen!

KARIN   Nein. Ich glaube, mir wird Ottos neue Hose durchaus nicht 10 gefallen.

⁹ gar nicht   *not at all*

1 What is the color of Otto's new trousers?
2 Does Petra think it looks good on him?
3 What color is his shirt?
4 Which girl thinks those two colors go well together?

MELITTA Heute morgen habe ich deine Schwester Ilse gesehen — in einem großen Kombi.

BRIGITTA Ja, mein Vater hat ihn erst neulich gekauft. Wir haben jetzt den kleinen Wagen und auch den Kombi, aber Ilse will immer mit dem Kombi fahren. 5

MELITTA Wie gefällt dir denn der Kombi?

BRIGITTA Er gefällt mir, wenn wir auf Reisen gehen müssen. Wir können alle zusammen sehr bequem darin fahren. Aber seine Farbe gefällt mir nicht.

MELITTA Wieso denn? 10

BRIGITTA Gelb, grün und schwarz — gefallen dir diese Farben zusammen?

MELITTA Na, ich muß sagen, diese drei Farben zusammen sehen nicht hübsch aus.

TRUE OR FALSE?

1 This morning Ilse was seen driving a small car.
2 Brigitta's father plans to turn in his big station wagon soon.
3 Ilse likes to drive the station wagon.
4 Brigitta likes it too, for some purposes.
5 She particularly likes the color scheme.
6 Melitta thinks the color combination is unattractive.

HERMANN Wie gefällt dir das reizende Armband da im Fenster?

KARIN O, recht nett. Aber ich glaube, es würde mir nicht stehen. Margit hat auch so eins. —

HERMANN Da ist eine schöne Armbanduhr. Die wäre etwas Hübsches für mich. 5

KARIN Warum möchtest du die haben? Du hast doch schon so eine. Und dann sieht diese da gar nicht so elegant aus. —

HERMANN Sag mal, wo sind eigentlich die Ohrringe, die ich dir zu Weihnachten gekauft habe?

KARIN Ach, Hermann. Das weiß ich wirklich nicht. Es tut mir 10 furchtbar leid, aber ich kann sie seit zwei Wochen nicht mehr finden. Ich glaube, ich habe sie im Schnee verloren.

[1] Armband *bracelet*   [4] Armbanduhr *wrist watch*   [8] Ohrringe *earrings*

HERMANN   Wieso, im Schnee?

KARIN   Ja, weißt du, wir waren doch neulich bei den Himmelsbachs
zu Besuch.   Im Januar.   Wir sind erst spät in der Nacht wieder 15
nach Hause gekommen.   Und zu Hause hatte ich sie nicht
mehr bei mir.

HERMANN   Na, du kannst sie ja auch im Keller gelassen haben.   Da
haben wir ja getanzt.

KARIN   Ja, das kann sein.   Ich habe bei Himmelsbachs angerufen. 20
Ich mußte doch „Danke schön" sagen.   Aber sie haben sie auch
nicht gefunden.   Nicht im Haus, nicht im Keller und auch
nicht vor dem Haus.

HERMANN   Und du weißt, daß du sie mitgebracht hattest?

KARIN   O, ganz gewiß.   25

HERMANN   Beide Ohrringe verloren!   An e i n e m Abend?   Das ist
aber schade!

KARIN   O hör mal, Hermann!   Da liegen ein Paar Ohrringe im
Fenster, die gefallen mir so.   Darf ich die einmal anprobieren?

HERMANN   Warum nicht?   Wenn du meinst, daß sie dir stehen.   30

KARIN   Und sie sind ebenso schön wie die alten!

HERMANN   Gut!   Wir können ja einmal hineingehen.   Glücklicherweise haben sie hier noch nicht geschlossen.   Es ist fünf Minuten
vor fünf.   Vielleicht kann ich dir etwas aussuchen.

(Sie gehen ins Geschäft.)   35

HERMANN   Guten Tag, Fräulein!   Sie haben da draußen ein Paar
Ohrringe im Fenster.   Auf der linken Seite.   Darf meine Frau
die einmal anprobieren?

VERKÄUFERIN   Aber gewiß, gerne! — Welche meinen Sie? — Ah, die
beiden zwischen dem großen und dem kleinen Ring! — Ja, das 40
ist wirklich ein wunderbares Paar, sehr ungewöhnlich.   Das
einzige Paar, das wir noch haben.

HERMANN   Ja, sehr hübsch.   Was kosten die?

VERKÄUFERIN   Fünfhundertzwanzig Mark.

KARIN   Was?   Nur fünfundzwanzig Mark? — Du, Hermann, die 45
gefallen mir nicht!

VERKÄUFERIN   Verzeihung!   Nicht fünfundzwanzig Mark!   Fünfhundertzwanzig Mark!

KARIN   Ach so! — Hermann, diese Ohrringe würden wunderbar zu

---

²⁶ beide *both*   ³¹ schön *beautiful*   ³² hineingehen *go in*

³⁵ Geschäft *store*   ³⁹ Welche meinen Sie? *Which ones do you mean?*

⁴⁰ zwischen *between*

meinem neuen gelben Kleid passen. Glaubst du nicht auch? 50

HERMANN So? Meinst du?

KARIN Ja. Willst du sie mir nicht kaufen? Die wünsche ich mir zum Geburtstag!

HERMANN Also gut! Aber habe ich genug Geld bei mir? — Ja, es geht. Die will ich nehmen. Hier sind fünfhundertfünfzig 55 Mark.

VERKÄUFERIN Danke sehr! Und hier sind dreißig Mark zurück.

KARIN O, vielen Dank, Hermann! Du bist wirklich reizend! — Hier, willst du sie in deine Tasche stecken? Ich möchte diese nicht auch verlieren. 60

[60] verlieren *lose*

TRUE OR FALSE?

1 Karin is enthusiastic about the bracelet that her husband points out.
2 She would like one like Margit's.
3 Hermann would like a new wristwatch for himself.
4 Karin doesn't particularly like the one in the window.
5 Hermann had bought Karin a pair of earrings for Christmas.
6 This conversation must be taking place in late spring or early summer.
7 Karin thinks she lost her earrings on the way home from a party.
8 Karin called her hostess to thank her for the hospitality.
9 But she didn't ask about the earrings.
10 Karin is sure she wore the earrings to that party.
11 Karin would like to try on a pair of earrings she sees in the window.
12 Hermann is very enthusiastic about her trying on the earrings.
13 Karin thinks they are not as pretty as the ones she got for Christmas.
14 This conversation takes place fairly late in the afternoon.
15 Karin asks the saleslady if it would be all right for her to try on the earrings.
16 The saleslady says this is the last pair like that in the store.
17 Karin doesn't like the earrings at first because she is afraid they cost too much.
18 Hermann is sure that they will go well with Karin's new yellow dress.
19 Hermann has enough money to pay for the earrings.
20 Karin wants Hermann to carry the package so that it won't get lost.

14 At the TV studio, the announcer interviews the new High School swimming champion. *(After Unit 13)*

ANSAGER Ah, hier kommt unser Mann, Stefan Brecht. Der hat gestern den ersten Preis im Schwimmen gewonnen. Man kann ihn schon an seinem Anzug erkennen. — Der Anzug ist ja ein bißchen ungewöhnlich: rote Jacke und grüne Hose. Aber das muß man sagen: der Anzug steht ihm glänzend. — Einen Augen- 5 blick, bitte, und wir werden Ihnen Stefan Brecht im Film bringen. Ah, hier ist Stefan Brecht. — Herr Brecht, wir haben alle viel Spaß an Ihrem Schwimmen gehabt. Das war ja groß-artig!

STEFAN Danke, danke! Vielen Dank! Es freut mich, Sie kennen- 10 zulernen.

ANSAGER Herr Brecht, darf ich Sie etwas fragen — für die Ge-schwister zu Hause, nicht wahr?

STEFAN Aber natürlich, sehr gerne, bitte sehr.

ANSAGER Wie lange schwimmen Sie schon? 15

STEFAN Seit siebzehn Jahren.

ANSAGER Das ist wunderbar. Und darf ich fragen, wie alt Sie sind?

STEFAN Neunzehneinhalb.

ANSAGER Wann haben Sie Geburtstag?

STEFAN Mitten im Winter, am fünfundzwanzigsten Januar. 20

ANSAGER Wünschen Sie sich etwas zum Geburtstag, einen neuen Wagen oder so etwas?

STEFAN Nein — den hab' ich schon. Aber Erdbeeren mit Schlag-sahne.

ANSAGER Das ist ja großartig! *(Zum Publikum)* Haben Sie das 25 gehört? Erdbeeren mit Schlagsahne! — Warum denn das?

STEFAN Ja, sehen Sie. Wenn ich schwimme, darf ich nicht viel essen. Und es ist noch lange bis zu meinem Geburtstag. Und dann gibt es gewöhnlich keine Erdbeeren mehr.

ANSAGER Herr Brecht, haben Sie Geschwister? 30

STEFAN Ja, zwei Schwestern. Die sind Zwillinge.

ANSAGER Zwillinge? Das ist ja ausgezeichnet! — *(Zum Publikum)* Zwillinge! Haben Sie das gehört? — Und was tun Ihre Schwestern?

STEFAN Marie ist Lehrerin. Sie hat vor zwei Jahren einen Preis 35 gewonnen.

ANSAGER Als Lehrerin? In der Schule?

²⁵ Publikum *audience*   ³⁷ als *as*

STEFAN Nein, im Tennisspiel.

ANSAGER Und Ihre zweite Schwester? Was tut die?

STEFAN Helene? Die schwimmt auch, wie ich. Vom Frühling 40
bis zum Herbst schwimmt sie — in der Tiefe — unter Wasser.
Im Winter ist sie Verkäuferin in einem Kaufhaus für Schallplatten. Für Musik hat sie nämlich sehr viel übrig. Sie
schwimmt nach Musik.

ANSAGER Sie macht ihre Sache gewiß sehr gut?   45

STEFAN Ja, sie hat neulich auch einen Preis gewonnen!

ANSAGER Was? Auch einen Preis? Wofür denn?

STEFAN Sie spielt Ziehharmonika!

ANSAGER Herr Brecht! Sie und Ihre Schwestern sind mehr als ge-
wöhnliche Geschwister!   50

STEFAN Danke, Danke! Möchten Sie meine Schwester kennenlernen? Hier ist sie! (*Zu Helene*) Du mußt nicht hinter mir
stehen. Hier, setze dich neben mich!

ANSAGER Aber natürlich, Fräulein Brecht! Es freut mich sehr!
Sie müssen gleich hereinkommen, Fräulein Brecht, und sich 55
neben Ihren Bruder setzen! Das habe ich gar nicht gewußt,
daß Ihre Schwester auch schwimmt. (*Zum Publikum*) Ist sie
nicht reizend? Da, zwischen all den Männern? — Und nun,
Herr Brecht, darf ich Sie fragen, was Sie morgens frühstücken?

STEFAN Nur eine Packung Maisflocken.   60

ANSAGER Sonst nichts?

STEFAN Etwas Milch natürlich. Und ein großes Glas Orangensaft.

ANSAGER Und wo wohnen Sie?

STEFAN Bei meinen Eltern.

ANSAGER Ist Ihr Haus groß genug für Sie?   65

STEFAN Das will ich meinen.

ANSAGER Wie lange schlafen Sie?

STEFAN Die ganze Nacht — zehn Stunden, von neun bis sieben.

ANSAGER Und was tun Sie zu Mittag?

STEFAN Dann hab' ich Probe!   70

ANSAGER Nun, vielen Dank, Herr Brecht. Es hat uns sehr gefreut,
Sie zu sprechen. — Auf Wiedersehen!

[49] als *than*　　　[52] du mußt nicht *you don't have to*
[60] ein Packung Maisflocken *a package of cornflakes*
[66] Das will ich meinen. *I'll say.*

1 What is unusual about Stefan's suit?
2 How does it look on him?
3 Since what age has Stefan been swimming?
4 At what time of year does this interview take place?
5 What does Stefan want for his birthday?
6 Why does he want that?
7 How many brothers and sisters does Stefan have?
8 What kind of work does Marie do?
9 What kind of job does Helene have?
10 What kind of sport does each participate in?
11 What other talent does Helene have?
12 Who is standing behind Stefan?
13 What does he invite her to do?
14 Where does Stefan live?
15 What does he do at noon?

15 An invitation to the farm. *(After Unit 14)*

WERNER DIETZ Emil, bist du Sonntag frei?

EMIL LEHMANN Ja, ich habe am Wochenende nichts zu tun — nichts als zu Hause zu bleiben und zu arbeiten.

WERNER DIETZ Möchtest du nicht mit uns aufs Land? Mein Onkel hat einen Bauernhof, nicht weit von Bischofsdorf.   5

EMIL LEHMANN O, das wäre schön! Ich muß aber erst meine Eltern fragen. Gewiß werden sie „Ja" sagen.

> ² nichts als *nothing but*   ⁴ aufs Land *to the country*

1 What had Emil been planning to do on the weekend?
2 What does Werner want Emil to do?
3 Does Emil think he may be able to do it?

16 Olga gets invited too. *(After Unit 14)*

ERIKA DIETZ Olga, wir fahren Sonntag morgen aufs Land — zu meinem Onkel Franz. Kannst du mitkommen?

OLGA FÜRST Vielleicht. Ich werde meine Mutter fragen. Wer wird denn da sein?

ERIKA DIETZ Meine Eltern, mein Bruder Werner, und hoffentlich 5 auch Emil Lehmann.

OLGA FÜRST O, das wird viel Spaß machen. — Was werden wir da tun?

ERIKA DIETZ Wir können schwimmen oder fischen. Und bei meiner Tante ist das Essen immer ausgezeichnet.   10

1 What must Olga do before she can accept Erika's invitation?
2 What does Olga want to know first about the excursion?
3 And after that?
4 What is the answer to this last question of Olga's?

17 Arrival at the farm. (*After Unit 14*)

HERR KNEBEL   Ah, da seid ihr ja! Gut, daß ihr schon früh gekommen seid. — Elsbeth, sie sind da!

FRAU KNEBEL   Ich komme gleich. Ich muß erst noch ein paar
Brötchen fertig machen.

WERNER DIETZ   Onkel Franz, dies ist mein Freund Emil Lehmann.   5

HERR KNEBEL   Es freut mich.

ERIKA DIETZ   Und hier ist meine Freundin Olga Fürst.

HERR KNEBEL   Ein Vergnügen, Sie kennenzulernen. — Ah, hier
kommt Tante Elsbeth mit den Butterbroten.

⁹ Butterbroten   *sandwiches*

1 On what day of the week does this conversation take place?
2 What does Mrs. Knebel have to do before she can greet her guests?

18 Mrs. Knebel brings out some food. (*After Unit 14*)

FRAU KNEBEL   Seid alle willkommen! — Ihr müßt alle hungrig sein,
nach der Reise. Bitte sehr!

WERNER DIETZ   Olga, nimm doch ein Butterbrot mit Wurst. Tante
Elsbeth hat ja immer die beste Wurst.

ERIKA DIETZ   Ich nehme lieber eins mit Käse. — Besten Dank, Tante   5
Elsbeth!

FRAU KNEBEL   Eßt, soviel ihr wollt. Wir werden erst um halb zwei
zu Mittag essen. Die Männer wollen jetzt fischen gehen, nicht?

HERR DIETZ   Ja gewiß. Ich habe mein neues Fischgerät mitgebracht.   10

HERR KNEBEL   Gut.   — Werner, möchtest du nicht mitkommen? —
Und du, Emil?

EMIL LEHMANN   Sehr gerne, wenn ich darf.

⁷ soviel   *as much as*   ⁹ Fischgerät   *fishing tackle*

1 What two kinds of (open-face) sandwiches does Mrs. Knebel offer
her guests?
2 Why does she want them to eat something now?
3 What does she assume the men will want to do?

19 A bathing suit for Olga. (*After Unit 14*)

FRAU DIETZ Nun, Olga, hast du vielleicht deinen Badeanzug mitgebracht?

OLGA FÜRST Leider nicht. Ich wollte ihn schon mitbringen, aber
ich habe ihn in letzter Minute nicht finden können.

FRAU KNEBEL Das macht nichts. Wir werden wohl noch einen 5
Badeanzug in Ihrer Größe finden können. — Ich werde hier
bleiben und das Mittagessen fertig machen. Ihr werdet aber
um Viertel nach eins wieder hier sein, nicht?

ERIKA DIETZ Ja gewiß, Tante Elsbeth. Keine Sorge.

FRAU KNEBEL Nun, viel Vergnügen beim Schwimmen! 10

----

¹ Badeanzug *bathing suit*   ⁵ wohl *probably*   ⁵ noch einen *another*

1 Why didn't Olga bring along her bathing suit?
2 What does Mrs. Knebel expect to be able to find?
3 What is Mrs. Knebel going to do the rest of the morning?
4 What time does she expect the girls back?

20 Mrs. Dietz and the girls are down at the shore. (*After Unit 14*)

ERIKA DIETZ Da sind ja die Männer! Kannst du sie sehen?

FRAU DIETZ Wo denn? — O doch. Jetzt kann ich sie sehen, da
ganz weit draußen, im braunen Boot.

OLGA FÜRST Wo ist denn dein Bruder? Ah, jetzt kann ich ihn auch
sehen, da ganz vorne im Boot. Ich glaube, er hat was gefangen. 5

FRAU DIETZ Wirklich? Werner hat immer Pech beim Fischen.
Meinem Mann geht es gewöhnlich besser. Aber wir werden ja
sehen.

OLGA FÜRST Was ist jetzt los? Sie fischen ja nicht mehr.

ERIKA DIETZ Emil fischt doch noch! 10

FRAU DIETZ Nein. Ich glaube, sie kommen jetzt wieder. Es muß
ja schon Viertel vor eins sein. Wir müssen alle bald nach
Hause gehen. Tante Elsbeth wartet auf uns. Ihr wißt, wir
sollen um halb zwei zu Mittag essen.

----

³ Boot *boat*   ⁵ was = etwas   ⁵ gefangen *caught*
⁷ Meinem Mann geht es gewöhnlich besser. *My husband usually has better luck.*

1 Where are the men now?
2 Where is Werner sitting?
3 Who usually catches more fish, Werner or his father?
4 Why have the men stopped fishing?

21 It's time to go back; dinner will soon be ready.   (*After Unit 14*)

HERR KNEBEL   Da sind sie! — Amalie! Erika! Fräulein Fürst! Wollt ihr nicht mit im Kombi nach Hause fahren?

FRAU DIETZ   Nein, das geht nicht.   Wir haben doch die Fahrräder hier.   Keine Sorge, wir werden in fünfzehn Minuten da sein. Sag nur Elsbeth, daß wir bald kommen.   5

---

    1 How might Mrs. Dietz and the girls perhaps have gotten back to the farm?

    2 Why can't they do that?

22 Fisherman's luck.   (*After Unit 14*)

FRAU KNEBEL   Nun, wie war's?   Was habt ihr denn gefangen?

HERR KNEBEL   Eigentlich nicht viel.   Ich habe nichts als Pech ge-habt — wie gewöhnlich.   Und auch mein guter Schwager hier hat nur eine große Schildkröte gefangen.   Aber Emil hat ein paar kleine Fische mit nach Hause gebracht, und unser Werner   5 hat einen recht schönen Fisch da hinten im Kombi.   Aber das ist alles.   Hoffentlich hast du unser Mittagessen fertig — ohne Fische!

FRAU KNEBEL   Natürlich!   Hühnchen mit Reis. — Aber wir müssen auf die Schwimmerinnen warten.   10

HERR KNEBEL   Keine Sorge.   Wir haben sie auf dem Weg ge-sprochen.   Sie werden gewiß in nicht mehr als fünf Minuten hier sein.   Du weißt ja, wie schnell Amalie mit dem Fahrrad fahren kann.   Und Erika, natürlich.   Und ihre Freundin wohl auch.   15

⁴ Schildkröte   *turtle*   ⁶ hinten   *in the rear*   ¹⁴ wohl   *probably*

---

    1 Who caught the best fish of the afternoon?

    2 Are they having fish for dinner?

    3 How long does Mr. Knebel expect to have to wait for his sister and the girls?

23 One possible after-dinner "activity."   (*After Unit 14*)

FRAU KNEBEL   Was sollen wir heute nachmittag tun?

FRAU DIETZ   Ich möchte nach oben gehen und ein bißchen schlafen. Ich bin nämlich etwas müde.

FRAU KNEBEL   Ja, natürlich.   Geh doch ins Schlafzimmer da links, neben meinem Zimmer.   Da ist ein Bett, wo du dich hinlegen   5 kannst.

1 What does Mrs. Dietz decide she wants to do after dinner?
2 In what room can she do that?

24 **The girls decide not to go swimming again today.** *(After Unit 14)*

WERNER DIETZ Ich möchte heute nachmittag schwimmen gehen. Du auch, Emil?

EMIL LEHMANN Ja gerne. Wie kommen wir zum See?

HERR DIETZ Wir können ja dahinfahren. — Olga, Erika, wollt ihr auch schwimmen gehen? 5

ERIKA DIETZ Nein, danke. Du weißt, Vati, wir sind heute morgen schon schwimmen gegangen. Ich möchte lieber hier bleiben und fernsehen.

OLGA FÜRST Ich auch.

HERR DIETZ Nun gut. Ihr bleibt hier, und wir gehen schwimmen. 10 Die Badehosen haben wir mitgebracht, nicht, Werner?

WERNER DIETZ Natürlich. Die sind hinten im Wagen.

HERR DIETZ So. Kommt also. Jetzt fahren wir los!

⁴ dahinfahren ' *drive there*   ¹¹ Badehosen *swimming trunks*

---

1 What do the boys want to do after dinner?
2 And the girls?

25 **It's time to get started back home.** *(After Unit 14)*

FRAU DIETZ So, da seid ihr wieder. Nun, wie war's beim Schwimmen?

HERR DIETZ Ausgezeichnet! Und hast du gut geschlafen?

FRAU DIETZ Ja, mehr als eine Stunde. Erika und Olga waren den ganzen Nachmittag unten. 5

HERR DIETZ Wie war das Fernsehen?

OLGA FÜRST Na, es geht so, Herr Dietz. Sie wissen, wie das Fernsehen am Sonntag nachmittag ist.

WERNER DIETZ Ja, nicht wahr!

FRAU DIETZ Aber jetzt müssen wir wirklich nach Hause. Es wird 10 ja spät, und morgen ist ein Schultag.

HERR DIETZ Ja, das stimmt. Wir müssen schnell unsere Sachen in den Kombi bringen — Fischgerät und Badesachen.

WERNER DIETZ Es ist alles schon da, Vati. Keine Sorge!

¹³ Badesachen *swim clothes*

1 How was the swimming?
2 How long did Mrs. Dietz sleep?
3 How was the TV?
4 Why do they have to hurry now?
5 What do they have to put back in the station wagon?

26 Good-byes and polite thanks. (*After Unit 14*)

OLGA FÜRST Auf Wiedersehen, Frau Knebel. Danke bestens. Es
hat mich sehr gefreut, hier bei Ihnen zu sein.
EMIL LEHMANN Besten Dank, Frau Knebel. Es war ein Vergnügen.
FRAU KNEBEL Bitte sehr. Kommt recht bald wieder. — Aber Kurt
— warte doch ein bißchen. Ich habe ein paar Butterbrote hier 5
— auf dem Wege nach Hause werdet ihr sicher hungrig sein.

1 Are Olga and Emil polite guests?
2 What does Mrs. Knebel give the departing guests for the trip home?
3 Why does she think that is necessary?

27 Hannelore writes home. (*After Unit 15*)

Hamburg, den 15. Mai

Liebe Eltern!

Viele Grüße aus Hamburg! Seit gestern abend sind wir in dieser
berühmten Stadt. Es gefällt uns hier einfach wunderbar. Die Stadt ist
viel größer, als ich sie mir vorgestellt hatte.   5

Alle zwölf von uns haben nette Zimmer bekommen, in einem neuen
Hotel am Jungfernstieg, nicht weit vom Bahnhof. Herr und Frau Schroeder hatten vorher fünf Zimmer bestellt. Aber wir kamen ins Hotel, und
da war der Brief verloren, und die Zimmer waren nicht frei. Da mußte
man erst viel telefonieren. Nach einer halben Stunde hatte Herr Schroe- 10
der die Zimmer gemietet; jede von uns ist mit zwei anderen in einem
Zimmer, und die Schroeders haben ein Zimmer für sich. Es ist jetzt
also alles gut arrangiert.

Wir haben auch schon einen Unfall gehabt. Auf dem Bahnhof ist

[2] liebe *dear*	[4] berühmten *famous*	[4] einfach *simply*
[5] (mir) vorgestellt hatte *had imagined*		[6] haben bekommen *got*
[7] Jungfernstieg [*street in Hamburg*]		[8] vorher *previously*
[8] kamen *came*	[11] gemietet *rented*	[13] arrangiert *arranged*

Erika ausgerutscht und hat sich den Fuß verrenkt. Deshalb hat sie 15
heute morgen im Hotel bleiben müssen. Aber heute abend fühlt sie sich
schon viel besser. Es ist jedenfalls nichts Ernstes. Sie hinkt noch ein
wenig.

Vom Hamburger Hafen habt Ihr sicher schon gehört. Da sind wir
heute vormittag gewesen. Es war wirklich großartig. Den Verkehr aus 20
allen Richtungen könnt Ihr Euch wohl gar nicht vorstellen. In der
Nähe ist auch der hohe Turm von Sankt Michel. Von dort hat man eine
wunderbare Aussicht auf den Hafen, auf die Stadt und auf das Land, alles
auf einmal. Herr Schroeder hatte einen Stadtplan mitgebracht. Da
wußten wir gleich, wo wir waren. 25

Dann wollten wir auch noch ins Museum. Das ist gleich neben dem
Bahnhof. Aber es war leider geschlossen, denn am Samstag nachmittag
ist kein Museum offen. Vielleicht wollen wir morgen oder übermorgen
wieder hin. Es sollen viele berühmte Bilder dort sein.

Aber ich habe sonst noch viel Interessantes gesehen. Weil wir heute 30
nachmittag nicht ins Museum gehen konnten, sind Marianne und ich ins
Kaufhaus Karstadt gegangen. Das ist ein großes Gebäude nicht weit
vom Rathaus. Ich weiß nicht, ob ich jemals solchen Verkehr gesehen
habe. Es sah so aus, als ob alle Frauen in Hamburg ihre Männer zu
Hause gelassen hätten! Und all die schönen Sachen, die es dort gab, 35
Kleider und Schuhe und Hüte und Blusen und Taschen — ich kann Euch
gar nicht sagen, wie mir das alles gefallen hat. Und da habe ich mir
denn auch ein Abendkleid gekauft. Ich möchte doch etwas Neues tragen,
wenn ich das nächste Mal in Duderstadt tanzen gehe. Ich habe es
anprobiert, und Marianne sagt, es steht mir glänzend. Ganz hellblau. 40
Hoffentlich gefalle ich Euch darin. Ich hatte leider nicht genug Geld
bei mir, und deshalb hat mir Marianne mit fünfzig Mark ausgeholfen.
Aber das macht nichts. Ich werde dann einfach in den nächsten zwei
Wochen nicht zu Mittag essen. Mutti, Du hast doch nichts gegen meine
Einkäufe? Ich bin so froh, daß ich dies Kleid bekommen habe! Wenn 45
Ihr wollt, könnt Ihr es mir ja zum Geburtstag geben!

15 deshalb *for that reason*   17 jedenfalls *anyhow*
20 heute vormittag *this morning*   21 Richtungen *directions*
22 in der Nähe *nearby*   22 der hohe Turm *the tall tower*
23 Aussicht *view*   23 Land *countryside*   25 wußten *knew*
30 weil *because, since*   33 jemals *ever*   33 solchen *such*
34 sah so aus, als ob *looked as though*   35 hätten *had*
35 es . . . gab *there were*   38 Abendkleid *formal (dress)*
38 tragen *wear*   45 froh *glad*

Es ist hier wirklich viel los. Am Dienstag wollen wir alle in die Oper. Ich weiß nicht, welche Oper gegeben wird. Ich glaube, sie heißt „Rosenkavalier" oder so etwas. Ein paar von meinen Freundinnen schwärmen dafür. Die Musik soll großartig sein. 50

Wie geht es Euch, und was machen die Zwillinge? Laßt doch bald von Euch hören. Wenn ich bis Mittwoch keinen Brief von Euch habe, rufe ich Euch an. — Ich bin doch froh, daß ich mitgekommen bin!

Für heute viele Grüße

Eure Hannelore 55

[48] Oper *opera*   [48] gegeben wird *is being given*
[50] schwärmen dafür *are very enthusiastic about it*

---

1 How long have Hannelore and her friends been in Hamburg?
2 What rather surprises Hannelore about the city?
3 Where are Hannelore and her friends staying?
4 What had gone wrong with the arrangements?
5 How many girls to a room in the hotel?
6 What happened to Erika?
7 Where did the girls spend the morning?
8 What can be seen from the tower of the St. Michel church?
9 Where is the museum?
10 Why couldn't they visit the museum?
11 What did Hannelore and a friend of hers do Saturday afternoon?
12 What did Hannelore buy?
13 Why did she want to buy this?
14 How did she pay for it?
15 What does she have to do to save money?
16 What suggestion does she make to her mother about her purchase?
17 What are the friends planning to do Tuesday evening?
18 Is Hannelore familiar with the „Rosenkavalier"?
19 What do her friends say about it?
20 What will Hannelore do if she doesn't hear from her parents by Wednesday?

English Equivalents

Preliminary Unit

1

1 My name is Karl. What's your name, please?
2 My name is Liese — Liese Lehmann.

2

1 Good morning, Monika. How are things going for you?
2 Fine, thanks. And you — how are you?
3 I'm all right too.

3

1 What's the name of the boy next to you?
2 His name is Fritz — Fritz Krämer.

4

1 What's the name of the girl there behind you?
2 Her name is Else — Else Schulz.

5

1 Who is that? Isn't that Lotte?
2 No, that's Ida. Lotte isn't here today.

6

1 Who is absent today? Where is Rudi Neumeier?
2 He isn't here yet.
3 Why not? Is he sick, perhaps? — And where is Anna Böll?
4 Paul says she is sick.

7

1 Good day, Mrs. Lübke. How is it going for you?
2 I'm all right, thank you. And you — how are you?
3 I'm all right too, thank you.

8

1 How are things at home?
2 Thanks, things are going well for us.
3 My regards to your family.
4 Many thanks, Miss Bieber. Good-bye until this evening.

9

1 Good morning, Fritz. How are things?
2 Pardon me. I'm *not* Fritz.
3 Is that so? What *is* your name then?
4 My name is Werner.
5 Well, I'm glad to get acquainted with you.

10

1 How are things going at home?
2 Not so well.
3 That's too bad. Why?
4 Fritz is sick today.
5 Oh, I'm sorry about that. I hope he gets better.
6 Many thanks, Mr. König.
7 Good-bye until tomorrow.

11

1 Mrs. Holtz isn't here today. She is sick.
2 Oh, we're sorry about that. Pardon me: what is your name, please?

1—Friends

Basic Dialogue One————————
1 Say, is that a friend of yours? I don't know him.
2 Yes, that's a friend of mine.
3 What's your friend's name?
4 His name is Werner. He's a nice guy.
5 Could I meet him?
6 Yes, of course. — Werner, this is my friend Stefan.
7 It's a pleasure.

Basic Dialogue Two————————
1 That's a friend of mine.
2 I don't know her. What's your friend's name?
3 Her name is Christine. She's very nice.
4 Is that so? I don't consider her very pretty.

Basic Dialogue Three————————
1 Do you want to go to the movies?
2 No, I'd like to go home.
3 Really? What's going on? Are you tired? You look that way.
4 I? Tired? Absolutely not. I'm just so hungry. I'd like to have something to eat and drink.

Basic Dialogue Four————————
1 What's the matter, Renate?
2 Nothing. I just can't find my keys.
3 Can I help you? Are they in your handbag (or pocket), maybe?
4 No, here they are. On the table.

2—Family

Basic Dialogue One————————
1 Hello, Karin. How is Ralf? Is he all right again?
2 Thanks, he's excellent. He is all right (healthy) again.

Basic Dialogue Two————————
1 I have two brothers and a sister. Do you have brothers and sisters too?
2 No, I don't have a brother. I don't have a sister either. You see, I'm an only child.

Basic Dialogue Three————————
1 Do you have any cousins?
2 We have only one boy cousin, Eberhard Schneider.
3 Eberhard has two sisters. Our girl cousins are twins. Their names are Liese and Lotte.
4 I have four boy cousins but only a single girl cousin. Her name is Julie.

Basic Dialogue Four————————
1 How is your aunt?
2 Aunt Viktoria? Well, she still looks a little pale. But things are already going a lot better for her, thanks.
3 I'm glad about that.

3—Numbers

Basic Dialogue One————————
1 How old is your sister?
2 She's only four years old. My brother is nineteen, almost twenty.
3 And how old are you?
4 I'm already sixteen years old.

Basic Dialogue Two————————
1 Where do you live, Sonja?
2 I live at 59 Schiller St. And where do you live, Miss Bieber?
3 Not far from you — on Bruckner St.

Basic Dialogue Three————————
1 Say, Dieter, where do you live now?
2 Since Monday we've been living at 73 Buchenweg.
3 Have you got a telephone already?
4 Yes, since yesterday afternoon. But I don't know what number we have.

Basic Dialogue Four_____

1 Is Dora still living with your family?
2 No, she doesn't live with us any more.
   She's married, you know. She and
   her husband live not far from us — at
   37 Bismarck St.

4—Dates

Basic Dialogue One_____

1 What's the date today?
2 Today is the third of November.
3 Fine autumn weather, isn't it?
4 Yes. What are you doing this afternoon? Don't you want to play
   tennis?
5 Unfortunately I don't have time for
   that.

Basic Dialogue Two_____

1 Don't you have a birthday soon?
2 Yes, a few days after Christmas — on
   the day before New Year's Eve.
3 How nice, right before New Year!
4 Does yours fall in the winter season
   too?
5 No, it's still autumn when that (my
   birthday) comes. On All Saints' Day
   (the first of November). — And when
   does Gisela have her birthday?
6 Not until the middle of the summer,
   on the fourth of July.

Basic Dialogue Three_____

1 How long has Jürgen had his new car?
2 Since spring.
3 Does he still have his old motorbike?
4 No, my second brother Armin has
   that now. He's on the road the
   whole day if the weather is good.
5 What? Is Armin old enough? Does
   he have a driver's license?
6 Oh yes. He's almost nineteen years
   old already.

Basic Dialogue Four_____

1 Is your aunt here yet, Mrs. Ebert?
2 No, but she's coming for a visit in a
   week. Wouldn't you like to take a
   drive out into the country with us
   then? We can eat out by the river.
3 Oh yes. Food always tastes so good
   out of doors. Let's hope it doesn't
   rain then.

5—Appointments and Plans

Basic Dialogue One_____

1 What time is it?
2 It's ten minutes before six.
3 O, then I've got to hurry.
4 Why? Do you have to go home
   already?
5 Yes. We eat supper at six. When
   do you eat supper?
6 We don't eat until half-past six.

Basic Dialogue Two_____

1 What are you doing Saturday afternoon?
2 We don't know yet.
3 Heinz and I are going downtown
   right after school. Do you want to
   come along?
4 I'd surely like to. But first I must
   ask my parents.

Basic Dialogue Three_____

1 Tomorrow afternoon I'm planning to
   go shopping.
2 And I've got to buy myself a new
   jacket. Could we pick out something together?
3 Glad to. Is a quarter to two all
   right?
4 No, I've got rehearsal until two.
5 Too bad. Well then, at quarter after
   two?
6 Good. That would be better.

1 What are you doing this afternoon?

2 We're planning to go swimming, if the weather's good. Do you want to come along?

3 Yes, gladly. But what do we do if it rains?

4 Then we can look at a TV program or maybe dance a little.

6—An Evening in the Recreation Room

Basic Dialogue One_____

1 Where are all of you? In the basement?

2 Yes, that's right. Down here in the recreation room.

3 I thought so. You know, people can hear the noise all the way from the street.

4 Yes, I can believe that.

5 Who is that? Surely it isn't Karl, is it? I thought he wasn't coming until later.

6 Yes it *is!* That *is* Karl. You can always recognize him by his voice.

Basic Dialogue Two_____

1 Watch out, Karl, when you come down. Don't hit your head on the lamp.

2 Have you brought your accordion with you?

3 No, I couldn't bring it along. It's still broken.

4 That is too bad. Mine is out of order too, you know.

5 So then we won't be having any music this evening?

6 Oh, of course we will! Gregor can just run home and get his guitar. After all, he does live right across the street.

Basic Dialogue Three_____

1 Good evening, Käte.

2 Hello. I'm terribly sorry that I'm getting here so late. But our car had a flat tire.

3 That doesn't make any difference. We're happy that you are here.

4 But I have to be home again by eleven.

5 That's all right. We're allowed to have music until eleven. Just sit down.

6 May I sit here and join you?

7 We'd be glad to have you.

Basic Dialogue Four_____

1 (*In the kitchen*) Can anybody give me some help? There are still so many glasses up here.

2 (*Comes to the kitchen right away*) What kind of glasses are we supposed to be using — big ones or little ones?

3 The little ones, of course. They're just as good as the big ones. And we have more of them.

4 And is somebody else bringing the plates?

5 You don't need *them* if you have paper plates.

7—Leisure Time

Basic Dialogue One_____

1 When can we do some dancing again?

2 Dagmar has a few new records.

3 So? When can we listen to them?

4 I'm going over to her house this evening. Peter and Inge will be there too. Why don't you come along?

Basic Dialogue Two

1 What are you doing this evening? Don't you want to dance a little while at our house — or listen to some music?
2 No, unfortunately we aren't allowed to. We have to stay home and work (study).
3 Oh, why do you want to study all the time? Every now and then you have to have some fun!

Basic Dialogue Three

1 Don't you feel like going skiing?
2 Sorry, I don't know how to yet.
3 What! You can't ski? You really ought to learn how.

Basic Dialogue Four

1 Do you know how to play chess?
2 No, I don't care much for it.
3 But I know that your brother Karl plays very well. Didn't he win a prize recently?
4 That's true. And my two brothers-in-law are excellent chess players too.
5 Do you often watch them?
6 Oh no! That is not for me. I don't understand anything about it.

8—On the Telephone

Basic Dialogue One

1 Hello! Karlheinz speaking. Can I speak to Georg, please?
2 I'm sorry. Georg isn't at home. Shall I give him a message?
3 Would you tell him that he should call me, when he gets home?
4 I'll tell him you called up.
5 Many thanks, Mrs. Kropp. Good-bye.

Basic Dialogue Two

1 Hello. This is Mrs. Benz. Who is calling, please?
2 This is Georg. May I speak to Karlheinz?
3 Yes, certainly. One moment, please.

* * *

4 Georg? Are you free this evening? Have you done your homework yet?
5 Yes, fortunately. I've just finished it.
6 That's pretty unusual, isn't it?

Basic Dialogue Three

1 Have you made plans with anybody for this evening?
2 No, not yet.
3 Do you want to go to the Olympia movie theater with us?
4 Why, sure! "Men of the Deep." Supposed to be really terrific.
5 Fine. I'll come by for you at half past seven. Stay inside until I honk.

9—Plans for an Excursion

Basic Dialogue One

1 Where will you be for the weekend, Walter?
2 Oh, at home, as usual.
3 Tell me, would you like to go along to our cabin in the woods?
4 What? You have a cabin? Where?
5 On the lake. Only fifty kilometers from here. My parents have bought a little week-end house, you see. We plan to drive there on Friday, and we'll come back again Monday afternoon.
6 That would be great. We have a holiday until Tuesday.

Basic Dialogue Two_____

1 Tell me: will anybody else be there?
2 Yes, Fritz and his cousin will be coming too.
3 On the motorbike?
4 No, they'll drive with us. I thought you knew that my brother Kurt has a station wagon now.
5 Magnificent!

Basic Dialogue Three_____

1 When will we leave?
2 Friday morning at six.
3 Isn't it possible on Thursday?
4 No, Kurt will still be traveling on Wednesday and doesn't get back until Thursday. — The whole thing will surely be a lot of fun.
5 Yes, I think so too. Many thanks! — So, good-bye until Friday.

10—On Saturday

Basic Dialogue One_____

1 Ursula, come on down right away! Hurry up, it's getting late! Klaus has been waiting for you in his car for a long time.
2 Tell him to go without me. — Where in the world are my keys?
3 Have you lost them again?
4 Oh, now I know; I left them in the car.

Basic Dialogue Two_____

1 Hasn't Werner gotten down yet?
2 Oh yes, he has. He's in the kitchen already, having breakfast. — Did you get up very early this morning?
3 Much too early — a quarter after eight.
4 Then of course you haven't had breakfast yet?

5 I don't feel like having breakfast today. You see, we plan to go skating at nine o'clock. Let's hope that Werner has found his skates.
6 They've been hanging in the cupboard in his room the whole time!

Basic Dialogue Three_____

1 Is Barbara home yet?
2 Yes. She's sitting upstairs on the bed in her bedroom. She's been on the phone for the last half hour.
3 Do you happen to know where she was all day?
4 I'm not able to tell you that! She came home and went upstairs right away. She didn't even say Hello to me.

11—Shopping

Basic Dialogue One_____

1 Where is Behrens' Department Store?
2 Keep straight ahead, along this street, to the third traffic light. It's on the left side there.
3 Thanks very much. I'll find it all right.

Basic Dialogue Two_____

1 What can I do for you?
2 A pair of brown shoes, size forty-two.
3 Please have a seat over there. — Light brown or dark brown?
4 It's all the same to me, if they just fit.
5 Well, let's try on this pair.
6 This shoe is very comfortable. — What do these cost?
7 This pair costs only thirty-five marks.
8 OK, I'll take these.

1 Have you seen Sabine yet? She has bought herself a new dress.
2 Yes, I was downtown with her yesterday. How do you like the dress? Doesn't it look wonderful on her?
3 Very nice. She looks quite pretty in it. My cousin Berta has one like that, too.

12—At the "Green Owl"

Basic Dialogue One_____
1 All of you come along to the "Green Owl"!
2 But is it still open?
3 On *weekdays* it doesn't close until eleven o'clock!
4 Oh-oh! I don't have enough cash with me. Richard, maybe you can help me out?

Basic Dialogue Two_____
(*In the "Green Owl": High-school students are sitting at a table in the foreground.*)
1 What do all of you want to order?
2 I'm taking apple cake. What are you taking?
3 I'd rather have strawberries with whipped cream.
4 There haven't been any of those around for a long time!
5 (*A waiter writes, and says:*) Well, that's one order of apple cake, one of strawberries. (*To Richard:*) What is it going to be, please?
6 Just a cheese sandwich and a glass of milk.
7 Shall I bring anything else?
8 No, thank you. That would be all.

Basic Dialogue Three_____
(*In the "Green Owl": Students from the university are sitting at the next table.*)
1 Did you finally manage to be at Jürgen's last night?
2 Yes, I did get there by eight. And Petra and Beate came a little later.
3 Did you all have a lot of fun?
4 Yes. Georg played the piano. And a few of us danced.

13—Bad Luck

Narrative Paraphrase 1_____
1 Mr. Becker asks Ralf what the trouble is.
2 He asks him if he doesn't feel well.
3 Ralf doesn't know what is wrong with him.
4 He says that he has been having headaches almost every morning for the past week.
5 And he adds that his entire body hurts.
6 Mr. Becker advises him to go to the doctor right away.

Narrative Paraphrase 2_____
1 Mrs. Seiler asks Mrs. Fiebig whether Elisabeth is feeling better again now.
2 Mrs. Fiebig answers that this morning Elisabeth didn't have a fever any more.
3 Mrs. Seiler would like to know what the doctor said.
4 Mrs. Fiebig says that Elisabeth had a little inflammation.

Narrative Paraphrase 3_____
1 Gabriele asks Günther *what* has happened to Klaus.
2 She has seen that he is really limping.
3 Günther asks whether Gabriele hasn't heard anything about it.

4 He explains that Klaus slipped on a rug.

5 He adds that he fell down the entire flight of stairs.

6 In so doing, says Günther, Klaus sprained his foot.

Narrative Paraphrase 4

1 Matthias explains that Georg's brother has had an accident with the car.

2 Daniela is surprised. She hopes that it was nothing serious.

3 But it really was something serious. Matthias tells how Georg's brother ran into (drove against) a tree.

4 He also says that in doing so Georg's brother fell out of the car and broke his arm.

14—Summer Plans

Narrative Paraphrase

(*Mr. Bach, a teacher in an American high school, is talking to Christoph and Dorothea, two of his students.*)

1 Mr. Bach remarks that they will soon be having a vacation.

2 He asks if they already know what they are going to do.

3 First he asks Christoph.

4 Christoph answers that he has been looking forward to it for a long time.

5 He explains that he is going to work this summer.

6 Mr. Bach is rather surprised. He asks Christoph if he really does have a job.

7 Christoph assures the teacher that he got a job a long time ago.

8 He explains that his oldest brother owns a filling station.

9 The brother is going to let Christoph work there.

10 Christoph adds that he will live at his brother's home.

11 He will earn a dollar and a half an hour, in addition.

12 Mr. Bach praises Christoph for having figured that all out very well.

13 He says that Christoph will also learn a great deal in connection with the job.

14 Then the teacher turns to Dorothea and asks her what she plans for the vacation.

15 She replies that she is going to take a trip to Europe.

16 Mr. Bach considers that splendid.

17 He would like to know if Dorothea will be traveling with her parents.

18 Dorothea answers that she won't be traveling with her parents but on the contrary with a group of students.

19 She says that everything has already been planned.

20 She explains that they plan to travel to Germany and Austria and also to Switzerland.

21 Mr. Bach wishes them a very good time.

15—American Students in Frankfurt

Narrative Paraphrase

(*A group of students from various American schools is standing in front of the Main Railroad Station, in Frankfurt.*)

1 Johannes is glad that they are finally there.

2 He asks what they should look at first — the Goethe House or the Römer.

3 Barbara would like to know what the Römer is.

4 Markus explains that the Römer is the ancient part of the Frankfurt city hall.

5 He reminds Barbara that Miss Bieber spoke of it several times.

6 He asks Barbara whether she doesn't remember it.

7 Dorothea remarks that *their* teacher is always talking about the Goethe House.

8 She insists that they mustn't forget that.

9 Johannes makes a suggestion.

10 He comments that they can't see both buildings at the same time.

11 He asks whether they shouldn't divide the group.

12 He suggests that some should go to the Goethe House and the others to the Römer.

13 Dorothea asks if they should meet at the Hauptwache (a central square) at six o'clock.

14 Barbara agrees to that.

15 She says that then they can exchange their notes.

16 Dorothea is pleased about this suggestion. She believes that it should satisfy both teachers.

17 She adds that in that way they gain some more time for dinner.

16—At the Rhein-Main Airport

(*Harry Reynolds, an air passenger from Chicago, turns to the young lady at the Information window.*)

1 He attracts the clerk's attention by saying "Excuse me".

2 He asks how he can get to Karlsruhe as quickly as possible.

3 By the express train to Basel, she tells him.

4 She says that it leaves from the Main Railroad Station at 10:15.

5 Reynolds remarks that that would be in an hour.

6 He realizes that he doesn't have much time, in that case.

7 He asks the clerk how he can get to the Main Station.

8 He wonders if there is helicopter service.

9 The information clerk says that wouldn't be necessary.

10 She tells him that it isn't so far to the center of town.

11 Reynolds asks if he should take a limousine or a taxi.

12 She says he will arrive by bus in plenty of time.

13 Reynolds remembers that he still has to buy his train ticket.

14 The clerk tells him not to worry.

15 She assures him that he will be in the city in twenty-three minutes by bus.

16 She adds that it doesn't cost so much.

17 But she warns him that he will have to hurry, since the bus is leaving in three minutes.

18 She asks if he has any baggage.

19 Reynolds replies that his suitcase is being sent by Lufthansa direct to the hotel — Castle Hotel in Karlsruhe.

20 He says that he has already gone through the customs inspection.

21 The clerk says that is good.

22 She shows him where the bus leaves.

23 She warns him to be sure to catch that bus.

24 Reynolds says he will.

25 He thanks her.

Homework Assignments

Some Basic Grammatical Terms

Sentence types   English grammar and German grammar are very much alike in the kinds of sentences that occur in the two languages.

Grammarians distinguish between MAJOR sentence types and MINOR sentence types.

Major sentence types   The major sentence types are:

 (1) Declarative
 (2) "Yes/No" interrogative
 (3) "Question-word" interrogative
 (4) Imperative

 (1) DECLARATIVE sentences tell about happenings or conditions, or describe: *Werner is sick today.   He isn't here yet.   I don't know them.   Elise has two brothers and a sister.   Our team won again.*

 (2) "YES/NO" INTERROGATIVE sentences ask if something is so or not: *Is that a friend of yours?   Can you go to the movies with us?   Do you want to go bowling?   Isn't that Lotte?   Do you have any cousins?   Did our team win again last night?*

 (3) A "QUESTION-WORD" INTERROGATIVE sentence asks questions with words like English "where? when? why? who? what? which? how?": *How are things at home?   What is your name?   Who is absent today?   Where is Anna Böll this morning?*

 (4) IMPERATIVE sentences express commands or suggestions: *Come in. Please bring your new record.   Listen to those people outside!   Let's go to Neumeiers'.*

Minor sentence types   The minor sentence types are:

(1) EXCLAMATIONS: words like *Ouch! Pow! Golly!* or expressions like *Good grief! Wouldn't you know! What an idea!* (The punctuation "!" is often used in exclamations.)

(2) SOCIAL FORMULAS, like *Hello. Good evening. Good-bye. Pleased to meet you. Excuse me. Better luck next time. Congratulations. Just a minute. Happy New Year.*

(3) SHORT REPLIES, usually answers to questions — answers which give only the information asked for without bothering to make up a grammatically complete major sentence:

Where do you live now? — *On Elm Street.*
When will you be ready? — *Oh, about four o'clock.*
Who was that? — *Gerald and Mabel.*
What was the crowd doing? — *Applauding and shouting.*
What do you plan to do later? — *Go to a dance in the gym.*

(4) SHORT QUESTIONS, like *Really? Why not? Who else? When?*

(5) Certain very limited patterns that have only a few special examples, like English *First come, first served. The more the merrier. Finders keepers. Better late than never. Easy come, easy go. Here today and gone tomorrow.*

Subjects and predicates   Declarative and interrogative sentences have two main parts, called SUBJECT and PREDICATE. In the following English sentences the **subjects** are printed in **bold face** type and the *predicates* in *italic* type.

Paul *got lost at a crossroads.*
My uncle and aunt *invited us to dinner.*
The parade *was great.*
The weather *is always bad on weekends.*
This roast lamb *is delicious.*
We *bowl almost every week.*
I *can come by your house.*

They *play in the band.*
He's [= **He** *is*] *very likable.*
They *are two very likable girls.*
You *are going to be late.*
What street does **your cousin** *live on?*
Isn't **your brother** *older than you?*
How long does **the film** *last?*

The subject refers to who or what does something, or is like something, or is somewhere, or is some kind of person or thing. The predicate is what is said (or is asked) about the subject.

Some Important Classes of Words

Nouns are often used as the subject or the main part of the subject. In the sample sentences on page 250 many of the subjects contained a noun: "Paul, uncle, aunt, parade, weather, lamb, cousin, brother, film."

Most nouns in English have different forms depending on their grammatical NUMBER. A SINGULAR-NUMBER noun refers to:

(1) one somebody or one something, like "uncle, parade, house, girl, street, film";

(2) a group or collection, like "family, team, band, dozen, set, faculty, student body";

(3) a kind of thing or idea, like "weather, water, music, fun, rice".

A PLURAL-NUMBER noun refers to more than one separate person or thing or idea, or more than one group or collection, like "uncles, parades, houses, girls, streets, films; families, teams, bands, dozens, sets, faculties, student bodies".

Pronouns There is a small but important class of words called PRONOUNS that can be subjects of declarative and interrogative sentences, and also have several other important grammatical uses. English and German have several sets of pronouns.

The English INTERROGATIVE SUBJECT PRONOUNS are "Who?" and "What?". "Who?" is the question-word pronoun asking about people. "What?" asks about things or conditions or actions.

English also has a set of pronouns called PERSONAL PRONOUNS, classified as "first person, second person, third person". The English subject personal pronouns, shown in a table, are:

	Singular	Plural
First person	I	we
Second person	you*	you
Third person	he; she; it	they

(* In earlier times, English had a second person singular subject pronoun: **thou.**)

For the third person singular English has three different personal pronouns, called MASCULINE "he", FEMININE "she", NEUTER "it". This kind of grammatical difference is called GENDER. English gender is almost entirely logical and natural: masculine pronouns are used to refer to men and boys and male animals that have given names, like pets and farm animals. Feminine pronouns refer to women and girls and female animals with given names. The neuter pronoun "it" refers to almost everything else. — German gender works on a different principle, which will be practiced in the assignments in this book.

Verbs Grammatically, the most important word in a predicate is a VERB. Words like English "tell, ask, see, hear, go, enjoy, stay, eat, believe, refuse, write, must, should, ought" are verbs.

Objects We often find a noun or pronoun in a predicate — a noun or pronoun that is closely connected with a verb in combinations like "tell a story, ask a question, see them, hear those signals, eat it, believe him, write an exercise". Such nouns or pronouns are called OBJECTS of the verb.

In English we have no special grammatical forms for noun objects. But there is a set of English OBJECT PRONOUNS:

	Singular	Plural
First person	me	us
Second person	you*	you
Third person	him; her; it	them

(* English used to have a special second person singular object pronoun, **thee,** corresponding to the subject pronoun **thou.**)

Written Exercises for Homework Assignments

1 • Subject-verb agreement

The subject form of a pronoun is called NOMINATIVE in German grammar. The first-person singular subject pronoun (like English "I") is **ich**. The third-person singular subject pronouns are: masculine **er**, feminine **sie**, neuter **es**.

German verbs "agree" with their subjects: that is, a German verb has an ending that goes with a particular kind of subject. If the subject is first-person and singular, verbs of the type in this exercise have an ending **-e**. With a third-person singular subject, these verbs have an ending **-t**.

Practice this agreement between verb ending and subject by copying the sentences and inserting the first-person singular subject pronoun **ich** *if the verb ends in* **-e**, *and the third-person singular masculine* **er** *if the verb ends in* **-t**.

1 . . . heiße Annette.	6 . . . sagt, . . . ist heute nicht hier.
2 Ist . . . noch nicht hier?	7 . . . heißt Lübke — Werner Lübke.
3 . . . sagt, . . . heißt nicht Karl.	8 . . . heiße Lübke — Werner Lübke.
4 Wie heißt . . . ?	9 . . . ist heute krank.
5 . . . fehlt heute.	10 Warum sagt . . . das?

2 • Dative pronouns

Grammarians describe two kinds of objects: DIRECT and INDIRECT. In German there are two different grammatical forms, called "cases", for direct and indirect objects. Noun phrases and pronouns used as direct objects have an ACCUSATIVE case form, and indirect objects have a DATIVE case form. However, the distinction between the two kinds of objects is only one of several uses of accusative and dative case forms. In fact, several of the exercises in the next units will deal with dative pronouns that are not ordinary indirect objects. An important use of dative forms is in sentences like the ones in this exercise. The example sentence has a structure something like "It goes well for me."

This exercise practices the dative pronouns for the first person, singular and plural:

Singular: **mir**	Plural: **uns**

Rewrite the following sentences, substituting the first-person plural pronoun for the first-person singular.

EXAMPLE: Es geht mir gut.
Es geht uns gut.

1 Es geht mir nicht so gut.
2 Es tut mir leid.
3 Danke schön, es geht mir gut.
4 Danke, es geht mir auch gut.
5 O, das tut mir leid.

*   *   *

German makes a distinction in speaking to people, that is, in the second person, between a FAMILIAR and a FORMAL grammatical form. There are familiar pronouns and formal pronouns in all three cases: nominative, accusative, dative.

For this exercise you will need only the dative pronouns:

familiar **dir,** used in speaking to a young person, or a very close friend, or a member of the family;

formal **Ihnen,** used in speaking to an older person, or to anyone not a member of the family nor a very close friend.

In this exercise, you can tell from the way the person is addressed (by a first name, or by a title) whether the relationship should be familiar or formal.

Rewrite the following sentences, substituting the name in parentheses for the name in the sentence and supplying the appropriate form **dir/Ihnen** *according to the name.*

6 Manfred, wie geht es dir? (Herr Schröder)
7 Geht es Ihnen gut, Fräulein Braun? (Frau Erhard)
8 Guten Morgen, Herr Lübke. Wie geht es Ihnen? (Karlheinz)
9 Guten Tag, Werner. Wie geht es dir? (Helga)
10 Und Ihnen, Fräulein Bieber — wie geht es Ihnen? (Renate)

3 · nicht

Study the position of **nicht** in the negative formulation of each pair of model sentences:

a) Fritz Neumeier ist hier.
    Fritz Neumeier ist nicht hier.

b) Lotte Schröder ist auch hier.
    Lotte Schröder ist auch nicht hier.

c) Es geht mir heute sehr gut.
    Es geht mir heute nicht sehr gut.

Rewrite the following sentences in the negative:

1 Fräulein Bieber ist heute krank.
2 Frau Schulz ist auch krank.
3 Es geht uns heute gut.

4 Es geht mir heute auch gut.
5 Lotte ist auch hier.

4 • Definite article; subject pronouns

The definite article in English has only one form: "the". The German definite article has several different forms. In this exercise we will deal with only two, both in the nominative case: **der,** used with masculine nouns; and **die,** used with feminine nouns. The nominative personal pronoun replacing the name of a man or boy, or a noun with the definite article **der,** is always **er.** The nominative personal pronoun replacing the name of a woman or girl, or a noun with the definite article **die,** is always **sie:**

	Masculine	Feminine
Definite article	**der**	**die**
Personal pronoun	**er**	**sie**

Answer the following questions in full sentences, using the information in parentheses. Answer a) with the noun from the question and b) substituting the proper pronoun for the noun in the question.

EXAMPLES: Wo ist die Lehrerin? (zu Hause)
   a) Die Lehrerin ist zu Hause.
   b) Sie ist zu Hause. (Die Lehrerin > sie)

   Warum ist Herr Wallner nicht hier? (krank)
   a) Herr Wallner ist krank.
   b) Er ist krank.

1 Wie heißt der Junge? (Georg)
2 Warum ist die Lehrerin nicht hier? (krank)
3 Wo ist Lotte? (noch nicht hier)
4 Wie heißt die Schülerin? (Paula)
5 Wo ist der Lehrer? (vielleicht noch zu Hause)
6 Warum ist Herr Schulz heute zu Hause? (vielleicht noch krank)
7 Wie heißt die Lehrerin? (Schröder — Helene Schröder)
8 Wo ist Wolfgang? (vielleicht zu Hause)
9 Wo ist Luise? (da hinter dir)
10 Warum ist Frau Lachmann noch nicht hier? (heute krank)

5 • Definite articles

[*Review Exercise 4.*]

It is true that IN GENERAL nouns referring to men and boys are masculine (definite article **der**) and nouns referring to women and girls are feminine (**die**). But there are exceptions. The nouns **Fräulein, Mädchen** are grammatically neuter in German, with the nominative definite article **das.**

Copy the sentences, using the proper form of the definite article corresponding to the gender of the noun.

1 . . . Schülerin neben mir heißt Gisela.
2 Wie heißt . . . Lehrer?
3 . . . Fräulein ist heute krank.
4 Ist . . . Lehrerin vielleicht krank?
5 Wie heißt . . . Junge da hinter dir?
6 Warum ist . . . Lehrer noch nicht hier?
7 Vielleicht ist . . . Mädchen noch krank.
8 . . . Schüler hier neben mir heißt Werner.
9 Frau Schulz ist . . . Lehrerin.
10 . . . Mädchen hier hinter mir heißt Else.

6 • Nominative and dative pronouns

[*Review Exercises 1, 2.*]

Copy the sentences and insert the first-person nominative (subject) pronoun **ich** *or the first-person dative pronoun* **mir** *as required in each sentence. Observe the agreement of subject and verb-ending:* **ich -e.**

1 Es geht . . . sehr gut.
2 . . . sage: „Guten Morgen."
3 Danke, es geht . . . auch gut.
4 Es tut . . . leid.
5 . . . heiße Lotte.
6 Es geht . . . nicht so gut.
7 Verzeihung, . . . heiße nicht Werner.
8 . . . sage, . . . heiße Fritz — nicht Werner!
9 Und es geht . . . nicht gut.
10 Das tut . . . leid.

7 • Noun plurals

German has various different ways of showing that a noun is plural. There are several plural endings, and several kinds of vowel differences. Each German noun belongs to a certain "class" of nouns, all of which form their plural the same way. On page 304 of the book there is a full table of the regular noun plural forms. In this exercise some of the most common ones are practiced.

| *Follow the examples and list the proper plural forms for these nouns:*

1a.* - / -n
EXAMPLE: eine Kusine **Kusinen** (add -n)

|| 1 eine Tante 2 eine Nichte 3 eine Schwester 4 ein Neffe 5 ein Vetter

1c.* - / -nen
EXAMPLE: eine Freundin **Freundinnen** (add -nen)

|| 6 eine Schülerin 7 eine Lehrerin 8 eine Sekretärin

2a.* - / -e
EXAMPLE: ein Freund **Freunde** (add -e)

|| 9 ein Tag   10 ein Abend

4a.* - / -
EXAMPLE: ein Onkel **Onkel**

|| 11 ein Lehrer 12 ein Schüler 13 ein Mädchen

4b.* - / ̈
EXAMPLE: ein Bruder **Brüder** (replace with umlaut vowel)

|| 14 ein Vater 15 eine Mutter

* The numbers 1a, 4b, etc. refer to the noun plural classes on page 304.

8 • haben

[*Review Exercise 1 for examples of subject-and-verb agreement in the first and third persons singular.*]

The nominative forms of all the personal pronouns in German are:

	Singular	Plural
First person	**ich**	**wir**
Second person, familiar	**du**	**ihr**
Second person, formal	**Sie**	**Sie**
Third person	**er, sie, es**	**sie**

There is an important verb **haben,** which has different forms agreeing with subjects in various persons and numbers.

The forms of **haben,** along with their subjects:

	Singular	Plural
First person	ich habe	wir haben
Second person, familiar	du hast	ihr habt
Second person, formal	Sie haben	Sie haben
Third person	er, sie, es ⎱ hat (a singular noun) ⎰	sie ⎱ haben (a plural noun) ⎰

Use the proper form of **haben** *in the following sentences:*

1 . . . du Geschwister?
2 Ich . . . keine Geschwister.
3 Mein Freund . . . auch keine Geschwister.
4 Mein Onkel . . . eine nette Frau.
5 Wir . . . eine nette Familie.
6 . . . du eine Schwester?
7 . . . Sie einen Bruder?
8 . . . Gisela einen netten Onkel?
9 Herr und Frau Braun . . . keine Kinder.
10 Meine Schwester und ich . . . eine gute Lehrerin.

9 • Indefinite article; possessive adjectives

INDEFINITE ARTICLE: In German, the indefinite article (corresponding to English "a" or "an") has different forms for gender (masculine, feminine, neuter) and for case (nominative, accusative, dative):

	Masculine	Feminine	Neuter
Nominative	ein	eine	ein
Accusative	einen	eine	ein
Dative	einem	einer	einem

POSSESSIVE ADJECTIVES: German possessive adjectives (**mein, dein, unser,** etc.) also have different forms for gender and case. In the singular the endings are just like the ones for the indefinite article **ein.**

For sections a, b, c of the following exercise, study the models and follow them closely. Then study the table and complete the rest of the sentences.

a. EXAMPLES: (accusative)   (nominative)
      Ich habe eine Kusine. Sie ist **meine** Kusine.
      Ich habe einen Onkel. Er ist **mein** Onkel.

1 Ich habe einen Bruder. Er ist . . . Bruder.
2 Ich habe eine Tante. Sie ist . . . Tante.
3 Ich habe eine Schwester. Sie ist . . . Schwester.
4 Ich habe einen Vetter. Er ist . . . Vetter.

b. EXAMPLES: (accusative)   (nominative)
      Er hat eine Kusine. Sie ist **seine** Kusine.
      Er hat einen Onkel. Er ist **sein** Onkel.

1 Er hat eine Schwester. Sie ist . . . Schwester.
2 Er hat einen Freund. Er ist . . . Freund.
3 Er hat einen Lehrer. Er ist . . . Lehrer.
4 Er hat einen Vetter. Er ist . . . Vetter.

c. EXAMPLES: (accusative)   (nominative)
      Sie hat eine Kusine. Sie ist **ihre** Kusine.
      Sie hat einen Onkel. Er ist **ihr** Onkel.

1 Sie hat einen Bruder. Er ist . . . Bruder.
2 Sie hat eine Tante. Sie ist . . . Tante.
3 Sie hat einen Lehrer. Er ist . . . Lehrer.
4 Sie hat eine Freundin. Sie ist . . . Freundin.

	Masculine	Feminine
Nominative	ein mein sein ihr	eine meine seine ihre
Accusative	einen meinen seinen ihren	eine meine seine ihre

(*Continued on page 260.*)

d. Copy the sentences, supplying the proper form of the possessive adjective.

1 Sie hat einen Vetter. Er ist . . . Vetter.
2 Er hat einen Freund. Er ist . . . Freund.
3 Sie hat eine Schwester. Sie ist . . . Schwester.
4 Ich habe eine Freundin. Sie ist . . . Freundin.
5 Er hat eine Lehrerin. Sie ist . . . Lehrerin.
6 Ich habe einen Vetter. Er ist . . . Vetter.
7 Sie hat einen Zwillingsbruder. Er ist . . . Zwillingsbruder.
8 Er hat eine Zwillingsschwester. Sie ist . . . Zwillingsschwester.

10 • Dative pronouns

[*Review Exercise 9 for information about the indefinite article and possessive adjectives.*]

Notice that the phrase **ein Freund von mir** has about the same meaning as **mein Freund.** The following exercise will give you practice in making similar equivalent phrases.

In the table below are all the singular personal pronouns and their related possessive adjective stems.

	Nominative	Accusative	Dative	Possessive
First-person singular	ich	mich	mir	mein
Second-person singular, familiar	du	dich	dir	dein
Second-person singular, formal	Sie	Sie	Ihnen	Ihr
Third-person, masculine	er	ihn	ihm	sein
Third-person, feminine	sie	sie	ihr	ihr
Third-person, neuter	es	es	ihm	sein

Follow the models and copy the second formulation of the statement or question, supplying the proper dative form of the personal pronoun to make it agree with the possessive adjective in the first. Use as much of the table above as you need for the exercise.

EXAMPLES: Das ist **mein** Freund. Das ist ein Freund von **mir.**
Ist das **Ihr** Freund? Ist das ein Freund von **Ihnen?**

1 Das ist sein Freund. Das ist ein Freund von . . . .
2 Das ist seine Freundin. Das ist eine Freundin von . . . .
3 Das ist meine Freundin. Das ist eine Freundin von . . . .
4 Das ist ihre Freundin. Das ist eine Freundin von . . . .
5 Ist das dein Freund? Ist das ein Freund von . . . ?
6 Ist das Ihre Freundin? Ist das eine Freundin von . . . ?

7 Ist das seine Freundin?   Ist das eine Freundin von . . . ?
8 Ist das deine Freundin?   Ist das eine Freundin von . . . ?
9 Ist das sein Freund?   Ist das ein Freund von . . . ?
10 Ist das ihr Freund?   Ist das ein Freund von . . . ?

11 • sein

[*Review Exercise 8 for the nominative forms of personal pronouns.*]

There is an important verb, **sein**. (**Sein** corresponds to the English "be".)   The forms of **sein** which agree with subjects of various persons and numbers are:

	Singular	Plural
First person	**ich bin**	**wir sind**
Second person, familiar	**du bist**	**ihr seid**
Second person, formal	**Sie sind**	**Sie sind**
Third person	**er, sie, es ist**	**sie sind**
[Noun subject]	**--- ist**	**--- sind**

Copy the following sentences, supplying the form of the verb **sein** *which agrees with the indicated subject.   Be careful not to overlook any plural subject.*

1 Ich . . . so hungrig.
2 . . . du müde?
3 Marie . . . wieder gesund.
4 Marie und ihr Bruder . . . wieder gesund.
5 Wir . . . nur so müde.
6 Du . . . ein netter Kerl!
7 . . . ich sehr krank, Herr Doktor?
8 Wir haben eine Lehrerin.   Sie . . . sehr nett.
9 Ich kann meine Bücher nicht finden.   . . . sie unter dem Stuhl?
10 Deine Schlüssel . . . auf dem Tisch.

12 • Definite articles

The forms of the definite article needed for this exercise are:

	Masculine	Feminine
Nominative	**der**	**die**
Accusative	**den**	**die**
Dative	**dem**	**der**

The problem in this exercise is twofold: —

First, observe the gender of the noun. This is not difficult for these nouns, since they all refer to human beings, and the gender is logical with these names and titles.

Second, decide whether the noun should be nominative, accusative, or dative, and select the proper form accordingly.

1 Wie geht's denn . . . Ralf?
2 . . . Frau Doktor sieht immer noch ein bißchen blaß aus.
3 Kennen Sie . . . Herrn Doktor Braun?
4 Es geht . . . Karin wieder ausgezeichnet.
5 Sie kennt . . . Mutter von ihrem Freund noch nicht.
6 Es geht . . . Herrn Doktor nicht so gut.
7 . . . Mutter ist wieder gesund.
8 Wie heißt . . . Vetter von deinem Freund Karl?
9 Es geht . . . Vater schon viel besser.
10 . . . Herr Doktor ist noch nicht zu Hause.
11 . . . Marie ist noch krank.
12 . . . Wolfgang sieht immer noch ein bißchen blaß aus.
13 Ich kenne . . . Freundin von deinem Bruder noch nicht.
14 . . . Herr Busch ist immer noch ein bißchen müde.
15 Kennst du . . . Schüler da hinter dir?

13 • nicht

[*Review Exercise 3.*]

Rewrite the following sentences in the negative:

1 Meine Geschwister sind hier.
2 Frau Zollner ist sehr nett.
3 Das ist mein Freund.
4 Meine Brüder sind Zwillinge.
5 Das ist ein Freund von mir.

Note the position of **nicht** in the negative formulation of the following:

a) Meine Bücher sind unter dem Stuhl.
   Meine Bücher sind nicht unter dem Stuhl.
b) Herr Mahlmann ist heute zu Hause.
   Herr Mahlmann ist heute nicht zu Hause.
c) Willst du ins Kino gehen?
   Willst du nicht ins Kino gehen?

Rewrite the following sentences in the negative:

6 Meine Tasche ist hinter der Tür.
7 Ich möchte zur Schule gehen.
8 Karl möchte nach Hause gehen.
9 Meine Schlüssel sind in meiner Tasche.
10 Deine Bücher sind unter dem Sofa.

Note the position of **nicht** in the negative formulation of each pair of model sentences:

a) Ich kenne deinen Onkel.
   Ich kenne deinen Onkel nicht.
b) Fritz kennt ihn auch.
   Fritz kennt ihn auch nicht.
c) Kennst du meine Freundin?
   Kennst du meine Freundin nicht?

Rewrite the following sentences in the negative:

11 Meine Mutter kennt meinen Freund.
12 Mein Vater kennt ihn auch.
13 Kennen Sie ihn?

14 • Third-person singular pronouns

	Masculine	Feminine	Neuter
Nominative	er	sie	es
Accusative	ihn	sie	es
Dative	ihm	ihr	ihm

Copy the sentences and supply the proper form of the pronoun:

1 Wie geht's denn deinem Onkel? — Danke, es geht . . . ausgezeichnet. . . . ist wieder gesund.
2 Wie geht's denn der Karin? — Es geht . . . nicht so gut. . . . ist noch krank.
3 Wie geht's dem Ralf? — Na, . . . sieht immer noch blaß aus.   Aber es geht . . . schon viel besser.
4 Kennst du meinen Freund Karl? — Ja, ich kenne. . . . Wie geht es . . . ?
5 Kennen Sie meine Kusine Karin? — Ja, ich kenne. . . . Wie geht es . . . ?
6 Geht es deiner Schwester wieder gut? — Nein, es geht . . . nicht so gut. . . . ist noch krank.
7 Ist Ihre Frau noch krank, Herr Doktor? — Nein, aber . . . ist noch ein bißchen müde.
8 Wo ist dein Freund Ralf? — . . . ist zu Hause.   Es geht . . . nicht so gut.
9 Es geht dem Fritz nicht so gut. — O, das tut mir leid.   Was fehlt . . . denn?
10 Was fehlt denn deinem Bruder? — O, es geht . . . ausgezeichnet. . . . ist nur so faul!

Look at the following conversational exchanges:

> Ist das ein Freund von dir?
> Ja, das ist ein Freund von mir.
> Darf ich ihn kennenlernen?
> Ja, natürlich.

> *   *   *

> Hast du Geschwister?
> Nein, ich bin ein Einzelkind.

The questions in these exchanges are called **Ja/Nein** questions because they call for one of two answers: **Ja** or **Nein**.

In German, there is a direct relationship between a declarative sentence and a corresponding **Ja/Nein** question.

MEANING: A declarative sentence STATES that something is so or is not so. A **Ja/Nein** question ASKS if something is so or is not so.

WORD ORDER: A declarative sentence in German has the main verb in the second position in the sentence. A **Ja/Nein** question begins with the main verb, and the subject follows.

SPEECH MELODY: A declarative sentence ends with a fall in the pitch of the voice. A **Ja/Nein** question ends with a rise in the voice pitch.

[Notice especially: there is nothing in the German **Ja/Nein** question which corresponds to the English "do, does, did" in many English "Yes/No" questions. The main verb of the corresponding declarative sentence is always used to begin a **Ja/Nein** question.]

| *Change the following statements into* **Ja/Nein** *questions:*

EXAMPLE: Dieter kennt unseren Vetter noch nicht.
          Kennt Dieter unseren Vetter noch nicht?

1 Fräulein Bieber wohnt Schillerstraße dreiundsiebzig.
2 Sie ist noch nicht verheiratet.
3 Er ist nur elf Jahre alt.
4 Sie kennt meine Freundin noch nicht.
5 Dora wohnt immer noch bei ihnen.
6 Die Zwillinge möchten etwas essen und trinken.
7 Er kann seine Bücher nicht finden.
8 Sie sind vielleicht unter dem Stuhl.
9 Inge weiß nicht, welche Nummer sie hat.
10 Herr Eisele ist ein Freund von ihr.

[*Review Exercises 8, 11.*]

The nominative forms of the three second-person pronouns are:

Familiar		Formal
(singular) **du**	(plural) **ihr**	(singular and plural) **Sie**

The ending on a verb agreeing with a subject **ihr** is regularly **-t**.
The ending on a verb agreeing with the subject **Sie** is regularly **-en**.

| *Change each of the following sentences to the familiar plural and to the formal:*

EXAMPLE: Wo wohnst du?
Wo wohnt ihr? (familiar plural)
Wo wohnen Sie? (formal)

1 Was sagst du?
2 Bist du müde? [*See Exercise 11.*]
3 Kennst du meinen Freund Werner?
4 Wohnst du in der Schillerstraße?
5 Hast du Geschwister? [*See Exercise 8.*]

The dative forms of the second-person pronouns are:

Familiar		Formal
(singular) **dir**	(plural) **euch**	(singular and plural) **Ihnen**

| *Change the familiar singular dative pronoun in each of the following sentences to the familiar plural and to the formal:*

EXAMPLE: Wie geht es dir?
Wie geht es euch? (familiar plural)
Wie geht es Ihnen? (formal)

6 Ist das nicht Lotte da hinter dir?
7 Ist das ein Freund von dir?
8 Was fehlt dir?
9 Kann ich dir helfen?
10 Wohnt Helga noch bei dir?

[*Review Exercise 9.*]

Pro- noun	Possessive adjective	
	Masculine	Feminine
ich	mein	meine
du	dein	deine
er	sein	seine
sie	ihr	ihre

Copy the phrases and supply the appropriate form of the nominative possessive adjective:

1 . . . Bruder und ich
2 sie und . . . Mann
3 er und . . . Frau
4 du und . . . Schwester
5 . . . Mutter und ich

6 er und . . . Vater
7 du und . . . Vetter
8 . . . Freund und ich
9 sie und . . . Kusine
10 du und . . . Tante

18 • Indirect questions

DIRECT statements and questions are the ordinary declarative and interrogative sentences. INDIRECT statements and questions are a way of quoting and reporting; they give the general content of a direct statement or question but in a different grammatical form.

For example, there is the direct question:

Wo wohnst du jetzt?

This can be made into an indirect question:

Ich weiß nicht, wo du jetzt wohnst.

Notice the word order in the direct and in the indirect question.   In a direct question:

Question Word	Main Verb	Subject	Other Sentence Elements

and in the corresponding indirect question:

. . . Question Word	Subject	Other Sentence Elements	Main Verb

In some question-word interrogatives, the question word is the subject. For example:

> Wer fehlt heute?
> Ich weiß nicht, wer heute fehlt.

In German questions where the interrogative word is the subject, (as in items 9 and 10 of the exercise) the word order, for direct questions, is:

Question Word = Subject	Main Verb	Other Sentence Elements

And for the corresponding indirect question:

. . . Question Word = Subject	Other Sentence Elements	Main Verb

This position of the main verb at the end of an indirect question or indirect statement is an important feature of German grammar.

Change the following direct questions into indirect questions introduced by the clause: **Ich weiß nicht, . . .**

EXAMPLE: Wie alt bist du?
Ich weiß nicht, wie alt du bist.

1 Welche Telefonnummer hat Walter?
2 Wie heißt der Schüler da hinter dir?
3 Warum möchte Peter nach Hause gehen?
4 Wo wohnen Herr und Frau Olmstadt?
5 Wie geht es der Frau Doktor?
6 Was kann Berta nicht finden?
7 Wo wohnt ihr jetzt?
8 Warum ist Willi so faul?
9 Was fehlt deinem Freund?
10 Wer möchte jetzt nach Hause gehen?

[Review Exercises 4, 8.]

Answer the following questions in complete sentences, using the information in parentheses and substituting the appropriate nominative pronoun for the noun in the question.

EXAMPLES: Wann hat deine Freundin Inge Geburtstag?   (am ersten Januar)
Sie hat am ersten Januar Geburtstag.
Warum kommt dein Onkel nicht zu Besuch?   (krank)
Er ist krank.

1 Wann kommt dein Onkel?   (am Tag vor Silvester)
2 Wie heißen die Zwillinge?   (Gisela und Monika)
3 Wo wohnen Dora und ihr Mann?   (nicht weit von uns)
4 Wie alt ist deine Schwester?   (nur zehn Jahre alt)
5 Wo wohnen deine Eltern?   (Buchenweg achtunddreißig)
6 Wann kommt deine Freundin zu Besuch?   (in acht Tagen)
7 Wann haben die Zwillinge Geburtstag?   (am dreiundzwanzigsten Mai)
8 Wo wohnt dein Freund Wolfgang?   (Bismarckstraße neunundfünfzig)
9 Warum wohnt dein Bruder nicht mehr bei euch?   (verheiratet)
10 Wann steht dein Onkel auf?   (um Mittag)

20 • The negative article: kein

ARTICLES are the basic noun modifiers.   German has three articles:

	Masc.	Fem.	Neut.
The definite article:	der	die	das
The indefinite article:	ein	eine	ein
The negative article:	kein	keine	kein

Kein is used when the negative meaning of a sentence is concentrated on a noun.   It corresponds to several English negative formulas: "not . . . any, not . . . a"; in more formal English we use "no" as a noun modifier, in a meaning like that of German **kein**.

Ich habe kein Buch.   I don't have a book.   I have no book.
Wir haben keine Zeit dazu.   We don't have time for that.   We don't have any time for that.   We have no time for that.

The forms of **kein** are like those of **ein** and the possessive adjectives:

	Masculine	Feminine	Neuter	Plural
Nominative	kein	keine	kein	keine
Accusative	keinen	keine	kein	keine
Dative	keinem	keiner	keinem	keinen

Answer the following questions in the negative, using the negative article. Notice that all nouns in the exercises are direct objects of the verb **haben,** *so all the forms of* **kein** *should be accusative, in the proper gender or in the plural.*

EXAMPLES: Hast du ein Buch?
Nein, ich habe kein Buch.
Habt ihr Zeit dazu?
Nein, wir haben keine Zeit dazu.

1 Hast du einen Schlüssel?
2 Haben Sie eine Schwester?
3 Hast du Zeit dazu?
4 Habt ihr einen Vetter?
5 Haben Sie einen Kugelschreiber?

6 Hast du einen Stuhl?
7 Hast du Geschwister?
8 Hast du einen Zwillingsbruder?
9 Hast du eine Tasche?
10 Habt ihr Großeltern?

21 • Ja/Nein questions

[*Review Exercise 15.*]

Change the following statements + **"nicht wahr?"** *into regular* **Ja/Nein** *questions.*

EXAMPLE: Gisela hat bald Geburtstag, nicht wahr?
Hat Gisela bald Geburtstag?

1 Jürgen hat einen Führerschein, nicht wahr?
2 Wir können draußen am Fluß essen, nicht wahr?
3 Ihre Tante kommt bald zu Besuch, nicht wahr?
4 Ihr wollt jetzt Tennis spielen, nicht wahr?
5 Dora ist jetzt verheiratet, nicht wahr?
6 Werner ist ein netter Kerl, nicht wahr?
7 Deine Kusinen heißen Liese und Lotte, nicht wahr?
8 Ihr möchtet etwas essen und trinken, nicht wahr?
9 Du kennst schon meine Freundin Gisela, nicht wahr?
10 Ihr wohnt in der Bismarckstraße, nicht wahr?

[*Review Exercises 8, 11.*]

The verb-forms for **haben** and **sein** in the review sections are called "the present-tense" forms of the verbs.

Haben and **sein** are IRREGULAR verbs. That is, their present-tense forms are different in one way or another from the forms that most German verbs have. Most verbs — the REGULAR verbs — have the following present-tense endings:

	Singular	Plural
1st person	-e	-en
2nd person familiar	-st	-t
2nd person formal	-en	-en
3rd person	-t	-en

Arranging a verb in its various forms (for example, its present-tense forms) is called CONJUGATING the verb. The regular verb **sagen** is conjugated in the present tense:

	Singular	Plural
1st person	ich sage	wir sagen
2nd person familiar	du sagst	ihr sagt
2nd person formal	Sie sagen	Sie sagen
3rd person*	er sagt	sie sagen

[* Notice that it is customary to save space and time by listing the third person singular with only the subject "er", instead of the full list "er, sie, es; a singular noun". Similarly the third person plural subject is given simply as "sie" without mentioning "a plural noun".]

The verbs **spielen, kennen, kommen, gehen, wohnen** are conjugated in the present tense like **sagen.**

The verb **heißen** has a slight irregularity in the second person familiar singular form. It is conjugated:

ich heiße	wir heißen
du heißt	ihr heißt
Sie heißen	Sie heißen
er heißt	sie heißen

Copy the following sentences, filling the blanks with the proper present-tense form of the infinitive in parentheses.

1 . . . du gern Tennis? (spielen)
2 Wie . . . du? (heißen)
3 Ich . . . deinen Freund nicht. (kennen)
4 Was . . . er? (sagen)
5 Wann . . . die Zwillinge? (kommen)
6 Wie . . . es Ihnen? (gehen)
7 Mein Lehrer . . . Schillerstraße 57. (wohnen)
8 . . . du nicht bald Geburtstag? (haben)
9 Ich . . . Braun — Jürgen Braun. (heißen)
10 Wie alt . . . deine Schwester? (sein)
11 Wie . . . Sie? (heißen)
12 Warum . . . du so müde? (sein)
13 Warum . . . du das? (sagen)
14 . . . ihr meinen Vetter Wolfgang? (kennen)
15 Seit wann . . . er sein neues Moped? (haben)

23 • Possessive adjectives: accusative

[*Consult page 303.*]

The ACCUSATIVE endings of the possessive adjectives:

Masculine	Feminine	Plural
meinen deinen etc.	meine deine etc.	meine deine etc.

Fill in the blanks with the appropriate possessive adjectives:

1 Ich muß . . . Eltern fragen.
2 Die Zwillinge müssen . . . Eltern fragen.
3 Monika muß . . . Eltern fragen.
4 Du mußt . . . Eltern fragen.
5 Er muß . . . Eltern fragen.
6 Wir müssen . . . Eltern fragen.
7 Ihr müßt . . . Eltern fragen.
8 Sie muß . . . Eltern fragen.
9 Mein Bruder und ich müssen . . . Eltern fragen.
10 Jürgen muß . . . Eltern fragen.
11 Ich muß . . . Mutter fragen.
12 Er muß . . . Onkel fragen.
13 Wir müssen . . . Vater fragen.
14 Müßt ihr . . . Eltern fragen?
15 Sie muß . . . Bruder fragen.
16 Mußt du . . . Vetter fragen?
17 Meine Schwester und ich müssen . . . Tante fragen.
18 Ich muß . . . Onkel und . . . Tante fragen.
19 Sie müssen . . . Freunde fragen.
20 Wolfgang muß . . . Bruder und . . . Vater fragen.

24 • Ja/Nein questions; kein

[*Review Exercise 15.*]

Change the following statements + "nicht wahr?" into regular **Ja/Nein** *questions.*

EXAMPLE: Gisela hat schon im April Geburtstag, nicht wahr?
Hat Gisela schon im April Geburtstag?

1 Du ißt schon um halb sechs zu Abend, nicht wahr?
2 Er muß seine Eltern fragen, nicht wahr?
3 Die Schüler haben bis vierzehn Uhr Probe, nicht wahr?
4 Wir können zusammen etwas aussuchen, nicht wahr?
5 Es ist schon zehn Minuten vor sechs, nicht wahr?

[Review Exercise 20.]

| *Answer the following questions in the negative, using the negative article* **kein.**

EXAMPLES: Hast du heute Zeit dazu?
Nein, ich habe heute keine Zeit dazu.
Habt ihr heute Zeit dazu?
Nein, wir haben heute keine Zeit dazu.

 6 Habt ihr heute Probe?
 7 Hast du Papier?
 8 Haben Sie einen Kugelschreiber?
 9 Hast du ein Moped?
10 Habt ihr Bücher?

25 • Very irregular verbs: **wissen, müssen**

German has a few verbs that are very irregular in their present-tense forms. One of the important very irregular verbs is **wissen.** Its present-tense forms are:

	Singular	Plural
1st person	ich weiß	wir wissen
2nd person familiar	du weißt	ihr wißt
2nd person formal	Sie wissen	Sie wissen
3rd person	er weiß	sie wissen

| *Copy the following sentences and fill in the blanks with the proper form of* **wissen.**

 1 Dieter . . . das schon.
 2 . . . Sie das noch nicht?
 3 Das . . . ich schon.
 4 Das . . . du schon.
 5 Das . . . wir noch nicht.
 6 Die Zwillinge . . . das schon.
 7 Das . . . Sie schon.
 8 . . . ihr das schon?
 9 Der Lehrer . . . es noch nicht.
10 Das . . . ich noch nicht.

(Continued on page 274.)

Another one of the very irregular verbs has these present-tense forms:

	Singular	Plural
1st person 2nd person familiar 2nd person formal 3rd person	ich muß du mußt Sie müssen er muß	wir müssen ihr müßt Sie müssen sie müssen

| *Copy the following sentences and fill in the blanks with the proper form of* **müssen.**

11 . . . du?
12 Ich . . . .
13 Karl . . . .
14 . . . er?
15 . . . wir?

16 . . . Sie?
17 Meine Eltern . . . .
18 . . . ihr?
19 Du . . . .
20 Helga . . . .

26 • Present tense

[*Consult the present-tense tables pages 305–308.*]

| *Change the following sentences to the familiar plural and to the formal:*

1 Was tust du am Samstag?
2 Willst du mitkommen?
3 Mußt du schon nach Hause?
4 Wann ißt du zu Abend?
5 Was kaufst du?

| *Copy sentences 6–15, filling in the blanks with the appropriate form of the verb in parentheses:*

[*Notice that the second person formal, both singular and plural, always has the same verb form as the third person plural. This is true of all German verbs, without exception.*]

6 Ich . . . mir eine neue Jacke.   (machen)
7 . . . Sie eine Tasse Kaffee?   (trinken)
8 Wann . . . ihr ins Kino?   (gehen)
9 Wir . . . heute Einkäufe.   (machen)
10 . . . du dir einen neuen Kugelschreiber?   (kaufen)
11 Heinz . . . bis fünfzehn Uhr Probe.   (haben)
12 . . . Sie meine Lehrerin nicht?   (kennen)
13 Wann . . . du zu Abend?   (essen)
14 Wir . . . erst um halb sieben.   (essen)
15 Wann . . . er zu Abend?   (essen)

[*Review Exercise 18 to see how question-word interrogatives are converted from direct to indirect questions.*]

Ja/Nein interrogative sentences can also be converted from direct to indirect questions. There is no question-word in a **Ja/Nein** interrogative. So there has to be some other connective to introduce the indirect **Ja/Nein** question. That connective is the word **ob.**

With indirect questions made with question-words, the main verb is at the end of the indirect question. The same thing is true with indirect questions from **Ja/Nein** interrogatives. (Remember that in the direct form of **Ja/Nein** questions the main verb begins the sentence. Review Exercise 15.)

Change the following **Ja/Nein** *questions into indirect questions introduced by:* **Ich weiß nicht, ob . . .**

EXAMPLES: Ist er im Keller?
Ich weiß nicht, ob er im Keller ist.
Kann er uns helfen?
Ich weiß nicht, ob er uns helfen kann.

1 Kann ich das glauben?
2 Muß er seine Eltern fragen?
3 Regnet es schon?
4 Darf Jürgen mitkommen?
5 Darf ich mich hier hinsetzen?
6 Hat sie eine nette Familie?
7 Wollen wir heute hinausfahren?
8 Will Helga Einkäufe machen?
9 Ist seine Kusine schon hier?
10 Haben sie heute nachmittag Probe?

28 • Inverted word order

Many declarative sentences in German begin with the subject. After the main verb come other elements in the sentence: objects, expressions of time or place or manner. This is called NORMAL WORD ORDER:

Subject	Main Verb	Other Sentence Elements

German grammar also provides for a different word order in declarative sentences: INVERTED WORD ORDER:

One of the "Other Sentence Elements"	Main Verb	Subject	The rest of the "Other Sentence Elements"

(Notice that in the inverted word order the . . . Verb/Subject order is the inversion of the normal Subject/Verb . . . order. This is the reason for the term "inverted".)

German uses the inverted word order to give extra emphasis to the "other element" that is put ahead of the Verb/Subject. This has the same effect that we get in English by putting extra loudness on some word in the sentence that would not usually be the loudest.

Rewrite the following sentences, beginning with the word or phrase in **heavy type.**

1 Ich will **morgen nachmittag** Einkäufe machen.
2 Ich muß mir **eine neue Jacke** kaufen.
3 Heinz und ich gehen **Samstag** in die Stadt.
4 Er ist **den ganzen Tag** unterwegs.
5 Sie kommt **in acht Tagen** zu Besuch.
6 Wir wohnen **seit Montag** Buchenweg dreiundsiebzig.
7 Ich kann **meine Tennisschuhe** nicht finden.
8 Sie sind **vielleicht** auf dem Sofa.
9 Wir wissen **das** noch nicht.
10 Ich hab' **leider** keine Zeit dazu.

29 • Prepositions with dative

One set of German prepositions is always followed by dative forms of nouns or pronouns. These are the prepositions **aus, bei, mit, nach, seit, von, zu.** After any of these prepositions, there will be the dative form of a pronoun or of a noun-modifier combination.

Study the nominative and dative pronouns on page 304. Then copy the following sentences, supplying the dative form corresponding to the nominative in parentheses.

1 Mein Onkel und meine Tante wohnen nicht sehr weit von . . . . . (wir)
2 Wohnt eure Tante noch bei . . . ? (ihr)
3 Willst du nicht mit . . . Tennis spielen? (er)
4 Ist deine Kusine noch bei . . . zu Besuch? (du)
5 Ist das ein Freund von . . . ? (Sie)

6 Ihr Freund Dieter wohnt nicht weit von . . . .   (sie—singular)
7 Wohnt Ilse noch bei . . . ?   (sie—plural)
8 Möchtest du mit . . . in die Stadt gehen?   (ich)
9 Mein Vetter Karl ist ein Freund von . . . .   (er)
10 Wir möchten gerne mit . . . ins Kino gehen.   (du)

30 • Imperatives

Imperative sentences command or suggest or encourage somebody —
one or more persons, often including the speaker — to do something.
Since there are several ways to talk to one or more persons in German,
there are several imperative forms.

The imperative corresponding to **du, dich, dir; dein** is either the
verb stem without an ending or — in thoughtful or slow solemn speech —
with the ending **-e.**

The imperative corresponding to **ihr, euch; euer** (the familiar plural
pronouns and possessive adjective) has the ending **-t,** just like the regular
present-tense verb ending.

For the formal second person, the imperative has the verb ending
in **-en,** ALWAYS FOLLOWED BY THE PRONOUN **Sie.**

For the strong suggestion in which the speaker participates, like
English "Let's . . .", the imperative has the verb ending in **-en,** ALWAYS
FOLLOWED BY THE PRONOUN **wir.**

It is customary in printed and written German to have the punctuation "!" after an imperative sentence, regardless of any excitement or
emphasis.

For the verbs in this exercise, the imperative forms are:

du	ihr	Sie	wir
Komm!	Kommt!	Kommen Sie!	Kommen wir!
Bring!	Bringt!	Bringen Sie!	Bringen wir!
Mach!	Macht!	Machen Sie!	Machen wir!
Spiel!	Spielt!	Spielen Sie!	Spielen wir!
Geh!	Geht!	Gehen Sie!	Gehen wir!
Sag!	Sagt!	Sagen Sie!	Sagen wir!
Setz dich!	Setzt euch!	Setzen Sie sich!	Setzen wir uns!

Rewrite the following imperatives, changing from the familiar singular to the formal.

EXAMPLES: Bring doch bitte ein paar Schallplatten mit!
Bringen Sie doch bitte ein paar Schallplatten mit!
Stoße dir nicht den Kopf an der Lampe!
Stoßen Sie sich nicht den Kopf an der Lampe!

1 Komm 'runter!
2 Bring, bitte, die großen Teller mit!
3 Mach schnell!
4 Komm doch mit!
5 Spiel doch Tennis mit mir!
6 Geh doch mit uns ins Kino!
7 Sag mal, ist das ein Freund von dir?
8 Komm, bitte, bald zu uns zu Besuch!
9 Setz dich doch hin!
10 Setz dich, wohin du willst!

31 • können, wissen, müssen

[*Review Exercise 25.*]

The very irregular verb **können,** like **müssen,** is one of a small class of verbs (six in all) called "modal auxiliaries". They are all quite irregular in their forms. They have no ending in the present-tense first and third person singular. Most of the modal auxiliaries also have a vowel difference between singular and plural in the present tense. Each one has to be learned by itself.

(Note: The verb **wissen,** on page 273, is not a modal auxiliary, but it happens to have many of the same peculiarities in its present-tense conjugation.)

THE MODAL AUXILIARY **können**

ich kann	wir können
du kannst	ihr könnt
Sie können	Sie können
er kann	sie können

Copy the sentences, filling in the blanks with the appropriate form of the verb in parentheses.

1 Das . . . wir nicht glauben. (können)
2 Er . . . noch nicht, wann er zu Besuch kommt. (wissen)
3 . . . du dir eine neue Ziehharmonika kaufen? (müssen)
4 . . . du keine Gläser finden? (können)
5 . . . du das nicht? (wissen)
6 . . . ihr nicht, daß seine Ziehharmonika immer noch kaputt ist? (wissen)
7 . . . wir nicht zusammen in die Stadt gehen? (können)
8 . . . du nicht (wissen), daß Stefan nicht tanzen . . . ? (können)
9 Es tut mir leid, daß Jürgen und Helga nicht kommen . . . . (können)
10 Fritz . . . schon nach Hause. (müssen)

32 • Modal auxiliaries; werden

[*Consult the present-tense forms of the modal auxiliaries and* **wissen** *on pages 305–306.*]

Copy the sentences and fill in the blanks with the appropriate form of the verb in parentheses.

1 Ich . . . zu Hause bleiben und arbeiten. (müssen)
2 . . . . ihr immer arbeiten? (müssen)
3 . . . ihr nicht, was ihr heute abend tut? (wissen)
4 . . . er das nicht lernen? (können)
5 . . . du das nicht lernen? (wollen)
6 Ich . . . heute abend zu ihr gehen. (wollen)
7 . . . Käte nicht mit uns Schi laufen? (wollen)
8 . . . Sie nicht Wasserschi fahren? (können)
9 . . . du nicht, daß Jürgen immer spät kommt? (wissen)
10 Meine Eltern . . . heute abend zu Hause bleiben und fernsehen. (wollen)

There is an important verb **werden.** It is often used along with another verb, in a verb-phrase construction.

One frequent combination is **werden** + infinitive. (The "infinitive" is the verb form under which the verb is listed: **haben, sein, müssen, stimmen, sagen** are all infinitives. The infinitive of a German verb ends in **-n** or **-en.** It usually is placed at or near the end of its sentence.) The combination **werden** + infinitive is used to make predictions or ask for predictions. The German grammatical name for this combination is "Futurum", because the **werden** + infinitive is the verb-phrase used to make (or ask for) a reliable assertion about the future.

(*Continued on page 280.*)

ich werde	wir werden
du wirst	ihr werdet
Sie werden	Sie werden
er wird	sie werden

Copy the sentences and fill in the blanks with the appropriate form of **werden.**

11 Peter . . . auch da sein.
12 Ich . . . spät kommen.
13 . . . du deine Ziehharmonika mitbringen?
14 Heute abend . . . wir Schach spielen.
15 Du . . . Herrn Schneider schon an seiner Stimme erkennen.

33 • Indirect statements with daß

[*Review Exercises 18, 27, and notice the ways to convert direct interrogative sentences — question-word interrogatives and* **Ja/Nein** *interrogatives — into indirect questions.*]

There is also a way in German grammar to convert direct declarative statements into indirect statements. The connective word used to introduce an indirect statement is the word **daß.**

Change the following direct statements into indirect statements introduced by:
Es tut mir leid, daß . . .

EXAMPLE: Ich kenne deinen Freund nicht.
Es tut mir leid, daß ich deinen Freund nicht kenne.

1 Ich darf nicht mitkommen.
2 Wir können dir nicht helfen.
3 Du kannst deine Bücher nicht finden.
4 Ich muß schon zur Probe.
5 Deine Schwester ist krank.

6 Sie darf nicht ins Kino gehen.
7 Unser Wagen hatte eine Reifenpanne.
8 Ich habe meine Ziehharmonika nicht mitgebracht.
9 Meine Ziehharmonika ist immer noch kaputt.
10 Man kann den Lärm schon von der Straße aus hören.

Change the following direct statements into indirect statements introduced by:
Ich hab' mir gedacht, daß . . .

EXAMPLE: Er kann nicht gut Schach spielen.
Ich hab' mir gedacht, daß er nicht gut Schach spielen kann.

11 Man kann den Lärm schon von der Straße aus hören.
12 Ihr Wagen hatte eine Reifenpanne.
13 Wir dürfen bei Tante Anna nicht fernsehen.
14 Karl hat für Musik nicht viel übrig.
15 Berta hat vielleicht ein paar neue Schallplatten.

34 • Compound "separable" verbs

In German there are many compound words made up of a verb plus another word, for example **sehen + aus; kommen + mit; setzen + hin; hören + an.** These combinations have several grammatical labels: TWO-WORD VERBS, COMPOUND VERBS, SEPARABLE VERBS.

In several kinds of German sentences, the verb and the other word are separated. In declarative and question-word interrogative sentences, the verb is in the second position with the other word at the end of the sentence or clause: *Sie sieht blaß aus. Warum kommst du nicht mit?*

In **Ja/Nein** interrogatives and imperatives, the verb is in first position, with the other word at the end: *Sehe ich denn so aus? Kommt doch mit! Fahren wir doch mit dem Wagen hinaus!*

However, when the compound "separable" verb is used in the infinitive form, along with **werden** or one of the modal auxiliaries **dürfen, können, müssen, sollen, wollen** or a form of **möchte,** the other word precedes the verb: *Möchten Sie nicht mit uns hinausfahren? Willst du mitkommen? Dann werden wir uns deine neuen Platten anhören. Lieselotte wird gewiß mitkommen. Wir sollen um halb neun vorbeikommen.*

Note that the infinitive form of a compound "separable" verb is printed as a single string of letters without any space.

[Consult page 305.]

Rewrite the following sentences,
(a) adding the proper form of **werden** *or the modal auxiliary,*
(b) putting the compound separable verb into its infinitive form,
(c) placing that infinitive in its proper position at the end of the sentence.

EXAMPLE: Ich fahre mit meinem Vater hinaus. (wollen)
Ich will mit meinem Vater hinausfahren.

 1 Wir fahren mit ihm hinaus. (wollen)
 2 Er kommt mit. (werden)
 3 Wir hören uns heute abend die neuen Schallplatten an. (können)
 4 Ich rufe sie an. (wollen)
 5 Ich komme um halb zwei bei dir vorbei. (können)
 6 Wir kommen nach der Probe bei Ihnen vorbei. (wollen)
 7 Er kommt jetzt 'runter. (müssen)
 8 Wann kommt ihr 'runter? (werden)
 9 Wann rufst du ihn an? (müssen)
10 Bringst du deine Ziehharmonika mit? (können)

35 • Present tense: **arbeiten**

[*Consult the verb tables on pages 306, 308. Some new verbs in Units Seven and Eight* — **lernen, tanzen, hupen** — *are conjugated like* **sagen**. *The verb* **sprechen** *is conjugated like* **helfen**.]

Verbs with a stem ending in **-t, -d,** and some combinations of consonants, have an **-e-** before the endings of the second person singular familiar (**-st**) and the **-t** endings of the second person plural familiar and the third person singular.   An example is the verb **arbeiten:**

ich arbeite	wir arbeiten
du arbeitest	ihr arbeitet
Sie arbeiten	Sie arbeiten
er arbeitet	sie arbeiten

The verbs **warten** and **finden** are conjugated like **arbeiten** in the present tense.

Copy the sentences and fill in the blanks with the appropriate form of the verb in parentheses.

 1 Monika . . . immer drinnen, bis Dieter . . . . (warten, hupen)
 2 Warum . . . du immer so gerne? (arbeiten)

3 Wann . . . du Schach spielen?   (lernen)
4 . . . ihr heute abend frei?   (sein)
5 Er . . . heute abend seine Hausaufgaben.   (machen)
6 Ich . . . ihm, daß du angerufen hast.   (sagen)
7 Er . . . nur eine Schwester.   (haben)
8 Ilse . . . immer, wenn sie arbeiten soll.   (sprechen)
9 Er . . . mich nicht!   (hören)
10 Ursula . . . ihm nicht gern.   (helfen)

36 • Imperatives

[*Review Exercise 30 and consult page 310.*]

For this exercise, study the imperative forms:

du	ihr	Sie	wir
Sag!	Sagt!	Sagen Sie!	Sagen wir!
Wart(e)!	Wartet!	Warten Sie!	Warten wir!
Komm!	Kommt!	Kommen Sie!	Kommen wir!
Bleib!	Bleibt!	Bleiben Sie!	Bleiben wir!
Setz dich!	Setzt euch!	Setzen Sie sich!	Setzen wir uns!
Glaub!	Glaubt!	Glauben Sie!	Glauben wir!
Hilf!	Helft!	Helfen Sie!	Helfen wir!
Sprich!	Sprecht!	Sprechen Sie!	Sprechen wir!
Geh!	Geht!	Gehen Sie!	Gehen wir!
Iß!	Eßt!	Essen Sie!	Essen wir!
Trink!	Trinkt!	Trinken Sie!	Trinken wir!

Rewrite the following imperatives, changing from the familiar singular to the familiar plural.

EXAMPLES: Mach deine Hausaufgaben!
 Macht eure Hausaufgaben!
 Iß doch!
 Eßt doch!

1 Sag ihm, bitte, daß ich angerufen habe!
2 Warte doch drinnen, bis ich hupe!
3 Komm doch, bitte, um halb acht bei uns vorbei!
4 Bleib doch heute abend zu Hause!
5 Setz dich, wohin du willst!
6 Glaub mir: man kann den Lärm schon von der Straße aus hören!
7 Hilf ihm doch!
8 Sprich doch mit ihr!
9 Geh doch heute abend mit mir zu Berta!
10 Iß und trink etwas!

*Change sentences 4, 7, and 8 to the first-person plural imperative form (**wir**).*

[*Review Exercise 8 for the present-tense conjugation of* **haben**.]

In telling or asking about an event in the past, Germans generally use a verb phrase consisting of the proper present form of **haben** + a PAST PARTICIPLE. This verb phrase is called "Perfektum".

A past participle is a verb form like English "seen, driven, been, fallen, worked, finished, eaten, lived". There are several ways of forming past participles in German. One of the commonest is the way illustrated below with the verbs **kaufen, spielen, fragen.**

	INFINITIVE	PAST PARTICIPLE
	-en	**ge-----t**
EXAMPLES:	kaufen	gekauft
	spielen	gespielt
	fragen	gefragt

Verbs like these are called REGULAR WEAK VERBS. "Weak" refers to the **-t** added to make the past participle ending; "regular" refers to the fact that there is the same vowel in the infinitive and the past participle.

Copy the following sentences and supply the past participle of the infinitive in parentheses. (These verbs are all regular weak verbs.)

1 Ich habe mir eine neue Jacke . . . . (kaufen)
2 Hast du deine Eltern schon . . . ? (fragen)
3 Ich habe alle ihre Schallplatten schon . . . . (hören)
4 Hat er seine Hausaufgaben schon . . . ? (machen)
5 Die Sache hat viel Spaß . . . . (machen)
6 Hast du das noch nicht . . . ? (lernen)
7 Dora hat früher bei uns . . . . (wohnen)
8 Das Essen hat gut . . . . (schmecken)
9 Wer hat das . . . ? (sagen)
10 Habt ihr denn nie Schach . . . ? (spielen)

* * *

Regular weak verbs follow the pattern:

INFINITIVE	PAST PARTICIPLE
-en	**ge-----t**

"Strong" verbs follow another pattern:

-en	**ge-----en**

Strong verbs often have other irregularities, such as a change of vowel. Here are the infinitives and past participles of some of the strong verbs we have met so far:

finden	gefunden
trinken	getrunken
sehen	gesehen
essen	gegessen
sprechen	gesprochen
helfen	geholfen
lassen	gelassen

Copy the following sentences and supply the correct form of **haben** *and the past participle of the infinitive in parentheses.* (*The verbs* **kaufen, frühstücken, tanzen, hören** *are regular weak verbs.*)

11 Wo . . . er seine neue Jacke . . . ?   (kaufen)
12 . . . du schon . . . ?   (essen)
13 Ich . . . Alfred schon heute morgen . . . .   (sprechen)
14 Ich bin hungrig. Ich . . . noch nicht . . . .   (frühstücken)
15 Wir . . . ihm gerne . . . .   (helfen)
16 Ich . . . meine Schlittschuhe im Schrank . . . .   (finden)
17 . . . du meinen neuen Wagen . . . ?   (sehen)
18 Peter und Inge . . . den ganzen Abend . . . .   (tanzen)
19 Wo . . . ihr das . . . ?   (hören)
20 . . . Sie Ihre Schlüssel zu Hause . . . ?   (lassen)

38 • "Perfektum" with sein

[*Review Exercise 37.*]

The "Perfektum" verb phrase is used to tell or ask about an event in past time. The usual "Perfektum" consists of the proper form of the auxiliary **haben** + a past participle. **Haben** is always the "Perfektum" auxiliary when the verb phrase has an object in the accusative case:

Hast du deine Hausaufgaben gemacht?
Heute morgen hab' ich deine Schlittschuhe gesehen.

In addition, most "Perfektum" phrases without an accusative object also have **haben** + a past participle:

Gestern morgen hat es geregnet.
Hat er schon gehupt?

But there are some "Perfektum" verb phrases with the auxiliary **sein** + a past participle:

Ist Arthur noch nicht heruntergekommen?
Wann bist du heute morgen aufgestanden?
Sie ist heute etwas früher nach Hause gekommen.
Ich bin noch um acht Uhr hingegangen.

A "Perfektum" is formed with **sein** + a past participle if two conditions are fulfilled: (1) there is no accusative object, AND (2) it expresses a change from one position to another or a change from one condition to another. In addition, the verbs **sein** and **bleiben** form the perfect verb phrase with **sein** + the participles **gewesen** and **geblieben.**

Some verbs which regularly form the "Perfektum" verb phrase with **sein** are:

INFINITIVE	PAST PARTICIPLE
kommen	gekommen
herunterkommen	heruntergekommen
aufstehen	aufgestanden
sein	gewesen
gehen	gegangen
hingehen	hingegangen
fahren	gefahren
hinfahren	hingefahren
losfahren	losgefahren
bleiben	geblieben

Copy the sentences and supply the perfect verb phrase formed from the infinitive in parentheses.

1 Jürgen . . . schon nach Hause . . . . (kommen)
2 Wann . . . Sie . . . ? (losfahren)
3 Wir . . . gestern abend bei Monika . . . . (sein)
4 . . . ihr schon sehr früh . . . ? (hingehen)
5 . . . du gestern abend zu Hause . . . ? (bleiben)
6 Ich . . . heute morgen viel zu früh . . . . (aufstehen)
7 Wann . . . Fritz . . . ? (herunterkommen)
8 Kurt . . . schon am Donnerstag . . . . (hinfahren)
9 Dann . . . er erst am Montag nach Hause . . . . (kommen)
10 Heinz und ich . . . Samstag in die Stadt . . . . (gehen)

39 • Prepositions with dative

[*Review Exercise 29.*]

Prepositions which are always followed by dative forms: **aus, bei, mit, nach, seit, von, zu.** Note: **bei dem > beim; von dem > vom; zu dem > zum; zu der > zur.**

Copy the following sentences and supply the appropriate form of the word or phrase in parentheses.

1 Ich gehe Samstag zu . . . . (mein Onkel)
2 Möchtest du nicht mit . . . zu Abend essen? (meine Schwester und ich)
3 Mein Onkel und meine Tante wohnen nicht weit von . . . . (der Fluß)
4 Können wir nicht bei . . . arbeiten? (ihr)
5 Nach . . . wollen wir noch etwas essen und trinken. (der Tanz)

Copy the sentences and supply the appropriate form of the word or phrase in parentheses. Note that all these words are in the nominative plural; the sign of the dative plural is **-n.**

NOMINATIVE PLURAL	DATIVE PLURAL
die Teller	mit den Teller**n**
meine Kusinen	mit meinen Kusinen

6 Seit wann hat Karl seine Ziehharmonika? — Seit zwei . . . . (Jahre)
7 Ich gehe heute abend zu . . . . (meine Freunde)
8 Er wohnt jetzt nicht weit von . . . . (seine Schwestern)
9 Bist du mit . . . fertig geworden? (deine Hausaufgaben)
10 Seit wann ist deine Tante bei . . . zu Besuch? (ihr) — Seit acht . . . . (Tage)

40 • Adjective endings: plural

The only construction in which an adjective has an ending is when it is followed by a noun that it modifies. The simplest adjective endings to remember are the plural forms, because in the plural the gender does not affect the endings.

When the adjective has no noun modifier in front of it, the ending is always **-e** in the nominative and accusative plural: **alte Bücher, dicke Frauen, schöne Tage.**

When the adjective is preceded by a noun modifier, the adjective ending is always **-en** in the nominative and accusative plural: **meine alten Bücher, diese dicken Frauen, die schönen Tage.**

The dative plural has the ending **-en** on noun modifiers and adjectives, and there is an added **-n** even on the noun (unless that noun plural ends in **-n** or **-s**): **in alten Büchern** (**in meinen alten Büchern**), **bei dicken Frauen** (**bei diesen dicken Frauen**), **an schönen Tagen** (**an den schönen Tagen**).

The adjective + noun phrases given to you in this exercise are first given in the nominative or accusative plural with no preceding nominative. So the adjective has the ending **-e**.

> a) *Change the noun phrase by adding the modifier that is indicated, and use the proper adjective ending.*
>
> b) *Change that new noun phrase by adding the indicated preposition, putting the noun phrase into the dative plural form.*

EXAMPLES: [alte Platten] [seine] [mit]
                a) seine alten Platten   **b) mit seinen alten Platten**
                [schöne Tage] [diese] [an]
                a) diese schönen Tage   **b) an diesen schönen Tagen**

> 1 [kranke Schüler] [keine] [von]
> 2 [ausgezeichnete Spieler] [die] [bei]
> 3 [blaue Wagen] [diese] [aus]
> 4 [hübsche Mädchen] [die] [zu]
> 5 [kleine Einkäufe] [unsere] [bei]
> 6 [neue Schlittschuhe] [meine] [mit]
> 7 [fertige Hausaufgaben] [die] [zu]
> 8 [neue Kleider] [ihre] [in]
> 9 [schwere Jahre] [diese] [nach]
> 10 [fabelhafte Abende] [die] [seit]

41 • Prepositions with dative or accusative

[*Review Exercise 29.*]

The prepositions **aus, bei, mit, nach, seit, von, zu** are ALWAYS followed by dative forms of pronouns, nouns and noun modifiers.

There is another group of prepositions which are USUALLY followed by dative forms: **an, auf, in; über, unter; vor, hinter; neben, zwischen.** There are some uses (when there is a "target-or-destination" meaning) when a preposition of this group is followed by an accusative form.

> *The dative forms are the proper ones for the sentences in this exercise. Be sure to use the dative form that is appropriate for the gender of the nouns in Sentences 1–8. Copy the sentences and supply the dative form of the noun phrase in parentheses. Notice that* **an dem** *contracts to* **am** *and* **in dem** *contracts to* **im**.

1 Ich war gestern mit Ingrid in . . . .   (die Stadt)
2 Dort ist das Kaufhaus auf . . . .   (die linke Seite)
3 Arthur sitzt schon in . . . beim Frühstück.   (das Eßzimmer)
4 Barbara sitzt oben in . . . auf . . . .   (das Schlafzimmer, das Bett)
5 Seit einer halben Stunde sitzt sie an . . . .   (das Telefon)
6 Stoße dir nicht den Kopf an . . . !   (die Lampe)
7 Sind deine Handschuhe vielleicht unter . . . ?   (der Stuhl)
8 Hier sind sie, hinter . . . .   (die Tür)
9 Wie heißt die Schülerin da vor . . . ?   (du)
10 Fritz Neumeier sitzt hier neben . . . .   (ich)

42 • "Ein words" and adjective endings

[*Review Exercise 40.*]

A common type of noun phrase consists of an "**ein** word" and an adjective and a noun.   (The "**ein** words" are: the indefinite article **ein**, the negative article **kein**, the possessive adjectives **mein, dein, sein, ihr, unser, euer, Ihr.**)

An adjective that is enclosed between an "**ein** word" and a noun has an ending that depends on

(1) the case of the noun in the sentence;

(2) the number of the noun, and — if it is singular — the gender of the noun.

With plural nouns, only the case makes a difference so far as adjective endings are concerned, because there are no gender differences in the plural.   So it is only with singular nouns that the gender is important; but with singular nouns, gender is very important indeed.

Taking **kein** as an example of the "**ein** words", the adjective endings are:

	Masculine	Feminine	Neuter	Plural
Nom.	(kein) -er	(keine) -e	(kein) -es	(keine) -en
Acc.	(keinen) -en	(keine) -e	(kein) -es	(keine) -en
Dat.	(keinem) -en	(keiner) -en	(keinem) -en	(keinen) -en

*Copy the noun phrases, completing them by using the correct form of the "**ein** word" and the correct adjective ending.*

EXAMPLES: [ein] [ausgezeichnet] [Schachspieler] — nom. sing. masc.
ein ausgezeichneter Schachspieler
[mein] [neu] [Platte] — dat. sing. fem.
meiner neuen Platte

1 [ein] [halb] [Stunde] — dat. sing. fem.
2 [dein] [groß] [Tisch] — acc. sing. masc.
3 [Ihr] [blau] [Jacke] — nom. sing. fem.
4 [unser] [alt] [Haus] — nom. sing. neut.
5 [kein] [bequem] [Schuhe] — acc. plur.
6 [ein] [nett] [Häuschen] — acc. sing. neut.
7 [euer] [furchtbar] [Winterwetter] — dat. sing. neut.
8 [ein] [fabelhaft] [Abend] — nom. sing. masc.
9 [unser] [hungrig] [Kusinen] — dat. plur.
10 [mein] [hübsch] [Freundin] — acc. sing. fem.

43 • Weak verb participles: regular and irregular

The past participles of regular weak verbs follow a certain pattern:

INFINITIVE	PAST PARTICIPLE
-en	**ge--------t**

However, some weak verbs follow a slightly different pattern:

EXAMPLES:

-en	**ge-------et**
arbeiten	gearbeitet
warten	gewartet
kosten	gekostet
regnen	geregnet

Two important weak verbs are very irregular:

bringen	gebracht
wissen	gewußt

*Copy the sentences, supplying the correct form of **haben** and the past participle of the infinitive in parentheses, to form the Perfektum. (The verbs are all weak verbs.)*

1 Wieviel . . . deine neue Krawatte . . . ? (kosten)
2 Wo . . . du denn auf sie . . . ? (warten)
3 . . . es gestern den ganzen Tag . . . ? (regnen)
4 Wir . . . den Lärm schon von der Straße aus . . . . (hören)

5 . . . du schon deine Einkäufe . . . ?   (machen)
6 Karl . . . mich auf der Straße . . . .   (grüßen)
7 Monika . . . den ganzen Tag . . . .   (arbeiten)
8 . . . Barbara noch nicht . . . ?   (frühstücken)
9 Das . . . mich . . . .   (freuen)
10 . . . ihr den ganzen Abend . . . ?   (tanzen)
11 Das . . . ich schon lange . . . .   (wissen)
12 . . . man Ihnen noch nichts . . . ?   (bringen)
13 . . . ihr nicht . . . , daß das Restaurant schon geschlossen ist?   (wissen)
14 Es tut mir leid, daß ich es nicht . . . .   (wissen)
15 Was . . . du . . . ?   (mitbringen)

44 • ein, kein as pronouns

The words **ein** and **kein** are usually articles — the indefinite article
and the negative article. However, the same words are also used as
pronouns, like English "one, none".

Georg hat einen Wagen, und ich habe auch einen.
Georg hat einen Wagen, aber ich habe keinen.
Vor ihrem Haus steht ein Wagen, und vor meinem Haus steht auch einer.
Vor ihrem Haus steht ein Wagen, aber vor meinem Haus steht keiner.
Ursula hat ein Moped, und ich habe auch eins.
Ursula hat ein Moped, aber ich habe keins.

The forms of these pronouns are:

	Masculine	Feminine	Neuter	Plural
Nom.	einer keiner	eine keine	eins keins	keine
Acc.	einen keinen	eine keine	eins keins	keine
Dat.	einem keinem	einer keiner	einem keinem	keinen

Notice that the pronouns differ from the articles in the nominative singular masculine and neuter, and in the accusative singular neuter:

| | Articles | | Emphatic pronouns | |
	Masc.	Neut.	Masc.	Neut.
Nom.	ein kein	ein kein	einer keiner	eins keins
Acc.		ein kein		eins keins

(In slow or formal speaking and in writing, the forms **eines** and **keines** may be used instead of **eins** and **keins**.)

*Answer the questions a) in the affirmative, using the pronoun **ein-**; and b) in the negative, using the negative pronoun **kein-**.*

EXAMPLES:　Hast du ein Radio?
　　　　　a) Ja, ich habe eins.
　　　　　b) Nein, ich habe keins.

　　　　　Steht ein Wagen vor dem Haus?
　　　　　a) Ja, es steht einer vor dem Haus.
　　　　　b) Nein, es steht keiner vor dem Haus.

　　　　　Habt ihr eine Waldhütte?
　　　　　a) Ja, wir haben eine.
　　　　　b) Nein, wir haben keine.

1　Hast du einen Kugelschreiber bei dir?
2　Hat Gregor eine Reifenpanne gehabt?
3　Habt ihr ein Spielzimmer im Keller?
4　Steht ein Arbeiter unter der Verkehrsampel?
5　Sitzt jetzt ein Beamter am Telefon?

45 • "**Der** words" and adjective endings

[*Review Exercise 42.*]

One type of noun phrase consists of a form of the definite article or **dieser** + an adjective + a noun. The enclosed adjective in this kind of phrase has an ending:

　　-e after nominative singular **der, die, das** or **dieser, diese, dieses;**
　　-e after accusative singular **die, das** or **diese, dieses;**
　　-en after all other forms of the definite article or **dieser.**

	Masculine	Feminine	Neuter	Plural
Nom.	-e	-e	-e	-en
Acc.	-en	-e	-e	-en
Dat.	-en	-en	-en	-en

Copy the noun phrases, completing them by using the correct form of the definite article or **dieser** *and the correct adjective ending.*

EXAMPLES:　　[d-]　[groß]　[Lampe] — acc. sing. fem.
die große Lampe
[dies-]　[schön]　[Frühlingswetter] — dat. sing. neut.
diesem schönen Frühlingswetter

　1　[d-]　　[offen]　　[Tür] — acc. sing. fem.
　2　[d-]　　[neu]　　[Wagen] — dat. sing. masc.
　3　[dies-]　[braun]　[Schuhe] — nom. plur.
　4　[d-]　　[link]　　[Seite] — dat. sing. fem.
　5　[dies-]　[schön]　[Preis] — acc. sing. masc.
　6　[dies-]　[alt]　　[Moped] — nom. sing. neut.
　7　[d-]　　[großartig]　[Programm] — acc. sing. neut.
　8　[d-]　　[grün]　　[Eule] — dat. sing. fem.
　9　[d-]　　[jünger]　[Schwestern] — acc. plur.
　10　[dies-]　[nett]　　[Kerl] — nom. sing. masc.

46 • Prepositions with dative or accusative

[*Review Exercise 41.*]

an, auf, in; über, unter; vor, hinter; neben, zwischen (between) are prepositions which are followed by either the dative or the accusative. The following sentences are all basic dialogue sentences which you have learned, and all of them use the preposition **in**.

Copy the sentences and fill in the blanks using **in** + *the noun phrase in parentheses. After each sentence write in parentheses the case you have used.*

EXAMPLE:　　Rudi wartet schon lange . . . auf dich.　(der Wagen)
Rudi wartet schon lange im Wagen auf dich.　(*dative*)

　1　(*Title*) . . . .　(die „Grüne Eule")
　2　Kommt doch alle . . . !　(die „Grüne Eule")
　3　Ich war gestern mit ihr . . . .　(die Stadt)
　4　Heinz und ich gehen Samstag . . . .　(die Stadt)

(*Continued on page 294*)

5 Willst du . . . gehen?   (das Kino)
6 Wo seid ihr alle? . . . ?   (der Keller)
7 Der sitzt schon . . . beim Frühstück.   (die Küche)
8 Willst du mit . . . ?   (die Olympia-Lichtspiele)
9 Wann hat Gisela Geburtstag? — Erst mitten . . ., am vierten Juli.   (der Sommer)
10 Ist Ihre Tante schon hier, Frau Ebert? — Nein, aber sie kommt . . . zu Besuch.   (acht Tage)

In the above list of sentences find at least two illustrations for the use of **in:**

1 when used in an expression of time;
2 when used to indicate the destination of a motion;
3 when used to indicate location.

47 • Possessive pronouns

The words **mein, dein, sein, ihr, unser, euer, Ihr** are usually POSSESSIVE ADJECTIVES, with the same endings as the indefinite article **ein** and the negative article **kein:**

	Masculine	Feminine	Neuter	Plural
Nominative	—	-e	—	-e
Accusative	-en	-e	—	-e
Dative	-em	-er	-em	-en

The words **ein** and **kein** are sometimes used as pronouns, with a slightly different set of endings; [*review Exercise 44.*]   Also, the words **mein, dein, sein, ihr, unser, euer, Ihr** are sometimes used as POSSESSIVE PRONOUNS, like English "mine, yours, his, its, hers, ours, theirs".   The POSSESSIVE PRONOUNS have the same endings as **ein** and **kein** as pronouns:

	Masculine	Feminine	Neuter	Plural
Nominative	*-er	-e	*-es	-e
Accusative	-en	-e	*-es	-e
Dative	-em	-er	-em	-en

[* The possessive PRONOUN endings with a star are the ones that are different from the possessive ADJECTIVE endings.]

Copy the underlined sections, replacing the possessive adjective + noun by a possessive pronoun.

EXAMPLES: Mein Geburtstag fällt in den Winter. In welche Jahreszeit fällt **dein Geburtstag? In welche Jahreszeit fällt deiner?**
Unser Haus ist in der Martinstraße. In welcher Straße ist **euer Haus? In welcher Straße ist eueres?**

1 Ist deine Gitarre kaputt? Das macht nichts; ich kann **meine Gitarre** mitbringen.

2 Rainers Wagen ist schon alt, und Stefan sagt, **sein Wagen** ist noch älter.

3 Wir bringen unsere Teller, und Rita bringt auch **ihre Teller.**

4 Heiner ist nicht in unserem Zimmer und auch nicht in **seinem Zimmer.**

5 Deine Schallplatten sind ebenso gut wie **ihre Schallplatten.**

6 Klaus geht einmal in der Woche zu seinem Arzt, aber wir gehen nur viermal im Jahr zu **unserem Arzt.**

7 Joachims Moped hatte am Dienstag eine Reifenpanne und **mein Moped** am Mittwoch.

8 Meine Schlittschuhe liegen unter dem Bett und **deine Schlittschuhe** hängen im Schrank.

9 Sein Wochenendhäuschen gefällt mir ebenso gut wie **unser Häuschen.**

10 Dein neuer Rock ist hellgrün? **Mein Rock** ist auch hellgrün!

48 • Reflexive pronouns: dative

Some sentences have a direct object or an indirect object referring to the same person or thing (or persons or things) as the subject. Such sentences are called REFLEXIVE, and the object is a REFLEXIVE PRONOUN.

English reflexive objects are formed by adding "-self" or "-selves" to the possessive adjectives "my, our, your", and to the regular object forms "him, her, it, them":

[I]	myself	[we]	ourselves
[you]	yourself	[you]	yourselves
[he]	himself	[they]	themselves
[she]	herself	[they]	themselves
[it]	itself	[they]	themselves

German reflexive pronouns are just like the regular object pronouns — accusative and dative — for the first person and the second person familiar:

[ich]	mich, mir	[wir]	uns
[du]	dich, dir	[ihr]	euch.

The third person reflexive pronoun is **sich** for accusative and dative; for masculine, feminine, and neuter; for singular and plural. Also, **sich** is the reflexive pronoun for the formal subject pronoun **Sie.**

An example of a reflexive sentence with dative object reflexive pronouns:

SINGULAR

Ich habe **mir** einen neuen Wagen gekauft.
Er hat **sich** einen neuen Wagen gekauft.
Hat **er sich** einen neuen Wagen gekauft?
Sie hat **sich** einen neuen Wagen gekauft.
Hat **sie sich** einen neuen Wagen gekauft?
Hast **du dir** einen neuen Wagen gekauft?
Haben **Sie sich** einen neuen Wagen gekauft?

PLURAL

Wir haben **uns** einen neuen Wagen gekauft.
Sie haben **sich** einen neuen Wagen gekauft.
Haben **sie sich** einen neuen Wagen gekauft?
Haben **Sie sich** einen neuen Wagen gekauft?
Habt **ihr euch** einen neuen Wagen gekauft?

Copy the sentences and fill in the blanks with the appropriate dative reflexive pronoun.

1 Ich muß . . . eine neue Jacke kaufen.
2 Wir wollen . . . ein paar Schallplatten anhören.
3 Sie hat . . . ein neues Kleid gekauft.
4 Ich habe . . . den Fuß verrenkt.
5 Georg hat . . . den Arm gebrochen.
6 Möchtet ihr . . . Musik anhören?
7 Ich habe . . . eine blaue Jacke gekauft.
8 Willst du . . . eine Schallplatte anhören?
9 Hast du . . . den Fuß verrenkt?!
10 Müssen Sie . . . ein neues Fahrrad kaufen?

49 • Second person: present and imperative

[*Consult Verb Tables on pages 305–308.*]

Rewrite the sentences, changing the familiar singular pronoun to the familiar plural and to the formal.

1 Hast du denn nichts davon gehört?
2 Bist du gestern noch bei Jürgen gewesen?

3 Kannst du mir aushelfen?
4 Wie gefällt dir das Kleid?
5 Was ist dir denn passiert?

[*Review Exercise 30, and consult page 310.*]

Rewrite the following imperatives, changing from the formal to the familiar singular, to the familiar plural, and to the first-person plural.

6 Nehmen Sie doch den Apfelkuchen!
7 Machen Sie, bitte, schnell!
8 Setzen Sie sich doch hin!
9 Rufen Sie doch den Arzt an!
10 Nehmen Sie da Platz!

50 • Reflexive pronouns: accusative

[*Review Exercise 48.*]

The reflexive pronouns are:

[ich]	mich, mir	[wir]	uns
[du]	dich, dir	[ihr]	euch
	[er, sie, es; sie; Sie]	sich	

An example of a reflexive sentence with accusative object reflexive pronouns:

Ich fühle **mich** nicht wohl.
Er fühlt **sich** nicht wohl.
Fühlt **er sich** nicht wohl?
Fühlst **du dich** nicht wohl?
Fühlen **Sie sich** nicht wohl?

Wir fühlen **uns** nicht wohl.
Sie fühlen **sich** nicht wohl.
Fühlen **sie sich** nicht wohl?
Fühlen **Sie sich** nicht wohl?
Fühlt **ihr euch** nicht wohl?

Copy the sentences and fill in the blanks with the appropriate accusative reflexive pronoun.

1 Fühlt ihr . . . nicht wohl?
2 Wir fühlen . . . jetzt wieder besser.
3 Ich setze . . . neben dich, wenn ich darf.

4 Fühlen Sie . . . heute wieder besser, Fräulein Bieber?
5 Setzen Sie . . . doch hin!
6 Wollt ihr . . . nicht hier hinsetzen?
7 Jetzt fühl' ich . . . wieder besser.
8 Jürgen setzt . . . neben seine Freundin Monika.
9 Darf ich . . . hier hinsetzen?
10 Herr Dr. Eisenzahn fühlt . . . heute nicht wohl.

51 • Prepositions with dative; with dative or accusative

[*Review Exercise 39.*]

The prepositions **aus, bei, mit, nach, seit, von, zu** are always followed by dative forms.

a. Copy the sentences and fill in the blanks with the appropriate form of the word or phrase in parentheses.

1 Hast du genug Kleingeld bei . . . ? (du)
2 Da solltest du aber gleich zu . . . gehen. (der Vater)
3 Dabei ist er aus . . . gestürzt. (der Kombi)
4 Schon seit . . . ist sie krank. (eine Woche)
5 Ein paar von . . . haben getanzt. (sie)
6 Er ist schon längst aus . . . gekommen. (sein Schlafzimmer)
7 Heute nachmittag wollen ein paar von uns nach . . . Fußball spielen. (die Schule)
8 Ich war gestern mit . . . in der Stadt. (meine Freundin)
9 Bei . . . hat er sich nur den Fuß verrenkt. (sein Unfall)
10 Bring doch, bitte, noch drei Gläser aus . . . ! (die Küche)

[*Review Exercises 41, 46.*]

The prepositions **an, auf, in; über, unter; vor, hinter; neben, zwischen** are followed by dative forms in expressions of time and position. However, when the sentence expresses motion, and the destination of the motion is the object of the preposition, these prepositions are followed by accusative forms.

*b. Copy the sentences and fill in the blanks with the dative or the accusative of the words in parentheses. [Note the contractions: **an dem > am; an das > ans; auf das > aufs; in dem > im; in das > ins.**]*

1 Barbara sitzt oben in . . . auf . . . . (das Schlafzimmer, das Bett)
2 Setz dich doch nur auf . . . ! (das Bett)
3 Heinrich Auerbach sitzt hier neben . . . . (ich)

4 Setz dich hier neben . . . ! (ich)
5 Arthur sitzt schon in . . . beim Frühstück. (die Küche)
6 Komm bitte in . . . ! (das Wohnzimmer)
7 Heinz und ich wollen an . . . in . . . fahren. (der Samstag, die Stadt)
8 Meine Schuhe sind hier unter . . . . (der Stuhl)
9 Klaus ist auf . . . ausgerutscht. (der Teppich)
10 Könnten wir nicht draußen an . . . essen? (der Fluß)

52 • Adjective endings: singular

[*Review Exercises 42, 45.*]

The endings of adjectives enclosed between a modifier (**der, dieser,**
an "**ein** word") and a noun are:

	Masculine		Feminine	Neuter		Plural
Nominative	-e	*-er	-e	-e	*-es	-en
Accusative	-en		-e	-e	*-es	-en
Dative	-en		-en	-en		-en

* These are the endings after endless forms of **ein, kein, mein,**
etc.

*Copy the noun phrases, completing them by using the correct form of the definite
article, or* **dieser,** *or the indicated "***ein** *word" and the correct adjective ending.*

EXAMPLES: [d-] [nächst] [Verkehrsampel] — dat. sing. fem.
der nächsten Verkehrsampel
[unser] [schön] [Fluß] — nom. sing. masc.
unser schöner Fluß

1 [dies-] [klein] [Haus] — acc. sing. neut.
2 [ein] [klein] [Haus] — acc. sing. neut.
3 [ihr] [grün] [Kleid] — dat. sing. neut.
4 [d-] [recht] [Hand] — nom. sing. fem.
5 [sein] [verrenkt] [Fuß] — dat. sing. masc.
6 [dies-] [neu] [Schlittschuhe] — dat. plur.
7 [d-] [hungrig] [Schüler] — acc. sing. masc.
8 [kein] [faul] [Schüler] — acc. plur.
9 [d-] [ganz] [Nachmittag] — nom. sing. masc.
10 [mein] [älter] [Geschwister] — dat. plur.

53 • "Perfektum" with **sein**

[*Review Exercise 38 and consult Verb Tables on pages 305–308.*]

The Perfektum verb phrase is formed of **sein** + past participle if (1) there is no accusative object, and (2) the verb expresses change of position or condition.

(Also, the participles **gewesen** "been" and **geblieben** "stayed, remained" are used with **sein** in the Perfektum, even though they do not express change of position or condition.)

Copy the sentences and supply the Perfektum verb phrase formed from the infinitive in parentheses.

1 Gestern abend . . . ich auf einem Teppich . . . .   (ausrutschen)
2 Dann . . . ich die ganze Treppe . . . .   (hinunterfallen)
3 Auf einmal . . . wir gegen einen Baum . . . .   (fahren)
4 Zwei von uns . . . aus dem Wagen . . . .   (stürzen)
5 Was . . . denn der Monika . . . ?   (passieren)
6 Georg . . . erst um zehn Uhr . . . .   (aufstehen)
7 Wann . . . Heinz und Karl . . . ?   (losfahren)
8 . . . Peter und Werner wieder zu Hause . . . ?   (bleiben)
9 . . . du gestern noch bei Inge . . . ?   (sein)
10 Wir . . . gestern abend zur Waldhütte . . . .   (hinausfahren)

54 • Prepositions with accusative

[*Review Exercises 29, 41.*]

A third major group of prepositions is **durch** [through, by means of], **für** [for, for the sake of], **gegen** [against], **ohne** [without], **um** [at (*a time*), (*ask*) for (*something*), around (*a place*)]. These prepositions are followed by the accusative form of pronouns and noun modifiers.

NOM	ACC	NOM	ACC
ich	mich	der	den
du	dich	die	die
er	ihn	das	das
sie	sie	ein (masculine)	einen
es	es	ein (neuter)	ein
wir	uns	eine	eine
ihr	euch	sein (masculine)	seinen
Sie	Sie	sein (neuter)	sein
sie	sie	seine	seine

Make prepositional phrases, using the accusative form of the pronouns or noun modifiers with the indicated preposition.

1–3 **durch:** die Stadt, der Wald, sein Haus
4–6 **für:** sein Freund, wir, das Fräulein
7–9 **gegen:** ein Baum, sein Fuß, ich
10–12 **ohne:** ein Arzt, du, eine Schallplatte
13–15 **um:** dieser Tanz, diese Zeit, der Kopf

55 • Reflexive pronouns

[*Review Exercises 48, 50.*]

Rewrite the sentences, changing the subject from "er" to "du" and then answering the question in the affirmative. [*Notice that the dative reflexive pronoun is used in sentences in which there is a direct object in the accusative case, and that the accusative reflexive pronoun is used in sentences in which there is no other direct object in the accusative case. Note also that in Sentences 9 and 10 the reflexive pronoun is used as the object of a preposition which is followed by a dative form.*]

EXAMPLE: Hat **er sich** ein neues Hemd gekauft?
Hast **du dir** ein neues Hemd gekauft?
Ja, **ich** habe **mir** ein neues Hemd gekauft.

1 Hat er sich den Arm gebrochen?
2 Will er sich hinsetzen?
3 Fühlt er sich wieder besser?
4 Bestellt er sich Erdbeeren mit Schlagsahne?
5 Hat er sich den Fuß verrenkt?
6 Hat er sich ein Käsebrot bestellt?
7 Möchte er sich einen neuen Wagen kaufen?
8 Hat er sich aufs Sofa gelegt?
9 Hat er genug Kleingeld bei sich?
10 Hat er noch den Stadtplan bei sich?

56 • Prepositions with dative or accusative

[*Review Exercises 41, 46 and consult page 161.*]

Copy the sentences and fill in the blanks with the dative or the accusative of the noun phrase in parentheses.
For Sentences 1–6, check the German verbs which correspond to many meanings of English "be, put":
"be on something" **liegen, sitzen, stehen** + *dative forms*
"put on something" **legen, setzen, stellen** + *accusative forms*

1 Das Abendessen steht schon auf . . . . (der Tisch)
2 Elisabeth hat das Abendessen schon auf . . . gestellt. (der Tisch)
3 Meine Bücher liegen doch auf . . . . (der Stuhl)
4 Martin will seine Bücher auf . . . legen. (das Sofa)
5 Barbara sitzt schon auf . . . . (das Bett)
6 Setz dich doch auf . . . ! (der Stuhl)
7 Ich war in . . . an . . . . (das Häuschen, der See)
8 Wir sind in . . . gegangen. (ein Häuschen)
9 Wir sind hier oben in . . . . (das Schlafzimmer)
10 An . . . haben wir nichts Gutes zu essen bekommen. (der Samstag)

Tables of Grammatical Forms

The definite article

	Masc.	Fem.	Neut.	Plur.
Nom.	der	die	das	die
Acc.	den	die	das	die
Dat.	dem	der	dem	den

The indefinite article

	Masc.	Fem.	Neut.	Plur.
Nom.	ein	eine	ein	
Acc.	einen	eine	ein	
Dat.	einem	einer	einem	

The negative article

	Masc.	Fem.	Neut.	Plur.
Nom.	kein	keine	kein	keine
Acc.	keinen	keine	kein	keine
Dat.	keinem	keiner	keinem	keinen

„dieser"

	Masc.	Fem.	Neut.	Plur.
Nom.	dieser	diese	dieses	diese
Acc.	diesen	diese	dieses	diese
Dat.	diesem	dieser	diesem	diesen

The possessive adjective forms, to agree with the modified noun

"my; your (familiar singular); his, its"

	Masc.	Fem.	Neut.	Plur.
Nom.	mein	meine	mein	meine
	dein	deine	dein	deine
	sein	seine	sein	seine
Acc.	meinen	meine	mein	meine
	deinen	deine	dein	deine
	seinen	seine	sein	seine
Dat.	meinem	meiner	meinem	meinen
	deinem	deiner	deinem	deinen
	seinem	seiner	seinem	seinen

"her; their; your (formal)"

	Masc.	Fem.	Neut.	Plur.
Nom.	ihr	ihre	ihr	ihre
	ihr	ihre	ihr	ihre
	Ihr	Ihre	Ihr	Ihre
Acc.	ihren	ihre	ihr	ihre
	ihren	ihre	ihr	ihre
	Ihren	Ihre	Ihr	Ihre
Dat.	ihrem	ihrer	ihrem	ihren
	ihrem	ihrer	ihrem	ihren
	Ihrem	Ihrer	Ihrem	Ihren

"our; your (familiar plural)"

	Masc.	Fem.	Neut.	Plur.
Nom.	unser	unsere	unser	unsere
	euer	eure	euer	eure
Acc.	unseren	unsere	unser	unsere
	euren	eure	euer	eure
Dat.	unserem	unserer	unserem	unseren
	eurem	eurer	eurem	euren

The personal pronoun subjects:

	Sing.	Plur.
1st	ich	wir
2nd	du	ihr
3rd	er, sie, es	sie

The second person formal subject pronoun, **Sie**, agrees with the same verb form as the third person plural: **-en** or **-n**. In the verb **sein, Sie sind** is the formal second person combination.

A singular noun subject agrees with the third person singular verb. A plural noun subject agrees with the third person plural verb.

The personal pronouns:
nominative, accusative, dative.
The possessive adjective stems

	Nom.	Acc.	Dat.	Poss. Adj.
1st sing.	ich	mich	mir	mein
2nd sing., familiar	du	dich	dir	dein
2nd sing., formal	Sie	Sie	Ihnen	Ihr
3rd sing., masculine	er	ihn	ihm	sein
3rd sing., feminine	sie	sie	ihr	ihr
3rd sing., neuter	es	es	ihm	sein
1st plur.	wir	uns	uns	unser
2nd plur., familiar	ihr	euch	euch	euer
2nd plur., formal	Sie	Sie	Ihnen	Ihr
3rd plur.	sie	sie	ihnen	ihr

Types of noun plurals

Class	Pattern	Example	
1 a	- / -n	eine Kusine	Kusinen
1 b	- / -en	eine Frau	Frauen
1 c	- / -nen	eine Freundin	Freundinnen
2 a	- / -e	ein Freund	Freunde
2 b	- / ⁼e	ein Plan	Pläne
3 a	- / -er	ein Kind	Kinder
3 b	- / ⁼er	ein Glas	Gläser
4 a	- / -	ein Onkel	Onkel
4 b	- / ⁼	ein Bruder	Brüder
5	- / -s	ein Hotel	Hotels

Most German nouns have a special dative plural form, which ends in **-n**. This **-n** is added to the nominative plural form, unless that nominative plural ends in **-n** or in **-s**.

Nouns following Pattern 5 all end in **-s** in the plural and do not have the dative plural **-n**.

Nouns following Patterns 1a, 1b, and 1c have a nominative plural in **-n**; such nouns do not add anything for their dative plural forms.

Nouns ending in **-n** that follow patterns 4a or 4b, like **Kuchen, Mädchen, Wagen, Hafen,** do not add anything for their dative plural forms.

EXAMPLES: SINGULAR   PLURAL

(nominative) die Stunde   (nominative) die Stunden
                                  (dative) **den Stunden**

         der Tag   die Tage
                                       den Tagen

       der Bruder   die Brüder
                                     den Brüdern

haben, gehabt

	Sing.	Plur.
1st	habe	haben
2nd	hast	habt
3rd	hat	haben

sein, gewesen

	Sing.	Plur.
1st	bin	sind
2nd	bist	seid
3rd	ist	sind

werden (wird), geworden

	Sing.	Plur.
1st	werde	werden
2nd	wirst	werdet
3rd	wird	werden

dürfen

	Sing.	Plur.
1st	darf	dürfen
2nd	darfst	dürft
3rd	darf	dürfen

können

	Sing.	Plur.
1st	kann	können
2nd	kannst	könnt
3rd	kann	können

müssen

	Sing.	Plur.
1st	muß	müssen
2nd	mußt	müßt
3rd	muß	müssen

sollen

	Sing.	Plur.
1st	soll	sollen
2nd	sollst	sollt
3rd	soll	sollen

wollen

	Sing.	Plur.
1st	will	wollen
2nd	willst	wollt
3rd	will	wollen

mögen

	Sing.	Plur.
1st	mag	mögen
2nd	magst	mögt
3rd	mag	mögen

mögen (subjunctive)

	Sing.	Plur.
1st	möchte	möchten
2nd	möchtest	möchtet
3rd	möchte	möchten

nehmen (nimmt), genommen

	Sing.	Plur.
1st	nehme	nehmen
2nd	nimmst	nehmt
3rd	nimmt	nehmen

sehen (sieht), gesehen

	Sing.	Plur.
1st	sehe	sehen
2nd	siehst	seht
3rd	sieht	sehen

wissen (weiß), gewußt

	Sing.	Plur.
1st	weiß	wissen
2nd	weißt	wißt
3rd	weiß	wissen

lesen (liest), gelesen

	Sing.	Plur.
1st	lese	lesen
2nd	liest	lest
3rd	liest	lesen

helfen (hilft), geholfen

	Sing.	Plur.
1st	helfe	helfen
2nd	hilfst	helft
3rd	hilft	helfen

essen (ißt), gegessen

	Sing.	Plur.
1st	esse	essen
2nd	ißt	eßt
3rd	ißt	essen

Conjugated like **helfen**:

[Infinitive]	[Participle]
brechen	gebrochen
geben	gegeben
sprechen	gesprochen
treffen	getroffen
werfen	geworfen

Conjugated like **essen**:

[Infinitive]	[Participle]
vergessen	vergessen

heißen, geheißen

	Sing.	Plur.
1st	heiße	heißen
2nd	heißt	heißt
3rd	heißt	heißen

Conjugated like **heißen** in the present tense:

[Infinitive]	[Participle]
schießen	geschossen
grüßen	gegrüßt

fahren (fährt), gefahren

	Sing.	Plur.
1st	fahre	fahren
2nd	fährst	fahrt
3rd	fährt	fahren

Conjugated like **fahren**:

[Infinitive]	[Participle]
fallen	gefallen
gefallen	gefallen
schlafen	geschlafen
schlagen	geschlagen
tragen	getragen

raten (rät), geraten

	Sing.	Plur.
1st	rate	raten
2nd	rätst	ratet
3rd	rät	raten

lassen (läßt), gelassen

	Sing.	Plur.
1st	lasse	lassen
2nd	läßt	laßt
3rd	läßt	lassen

laufen (läuft), gelaufen

	Sing.	Plur.
1st	laufe	laufen
2nd	läufst	lauft
3rd	läuft	laufen

stoßen (stößt), gestoßen

	Sing.	Plur.
1st	stoße	stoßen
2nd	stößt	stoßt
3rd	stößt	stoßen

sitzen, gesessen

	Sing.	Plur.
1st	sitze	sitzen
2nd	sitzt	sitzt
3rd	sitzt	sitzen

Conjugated like **sitzen** in the present tense:

[Infinitive]	[Participle]
besitzen	besessen
setzen	gesetzt
stürzen	gestürzt
tanzen	getanzt

tun, getan

	Sing.	Plur.
1st	tue	tun
2nd	tust	tut
3rd	tut	tun

passen, gepaßt

	Sing.	Plur.
1st	passe	passen
2nd	paßt	paßt
3rd	paßt	passen

reisen, gereist

	Sing.	Plur.
1st	reise	reisen
2nd	reist	reist
3rd	reist	reisen

Conjugated like **reisen**:

[Infinitive]	[Participle]
lösen	gelöst

arbeiten, gearbeitet

	Sing.	Plur.
1st	arbeite	arbeiten
2nd	arbeitest	arbeitet
3rd	arbeitet	arbeiten

Conjugated like **arbeiten** in the present tense:

[Infinitive]	[Participle]
antworten	geantwortet
ausrichten	ausgerichtet
bedeuten	bedeutet
finden	gefunden
kosten	gekostet
regnen	geregnet
warten	gewartet
wenden	gewendet

sagen, gesagt

	Sing.	Plur.
1st	sage	sagen
2nd	sagst	sagt
3rd	sagt	sagen

Conjugated like **sagen** in the present tense:

Weak Verbs

[Infinitive]	[Participle]
anprobieren	anprobiert
ausrutschen	ausgerutscht
aussuchen	ausgesucht
austauschen	ausgetauscht
bedauern	bedauert
bemerken	bemerkt
bestellen	bestellt
besuchen	besucht
blühen	geblüht
brauchen	gebraucht
danken	gedankt
erinnern	erinnert
erklären	erklärt
erzählen	erzählt
fehlen	gefehlt
fischen	gefischt
fragen	gefragt
freuen	gefreut
frühstücken	gefrühstückt
fühlen	gefühlt

[Infinitive]	[Participle]
glauben	geglaubt
hinken	gehinkt
hinzufügen	hinzugefügt
hoffen	gehofft
holen	geholt
hören	gehört
hupen	gehupt
kaufen	gekauft
kegeln	gekegelt
legen	gelegt
lehren	gelehrt
lernen	gelernt
loben	gelobt
machen	gemacht
passieren	passiert
schicken	geschickt
schmecken	geschmeckt
spielen	gespielt
stecken	gesteckt
stellen	gestellt
stimmen	gestimmt
suchen	gesucht
tauchen	getaucht
trennen	getrennt
üben	geübt
verdienen	verdient
verkaufen	verkauft
verrenken	verrenkt
verschaffen	verschafft
wohnen	gewohnt
wünschen	gewünscht

Irregular Weak Verbs

[Infinitive]	[Participle]
ausdenken	ausgedacht
bringen	gebracht
denken	gedacht
erkennen	erkannt
kennen	gekannt
mitbringen	mitgebracht

Strong Verbs

[Infinitive]	[Participle]
beginnen	begonnen
bekommen	bekommen
bestehen	bestanden
bleiben	geblieben
fliegen	geflogen
gehen	gegangen
gewinnen	gewonnen
hängen	gehangen
kommen	gekommen
liegen	gelegen
rufen	gerufen
scheinen	geschienen
schreien	geschrieen
schreiben	geschrieben
schwimmen	geschwommen
springen	gesprungen
stehen	gestanden
trinken	getrunken
verlieren	verloren
verstehen	verstanden

Examples of imperatives

du	ihr	Sie	wir
Bleib!	Bleibt!	Bleiben Sie!	Bleiben wir!
Bring!	Bringt!	Bringen Sie!	Bringen wir!
Fahr!	Fahrt!	Fahren Sie!	Fahren wir!
Frag!	Fragt!	Fragen Sie!	Fragen wir!
Geh!	Geht!	Gehen Sie!	Gehen wir!
Glaub!	Glaubt!	Glauben Sie!	Glauben wir!
Hilf!	Helft!	Helfen Sie!	Helfen wir!
Iß!	Eßt!	Essen Sie!	Essen wir!
Komm!	Kommt!	Kommen Sie!	Kommen wir!
Lauf!	Lauft!	Laufen Sie!	Laufen wir!
Mach!	Macht!	Machen Sie!	Machen wir!
Nimm!	Nehmt!	Nehmen Sie!	Nehmen wir!
Ruf . . . an!	Ruft . . . an!	Rufen Sie . . . an!	Rufen wir . . . an!
Sag!	Sagt!	Sagen Sie!	Sagen wir!
Setz dich!	Setzt euch!	Setzen Sie sich!	Setzen wir uns!
Sieh!	Seht!	Sehen Sie!	Sehen wir!
Sprich!	Sprecht!	Sprechen Sie!	Sprechen wir!
Stoß(e)	Stoßt!	Stoßen Sie!	Stoßen wir!
Wart(e)	Wartet!	Warten Sie!	Warten wir!

SONGS

1. Du, du liegst mir im Herzen

Volksweise

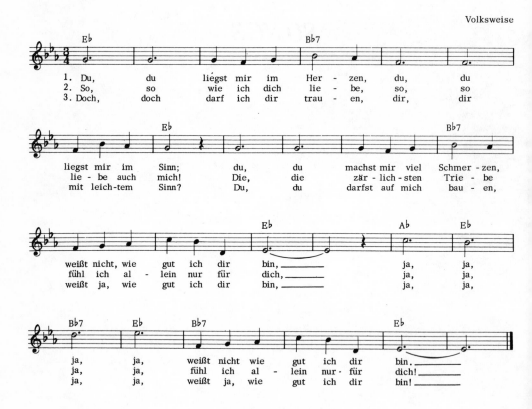

1. Du, du liegst mir im Herzen, du, du liegst mir im Sinn; du, du machst mir viel Schmer - zen, weißt nicht, wie gut ich dir bin, _____ ja, ja, ja, ja, weißt nicht wie gut ich dir bin. _____

2. So, so wie ich dich lie - be, so, so lie - be auch mich! Die, die zär - lich - sten Trie - be fühl ich al - lein nur für dich, _____ ja, ja, ja, ja, fühl ich al - lein nur - für dich! _____

3. Doch, doch darf ich dir trau - en, dir, dir mit leich-tem Sinn? Du, du darfst auf mich bau - en, weißt ja, wie gut ich dir bin, _____ ja, ja, ja, ja, weißt ja, wie gut ich dir bin! _____

4. Und, und wenn in der Ferne
dir, dir mein Bild erscheint,
dann wünscht ich so gerne,
daß uns die Liebe vereint.
ja, ja, ja, ja,
daß uns die Liebe vereint!

2. Ach, wie ist's möglich dann

Emmerich Frhr. v. Hettersdorf, 1812

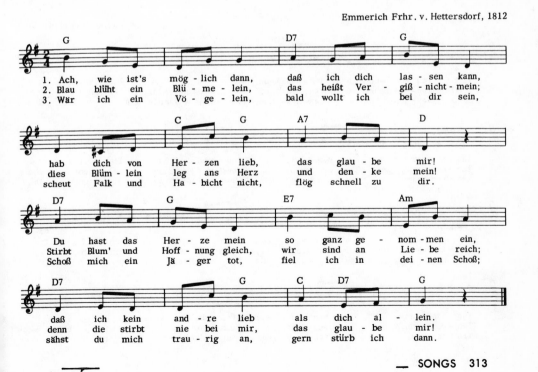

1. Ach, wie ist's mög-lich dann, daß ich dich las-sen kann,
2. Blau blüht ein Blü-me-lein, das heißt Ver-giß-nicht-mein;
3. Wär ich ein Vö-ge-lein, bald wollt ich bei dir sein,

hab dich von Her-zen lieb, das glau-be mir!
dies Blüm-lein leg ans Herz und den-ke mein!
scheut Falk und Ha-bicht nicht, flög schnell zu dir.

Du hast das Her-ze mein so ganz ge-nom-men ein,
Stirbt Blum' und Hoff-nung gleich, wir sind an Lie-be reich;
Schoß mich ein Jä-ger tot, fiel ich in dei-nen Schoß;

daß ich kein and-re lieb als dich al-lein.
denn die stirbt nie bei mir, das glau-be mir!
sähst du mich trau-rig an, gern stürb ich dann.

3. O Tannenbaum

E. Anschütz

Studentenliedweise, 1799

1. O Tan - nen-baum, o Tan - nen-baum, wie treu sind dei - ne Blät - ter! O
2. O Tan - nen-baum, o Tan - nen-baum, du kannst mir sehr ge - fal - len! O
3. O Tan - nen-baum, o Tan - nen-baum, dein Kleid will mich was leh - ren: O

Tan - nen-baum, o Tan - nen-baum, wie treu sind dei - ne Blät - ter! Du
Tan - nen-baum, o Tan - nen-baum, du kannst mir sehr ge - fal - len! Wie
Tan - nen-baum, o Tan - nen-baum, dein Kleid will mich was leh - ren: Die

grünst nicht nur zur Som - mers - zeit, nein, auch im Win - ter, wenn es schneit. O
oft hat nicht zur Weih-nachts-zeit, ein Baum von dir mich hoch-er - freut! O
Hoff - nung und Be - stän - dig - keit gibt Trost und Kraft zu je-der Zeit. O

Tan - nen-baum, o Tan - nen-baum, wie treu sind dei - ne Blät - ter!
Tan - nen-baum, o Tan - nen-baum, du kannst mir sehr ge - fal - len!
Tan - nen-baum, o Tan - nen-baum, das will dein Kleid mich leh - ren.

4. Heidenröslein

Goethe

Franz Schubert

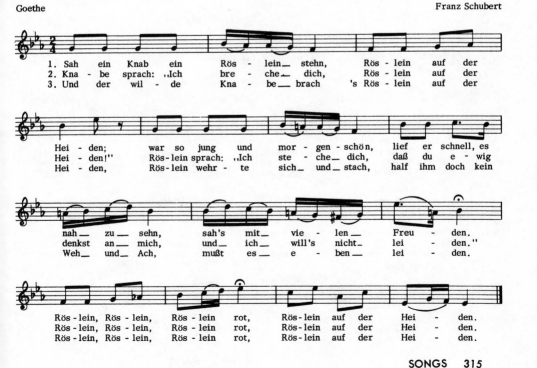

1. Sah ein Knab ein Rös-lein_ stehn, Rös-lein auf der
2. Kna - be sprach: „Ich bre-che_ dich, Rös-lein auf der
3. Und der wil - de Kna - be_ brach 's Rös-lein auf der

Hei - den; war so jung und mor-gen-schön, lief er schnell, es
Hei - den!" Rös-lein sprach: „Ich ste-che_ dich, daß du e - wig
Hei - den, Rös-lein wehr-te sich_ und_ stach, half ihm doch kein

nah_ zu_ sehn, sah's mit_ vie - len_ Freu - den."
denkst an_ mich, und_ ich_ will's nicht_ lei - den."
Weh_ und_ Ach, mußt es_ e - ben_ lei - den.

Rös-lein, Rös-lein, Rös-lein rot, Rös-lein auf der Hei - den.
Rös-lein, Rös-lein, Rös-lein rot, Rös-lein auf der Hei - den.
Rös-lein, Rös-lein, Rös-lein rot, Rös-lein auf der Hei - den.

5. Stille Nacht, heilige Nacht

J. Mohr, 1818   F. Gruber, 1818

1. Stil - le Nacht, hei - li - ge Nacht! Al - les schläft, ein - sam wacht
2. Stil - le Nacht, hei - li - ge Nacht! Hir - ten erst kund ge - macht!
3. Stil - le Nacht, hei - li - ge Nacht! Got - tes Sohn, o wie lacht

nur das trau - te, hoch - hei - li - ge Paar. Hol - der Kna - be im lo - cki-gen Haar,
Durch der En - gel Hal - le - lu - ja, tönt es laut von fern und nah:
Lieb aus dei - nem gött - li - chen Mund, da uns schlägt die ret - ten - de Stund,

schlaf in himm - li - scher Ruh, ___ schlaf in himm - li - scher Ruh!
Christ, der Ret - ter, ist da, ___ Christ, der Ret - ter, ist da!
Christ, in dei - ner Ge - burt, ___ Christ, in dei - ner Ge - burt!

6. Horch, was kommt von draußen rein

1. und 3. Strophe Volkslied
aus dem Vogtland, 1876

Volksweise, Halle 1885

1. Horch, was kommt von drau-ßen rein? Hol - la - hi, hol - la - ho!
2. Leu - te ha - ben's oft ge - sagt, was ich für ein Lieb-chen hab, hol - la - hi - a - ho!
3. Wenn mein Lieb-chen Hoch-zeit hat, ist für mich ein Trau - er - tag,

Wird wohl mein Feins - lieb - chen sein,
was ich für ein Lieb - chen hab, hol - la - hi - a - ho!
ist für mich ein Trau - er - tag,

Geht vor - bei und schaut nicht rein? Hol - la -
Laß sie re - den, schweig fein still,
Geh dann in mein Käm - mer - lein,

hi, hol - la - ho! Wird's wohl nicht ge -
kann ja lie - ben,
trag den Schmerz für

we - sen sein,
wen ich will, hol - la - hi - a - ho!
mich al - lein,

4. Wenn ich mal gestorben bin,
Hol-la-hi, hol-la-ho!
trägt man mich zum Friedhof hin,
hol-la-hi-a-ho!
Setzt mir einen Leichenstein,
Hol-la-hi, hol-la-ho!
Rosen und Vergißnichtmein,
Hol-la-hi-a-ho!

7. Der Lindenbaum

W. Müller

nach Franz Schubert, 1827

1. Am Brun - nen vor dem To - re, da steht ein Lin - den - baum, ich
2. Ich mußt auch heu - te wan - dern vor - bei in tie - fer Nacht, da
3. Die kal - ten Win - de blie - sen mir grad ins An - ge - sicht, der

träumt' in sei - nem Schat - ten so man - chen sü - ßen Traum. Ich
hab ich noch im Dun - keln die Au - gen zu - ge - macht. Und
Hut flog mir vom Kop - fe, ich wen - de - te mich nicht. Nun

schnitt in sei - ne Rin - de so man - ches lie - be Wort, es
sei - ne Zwei - ge rausch - ten, als rie - fen sie mir zu: „Komm
bin ich man - che Stun - de ent - fernt von je - nem Ort, und

zog in Freud und Lei - de zu ihm mich mäch - tig fort.
her zu mir, Ge - sel - le, hier findst du dei - ne Ruh.
im - mer hör ich's rau - schen: du fän - dest Ru - he dort.

8. Der Mai ist gekommen

E. Geibel, 1841

Volksweise aus Niederösterreich

1. Der Mai ist ge - kom - men, die Bäu - me schla - gen aus; da
2. Herr Va - ter, Frau Mut - ter, daß Gott euch be - hüt'! Wer weiß,
3. Frisch auf drum, frisch auf drum im hel - len Son - nen - strahl, wohl

blei - be, wer Lust hat, mit Sor - gen zu Haus! Wie die
wo in der Fer - ne mein Glück mir noch blüht! Es gibt
ü - ber die Ber - ge, wohl durch das tie - fe Tal! Die

Wol - ken dort wan - dern am himm - li - schen Zelt, so
so man - che Stra - ße, die nim - mer ich mar - schiert, es
Quel - len er - klin - gen, die Bäu - me rau - schen all, mein

steht auch mir der Sinn in die wei - te, wei - te Welt.
gibt so man - chen Wein, den ich nim - mer noch pro - biert.
Herz ist wie 'ne Ler - che und stim - met ein mit Schall.

4. O Wandern, o Wandern,
   du freie Burschenlust,
   da wehet Gottes Odem
   so frisch in die Brust;
   da singet und jauchzet
   das Herz zum Himmelszelt:
   wie bist du doch so schön, o
   du weite, weite Welt!

9. Das Wandern

Wilhelm Müller

Carl Friedrich Löllner

1. Das Wan - dern ist des Mül - lers Lust, das Wan - dern ist des
2. Vom Was - ser ha - ben wir's ge - lernt, vom Was - ser ha - ben
3. Das sehn wir auch den Rä - dern ab, das sehn wir auch den

Mül - lers Lust, das Wan - dern. Das muß ein schlech - ter
wir's ge - lernt, vom Was - ser! Das hat nicht Ruh bei
Rä - dern ab, den Rä - dern, die gar nicht ger - ne

Mül - ler sein, dem nie - mals fiel das Wan - dern ein, dem
Tag und Nacht, ist stets auf Wan - der - schaft be - dacht, ist
stil - le stehn, die sich bei Tag nicht mü - de drehn, die

nie - mals fiel das Wan - dern ein, das Wan - dern.
stets auf Wan - der - schaft be - dacht, das Was - ser.
sich bei Tag nicht mü - de drehn, die Rä - der.

4. Die Steine selbst, so schwer sie sind,
   Die Steine selbst, so schwer sie sind,
   die Steine,
   sie tanzen mit den muntern Reihn
   und wollen gar noch schneller sein,
   und wollen gar noch schneller sein,
   die Steine.

5. O Wandern, Wandern, meine Lust,
   O Wandern, Wandern, meine Lust,
   o Wandern!
   Herr Meister und Frau Meisterin,
   laßt mich in Frieden weiterziehn,
   laßt mich in Frieden weiterziehn
   und wandern.

Vocabulary

The following end-vocabulary includes the words found in this text-book, except for certain omissions which are described at the end of these comments.

In this vocabulary you will find German words and phrases with English equivalents which most nearly fit the contexts practiced in this book. But it should never be thought that an English word (or even a set of English words) "give the meaning" of anything in German. Since words are likely to have different meanings when they are used in different contexts, we have to be cautious about selecting a word we have learned in one context for use in another one.

Features of this vocabulary

NOUNS: The gender of a noun is shown by a definite article (nominative singular **der, die,** or **das**) in the margin. If a noun is given with no definite article in the margin, it is plural, or a proper name.

The plural form of a noun is shown by the ending immediately after the headword, using the same symbols as those on page 304, "Types of noun plurals".

VERBS: Verbs are listed in the infinitive form. If there is an irregularity in the present tense, the third-person singular form is supplied in parentheses after the infinitive. Example: **brechen.**

The past participle form (described on pages 284-285) is supplied for each verb. In addition, where there is any separation in the alphabetical arrangement between an infinitive and a past participle that occurs in the text, the participle is listed separately, with a reference to the infinitive. Examples: **angerufen,** and others between **gearbeitet** and **gewußt.** — The same is true of very irregular third-person singular present forms. Example: **ißt.**

Compound separable verbs (described on page 281) are listed with a hyphen inserted in the infinitive. Examples: **ab-fahren, ab-gehen.** — Basic verbs used in this text as parts of compound separable verbs are given with references to the "separable-prefix" part. Example: **bringen.**

Verbs used with dative reflexive objects (described on pages 295–296) are listed with (**sich etwas**) after the infinitive. Verbs used with accusative reflexive objects (described on page 297) are listed with (**sich**) after the infinitive, or **sich** followed by the infinitive. Examples: **an-hören (sich etwas); setzen sich setzen.**

Verbs used with prepositions + accusative or dative are listed as follows: **bestehen auf** (+ *dat.*); **erinnern an** (+ *acc.*); **erkennen an** (+ *dat.*).

ADJECTIVES: Usually a German word that serves as adjective or adverb depending on the grammar of the sentence is supplied with an English word in the adjective form only. Example: **bequem.**

OMISSIONS: This end-vocabulary does not include:

the forms of the definite article, the possessive adjectives, the personal pronouns — as supplied on pages 303–304;

words that occur in the text only as temporary vocabulary and are provided then and there with English translation-glosses. Examples: **Hoppla!** (page 84); **Steckdose** (page 92).

A

ab (leaving) from; **ab und zu** now and then

der **Abend -e** evening

das **Abendessen** - evening meal

abends in the evening; evenings

aber but; however; really

ab-fahren (fährt...ab), abgefahren depart, leave

ab-gehen, abgegangen leave

ach ah; oh; **Ach so!** So that's the way it is!

acht eight

acht- eighth

achtzehn eighteen

achtzehnt- eighteenth

achtzig eighty

achtzigst- eightieth

das **Adjektiv -e** adjective

die **Adresse -n** address

Afrika Africa

all all

alle all

(das) **Allerheiligen:** All Saints' Day (1 November)

alles everything; all; **das alles** all that

als than; as; **als ob** as though; **nichts als** nothing but

also well...; so; therefore; accordingly

alt old

älter older; elder

ältest- oldest; eldest

am = an dem

(das) **Amerika** America; USA

amerikanisch American

die **Ampel -n** suspended light

an at; alongside; on; to; **an...vorbei** past; **erkennen an** (+ *dat.*) recognize by

ander other

anderthalb one and a half

angerufen → anrufen

an-hören (sich etwas), angehört listen to

an-kommen, angekommen arrive

an-probieren, anprobiert try on

an-rufen, angerufen call (on the telephone)

ans = an das

an-sehen (sich etwas) (sieht...an), angesehen look at; watch

antworten, geantwortet answer

der **Anzug ⸚e** suit of clothes (for men)

der **Apfel ⸚** apple

der **Apfelkuchen** - apple cake

der **April** April

die **Arbeit -en** work

arbeiten, gearbeitet work; study

der **Arbeiter** - worker; workman; laborer

der **Arm -e** arm

der **Arzt ⸚e** physician

das **As -se** ace

der **Atlantik** Atlantic Ocean

auch also; too; **auch (nicht, kein)** either

auf on; on top of; to; **auf einmal** suddenly; **auf deutsch** in German; **warten auf** (+ *acc.*) wait for; **sich freuen auf** (+ *acc.*) look forward to

aufgesessen → aufsitzen

aufgestanden → aufstehen

aufs = auf das

auf-sitzen, aufgesessen sit up

auf-stehen, aufgestanden stand up; get up

das **Auge -n** eye

der **Augenblick -e** moment; instant

der **August** August

aus out; out of; from; **von...aus** from; starting from

aus-denken (sich etwas), ausgedacht figure out; make plans for

der **Ausflug ⸚e** picnic; excursion; pleasure trip

ausgedacht → ausdenken

ausgeholfen → aushelfen

ausgerutscht → ausrutschen

ausgesehen → aussehen

ausgesucht → aussuchen

ausgezeichnet excellent; extremely well; extremely good

aus-helfen (hilft...aus), ausgeholfen (+ *dat.*) help out

die **Auskunft** information

der **Auskunftsschalter** - information window (counter, booth)

aus-richten, ausgerichtet perform; **etwas ausrichten** give a message, do an errand

aus-rutschen, ausgerutscht slip; skid

aus-schreiben, ausgeschrieben write out

aus-sehen (sieht...aus), ausgesehen look; appear; **sah...aus** looked

aus-suchen, ausgesucht select; pick out

aus-tauschen, ausgetauscht exchange
die **Autobahn -en** super-highway
der **Autobus -se** bus
das **Auto -s** automobile
der **Autoschlüssel -** car key

B

das **Bad ⁔er** bath; swimming place
der **Badeofen ⁔** water heater
die **Badewanne -n** bathtub
das **Badezimmer -** bathroom with tub
die **Bahn -en** pathway; railroad
der **Bahnhof ⁔e** railroad station
bald soon
der **Balkon -e** balcony
Basel city in Switzerland
der **Bauer -n** farmer; pawn (chess)
der **Bauernhof ⁔e** farm
der **Baum ⁔e** tree
der **Beamte (ein Beamter) Beamten** official; public employee
das **Becken -** basin
bedauern, bedauert regret; be sorry
bedeuten, bedeutet mean; **Was bedeutet das Wort...?** What does the word...mean?
beginnen, begonnen begin
bei with; at; at the house of; near
beide both; **die beiden** the two
beim = bei dem
das **Bein -e** leg
beinahe almost; nearly
bekommen, bekommen get; receive
bemerken, bemerkt remark
bequem comfortable
der **Berg -e** mountain; hill
Berlin former capital of Germany; a divided city within East Germany
Bern capital of Switzerland
berühmt famous
besitzen, besessen own; possess
besser better
die **Besserung -en** improvement; recovery
best- best
das **Besteck -e** flatware; silverware
bestehen auf (+ dat.), bestanden insist on
bestellen, bestellt order
bestens: Danke bestens! Thank you very much!
der **Besuch -e** visitor(s); **zu Besuch** for a visit
besuchen, besucht visit

das **Bett -en** bed
bewölkt cloud-covered
die **Bibliothek -en** library
Biel city in Switzerland
der **Bieler-See** lake near Biel
das **Bild -er** picture
billig inexpensive; reasonable; cheap
bin → sein
die **Birne -n** pear
bis until
Bismarck: Otto von Bismarck (1815-1898) German statesman
ein **bißchen** a little; a little bit
bist → sein
bitte please; [*responding to* **Danke**] you're welcome
blaß pale
blau blue
bleiben, geblieben stay; remain
der **Bleistift -e** pencil
blitzen, geblitzt: es blitzt there's lightning; it's lightening
blühen, geblüht bloom; blossom
die **Blume -n** flower
die **Bluse -n** blouse
das **Boot -e** boat
der **Braten -** roast
brauchen, gebraucht need; use
braun brown
brechen (bricht), gebrochen break
das **Brettspiel -e** game played on a board
der **Brief -e** letter
die **Brieffreundin -nen** pen-pal
die **Brille -n** pair of glasses
bringen, gebracht bring; take; [→ hin-, mit-, 'runter-, zurück-]
das **Brot -e** bread; loaf of bread
das **Brötchen -** roll
die **Brücke -n** bridge
Bruckner: Anton Bruckner (1824-1896) Austrian composer
der **Bruder ⁔** brother
der **Bube -n** boy; jack (cards)
das **Buch ⁔er** book
die **Buche -n** beech tree
das **Bücherregal -e** book shelf
der **Bund ⁔e** federation; federal state
die **Bundesstraße -n** federal highway
das **Büro -s** office
der **Bus -se** bus
die **Butter** butter
das **Butterbrot -e** buttered slice of bread; sandwich

C

das **Cello -s** violoncello

D

da there; then; **da draußen** out there; **da drüben** over there; **da unten** down there

dabei in so doing; in connection with that

dafür for it; for that

dahin to that place

dahin-fahren (fährt...dahin), dahingefahren drive there

die **Dame -n** lady; queen (cards, chess)

die **Damenkleidung** women's wear

damit with that; with it

der **Dampfer -** steamship

der **Dank** thanks

danke thank you; no, thanks

danken, gedankt thank

dann then

daran: daran erinnern remind about that; **sich daran erinnern** remember that

darauf: darauf bestehen insist; **sich darauf freuen** look forward to that

darf → dürfen

darin in it, in that

darüber over it; about it

das the; that; that one; it

daß that

das **Datum Daten** date

davon of it; of them; of that; about that

dazu for that; about that; **dazu noch** in addition to that; besides

die **Dekoration -en** decoration; ornament

denken, gedacht think; [→ **aus-**]

denn [*in a question, not at the beginning*] "tell me"; [*beginning a sentence or clause*] because; for

der the; he; that one

deshalb that's why; therefore

deutsch German; **auf deutsch** in German

(das) **Deutschland** Germany

der **Deutschlehrer -** German teacher

die **Deutschlehrerin -nen** German teacher

der **Dezember** December

dick thick; fat

die the; she; that one; they; those

der **Dienstag** Tuesday

dies this

diese this; these

diesmal this time

direkt directly

der **Direktor -en** manager, chief; school principal

doch though; indeed; however; on the contrary; [*responding to a negative question or statement*] yes

der **Doktor -en** doctor [*not necessarily a physician*]

der **Dollar -s** dollar

der **Dom -e** cathedral

das **Domino -s** domino; (the game of) dominoes

der **Donnerstag** Thursday

donnern, gedonnert thunder

das **Dorf ⸚er** village

dort there; at that place

dorthin there; to that place

Dr. = Doktor Doctor [*title*]

draußen outside; outside of town

drei three

dreißig thirty

dreißigst- thirtieth

dreizehn thirteen

dreizehnt- thirteenth

drinnen inside; in the house

dritt- third

drüben over there

dumm stupid

dunkel dark

dunkelbraun dark brown

dunkelgrün dark green

dünn thin

durch through

durchaus absolutely; **durchaus nicht** not in the least

dürfen (darf) be allowed to; can; may; **nicht dürfen** mustn't

das **Düsenflugzeug -e** jet airplane

E

eben just

ebenso just as; the same as

die **Ecke -n** corner

eigen own

eigentlich really; actually; as a matter of fact

es **eilig haben** be in a hurry

ein a/an; one

einander each other

einfach simply

der **Einkauf** ⁼e purchase; **Einkäufe machen** go shopping

einmal once; one order of; **noch einmal** again; **auf einmal** suddenly; **nicht einmal** not even

eins one

einverstanden in agreement

ein-werfen (wirft...ein), eingeworfen mail (a letter)

das **Einzelkind -er** only child

einzig- only; **ein einzig-** only one; **kein einzig-** not a single

das **Eis** ice cream

das **Eisen -** iron

die **Eisenbahn -en** railroad

eisig icy

elegant elegant

das **Elektrizitätswerk -e** power plant

elf eleven

elft- eleventh

der **Ellbogen -** elbow

Eltern parents

das **Ende -n** end; **am Ende** finally

endlich at last

englisch English; **auf englisch** in English

der **Enkel -** grandson

die **Enkelin -nen** granddaughter

das **Enkelkind -er** grandchild

entlang along; **die Straße entlang** along the street

entschuldigen, entschuldigt excuse

die **Entzündung -en** inflammation; infection

die **Erbse -n** pea

die **Erdbeere -n** strawberry

erinnern an (+ *acc.*), **erinnert** remind; **erinnern (sich) an** (+ *acc.*) remember

die **Erkältung -en** head cold

erkennen, erkannt recognize; **erkennen an** (+ *dat.*) recognize by

erklären, erklärt explain

ernst serious; **etwas Ernstes** something serious

erst not until; not before; only; first

erst- first

erzählen, erzählt tell (story); relate

essen (ißt), gegessen eat

das **Essen -** food; meal

der **Eßtisch -e** dinner table

das **Eßzimmer -** dining room

etwas something; anything; somewhat; rather; some; **noch etwas** something more; a little more; **so etwas** something like that

die **Eule -n** owl

(das) **Europa** Europe

extra extra; left over

F

fabelhaft fabulous; marvelous

die **Fabrik -en** factory

fahren (fährt), gefahren drive; travel; go in a vehicle or ship; [→ **ab-, dahin-, hin-, hinaus-, los-, vorbei-, Wasserschi**]

der **Fahrer -** driver

die **Fahrerin -nen** driver

die **Fahrkarte -n** ticket

das **Fahrrad** ⁼er bicycle

fallen (fällt), gefallen fall; be (at a certain date); [→ **herunter-, hin-, hinunter-, 'runter-**]

falsch wrong; incorrect

die **Familie -n** family

die **Farbe -n** color

faul lazy

der **Februar** February

fehlen, gefehlt be missing; be absent; **Was fehlt dir?** What's the matter with you?

das **Fenster -** window

Ferien holidays; vacation

fern far; distant; tele-

der **Fernsehapparat -e** television set

fern-sehen (sieht...fern), ferngesehen watch TV

das **Fernsehprogramm -e** TV program

der **Fernsprecher -** telephone

fertig ready; finished; **fertig machen** finish making; **fertig lesen** finish reading

das **Feuer -** fire

die **Feuerwehr** fire department

das **Fieber -** fever

die **Figur -en** image

der **Film -e** film; movie

finden, gefunden find; regard; consider

der **Finger -** finger

der **Fisch -e** fish

fischen, gefischt fish; go fishing

das **Fischgerät -e** fishing tackle

die **Flasche -n** bottle

das **Fleisch** meat
    Fleischgerichte meat dishes; entrees
    fleißig hard-working
    fliegen, geflogen fly
der **Flug** ⸚e flight
der **Fluggast** ⸚e air passenger
der **Flughafen** ⸚ airport
das **Flugzeug -e** airplane
der **Flur -e** entry hall
der **Fluß Flüsse** river
die **Forelle -n** trout
die **Frage -n** question
    fragen, gefragt ask; inquire
das **Fragewort** ⸚er question word
    Frankfurt: Frankfurt am Main important city in West Germany; **Frankfurt an der Oder** city in East Germany
    Frankfurter (*adjective*) of Frankfurt
die **Frau -en** Mrs.; woman; wife
das **Fräulein -** Miss; young unmarried woman
    frei free; not busy; vacant; unobstructed
im **Freien** out of doors
    frei-haben (**hat...frei**), **freigehabt** have a holiday; have a vacation
der **Freitag** Friday
    freuen, gefreut give pleasure; **es freut mich** it's a pleasure; **das freut mich** I'm glad about that; **sich freuen auf** (+ *acc.*) look forward to; **sich freuen über** (+*acc.*) be glad about
der **Freund -e** friend
die **Freundin -nen** friend
    freundlich friendly; kind
der **Frieden -** peace
    frieren: mich friert I'm cold
    frisch fresh; brisk
    Frl. = Fräulein
    früh early; **Freitag früh** Friday morning
    früher earlier; former; formerly
das **Frühjahr -e** spring
der **Frühling -e** spring
das **Frühlingswetter** spring weather
das **Frühstück -e** breakfast; **zweites Frühstück** lunch
    frühstücken, gefrühstückt eat breakfast
    fügen (*see* **hinzufügen**)
    fühlen (**sich**), **gefühlt** feel [→ **wohl-**]
der **Führerschein -e** driver's license

fünf five
fünft- fifth
fünfzehn fifteen
fünfzehnt- fifteenth
fünfzig fifty
fünfzigst- fiftieth
für for; for the sake of; **was für** what kind of; **für etwas viel übrighaben** be fond of something
furchtbar awful; terrible
der **Fuß** ⸚e foot
der **Fußball** soccer
das **Fußgelenk -e** ankle

G

die **Gabel -n** fork
ganz complete; entire; total; whole; quite
gar nicht not at all
die **Garderobe -n** coat rack
die **Gasse -n** narrow street
das **Gasthaus** ⸚er inn
    gearbeitet → arbeiten
das **Gebäude -** building
    geben (**gibt**), **gegeben** give; present; **es gibt** there is/are; **es wird geben** there will be
    geblieben → bleiben
    gebracht → bringen
    gebrochen → brechen
der **Geburtstag -e** birthday
    gedacht → denken; das hab' ich mir gedacht that's what I thought
    gefahren → fahren
    gefallen → fallen
    gefallen (**gefällt**), **gefallen** (+ *dat.*) please; appeal to; **das gefällt mir** I like that
    gefangen → fangen
    geflogen → fliegen
    gefragt → fragen
    gefreut → freuen
    gefrühstückt → frühstücken
    gefunden → finden
    gegangen → gehen
    gegeben → geben
    gegen against; **gegen etwas fahren** drive into something
    gegenüber across the street; opposite
    gegessen → essen
    gegrüßt → grüßen
    gehabt → haben

gehen, gegangen go; go on foot; es geht mir gut I'm fine; das geht nicht that won't do; that can't be done; [→ ab-, hin-, hinunter-, mit-, nach-, vorbei-]
geholfen → helfen
gehört → hören
gekauft → kaufen
gekommen → kommen
gekostet → kosten
gelassen → lassen
gelb yellow; gelbe Rüben carrots
das Geld -er money; funds
gelegen → liegen
gelegt → legen
gelernt → lernen
gelesen → lesen
gemacht → machen
gemietet → mieten
das Gemüse - vegetable(s)
genommen → nehmen
genug enough
die Geographie geography
das Gepäck baggage; luggage
gepaßt → passen
geplant → planen
gerade just
geradeaus straight ahead
das Gerät -e equipment
geregnet → regnen
gern, gerne gladly; willingly; gern haben like; Schwimmst du gern? Do you like to swim?
gesagt → sagen
das Geschäft -e store; business
das Geschirr plates, dishes, cups, saucers, etc.
der Geschirrschrank ⸚e china closet
geschlafen → schlafen
geschlossen → schließen
geschmeckt → schmecken
geschrieben → schreiben
Geschwister brother(s) and sister(s); siblings
gesehen → sehen
das Gesellschaftsspiel -e social game
gesessen → sitzen
gesetzt → setzen
das Gesicht -er face
gespielt → spielen
gesprochen → sprechen
gesprungen → springen
gestanden → stehen
gestellt → stellen

gestern yesterday
gestoßen → stoßen
gestürzt → stürzen
gesund healthy
getan → tun
getanzt → tanzen
das Getränk -e something to drink
getrunken → trinken
gewartet → warten
gewesen → sein
gewinnen, gewonnen win; gain
gewiß indeed; certainly
das Gewitter - thunderstorm
gewöhnlich usual, ordinary; usually, ordinarily
gewonnen → gewinnen
geworden → werden
gewußt → wissen
gibt → geben
die Gitarre -n guitar
glänzend wonderful; magnificent
das Glas ⸚er glass
glauben, geglaubt believe; think
gleich right away; immediately; directly; same; das ist mir gleich that's all the same to me
glücklicherweise fortunately
Goethe: Johann Wolfgang Goethe (1749–1832) eminent German author
das Goethe-Haus Goethe's childhood home (now a museum)
golden golden
der Gott God; Grüß Gott! [South German greeting]
groß big; tall
großartig splendid
die Größe -n size
Großeltern grandparents
größer bigger; taller
die Großmutter ⸚ grandmother
der Großvater ⸚ grandfather
grün green
die Gruppe -n group
der Gruß ⸚e greeting
Grüß Gott! [South German greeting]
grüßen, gegrüßt greet; say hello
der Gürtel - belt
gut good; well; fine; OK
das Gymnasium -ien nine-year school (fifth through thirteenth school year) preparing for study at a university or technical institute—admission and graduation by state examination

H

das **Haar -e** hair

haben (hat), gehabt have; **gern haben** like; **Lust haben** want; [→ **frei-, übrig-, vor-**]

der **Hafen** ⁔ harbor

halb half; **halb sieben** half past six

Hallo! Hello! (on the telephone)

der **Hals** ⁔e throat; front part of the neck

Hamburg German seaport city

Hamburger [*adjective*] of Hamburg

die **Hand** ⁔e hand

das **Handgelenk -e** wrist

der **Handschuh -e** glove

hängen, gehangen hang; be hanging

häßlich ugly

hatte(n) had

hätte(n) had; would have

Haupt- chief, main

der **Hauptbahnhof** ⁔e main, central railroad station

die **Hauptpost -en** main, central post office

die **Hauptstraße -n** Main Street

die **Hauptwache** ·n main police station; name of a central square in Frankfurt

das **Haus** ⁔er house

die **Hausaufgabe -n** homework

das **Häuschen -** little house; cottage

Hause: zu Hause home (at home); **nach Hause** home (homeward; toward home)

der **Hausschuh -e** slipper

heiß hot

heißen, geheißen be called; **das heißt** that means

helfen (hilft), geholfen (+ *dat.*) help; [→ **aus-**]

hell bright; light

hellblau light blue

hellbraun light brown; tan

hellgelb light yellow

hellgrün light green

das **Hemd -en** shirt

herauf up here

heraus out here

heraus-kommen, herausgekommen come out

heraus-nehmen (nimmt...heraus), herausgenommen take (out)

heraus-stecken, herausgesteckt stick (out)

der **Herbst -e** autumn; fall

das **Herbstwetter** fall weather

der **Herd -e** stove

herein in here

herein-kommen, hereingekommen come in

der **Herr (-n) -en** Mr.; gentleman; man

herunter down here; downstairs

herunter-fallen (fällt...herunter), heruntergefallen fall down

herunter-kommen, heruntergekommen come down

das **Herz -en** heart

heute today; **heute morgen** this morning

hier here

hilf → helfen

der **Himmel -** sky

hin away (usually from the speaker); there

hinauf up there

hinaus out there

hinaus-fahren (fährt...hinaus), hinausgefahren drive out (there)

hinein in there

hin-fahren (fährt...hin), hingefahren drive there

hin-fallen (fällt...hin), hingefallen fall down

hin-gehen, hingegangen go there

hingekommen → hinkommen

hingelegt → hinlegen

hingesetzt → hinsetzen

hingestürzt → hinstürzen

hinken, gehinkt limp; [→ **hinunter-**]

hin-kommen, hingekommen get there

hin-legen (sich), hingelegt lie down

hin-setzen (sich), hingesetzt sit down

hin-stürzen, hingestürzt fall (violently)

hinten in the back

hinter behind

hinunter down there

hinunter-fallen (fällt...hinunter), hinuntergefallen fall down

hinunter-gehen, hinuntergegangen go down

hinunter-hinken, hinuntergehinkt limp down

hin-wollen want to go there

hinzu-fügen, hinzugefügt add

hoch high; deep (of snow)

hoffen, gehofft hope

hoffentlich let's hope that...; it is to be hoped that...

hoh- → hoch
holen, geholt get; go and get; [→ ab-]
hören, gehört hear; Hören Sie mal!
   Listen! [→ an-]
die Hose -n trousers
das Hotel -s hotel
hübsch pretty
der Hubschrauber - helicopter
das Hühnchen - chicken
hundert hundred
hundertst- hundredth
hungrig hungry
hupen, gehupt honk; blow the horn
der Hut ⁔e hat
die Hütte -n cottage

I

im = in dem
immer always; immer noch still;
   immer kälter colder and colder
in in; into
die Innenstadt central part of the city
Innsbruck city in the Tirol, Austria
ins = in das
das Instrument -e instrument
interessant interesting
iß → essen
ißt → essen
ist → sein

J

ja [as answer to a question] yes; [within a
   clause] of course; you know
die Jacke -n jacket; suit coat
die Jagd -en hunt
das Jahr -e year
die Jahreszeit -en season
der Januar January
jed- each; every; any; each one; every
   one; anyone
jedenfalls anyhow; anyway
jemand [acc. jemanden] someone; anybody
jetzt now
der Juli July
jung young
der Junge -n boy
jünger younger
die Jungfer -n young maiden
der Jungfernstieg name of a street in
   Hamburg
jüngst- youngest

der Juni June
das Juwel -en jewel

K

der Kaffee coffee
die Kaffeekanne -n coffee pot
der Kaiser - emperor
kalt cold
kälter colder
Kammerspiele (plural) "Little Theater"
kann → können
kaputt out of order; no good; "busted"
kaputt-machen, kaputtgemacht "bust"
Karlsruhe German city in the upper
   Rhine valley, near the Black Forest
das Karo -s diamond (cards)
die Karte -n card; map; ticket
das Kartenspiel -e card game
die Kartoffel -n potato
der Käse - cheese
das Käsebrot -e cheese sandwich
die Katze -n cat
kaufen, gekauft buy
das Kaufhaus ⁔er department store
der Kaufhof [frequently used as a name of a
   department store]
kaum scarcely
kegeln, gekegelt bowl
kein not any; none; no; ist kein isn't a
der Keller - cellar; basement
der Kellner - waiter
die Kellnerin -nen waitress
kennen, gekannt be acquainted with;
   know; kennen-lernen, kennengelernt get acquainted with; meet
der Kerl -e chap; fellow; guy
das Kilometer - kilometer
das Kind -er child
das Kino -s movie; movies
die Kirche -n church
die Klasse -n class
das Klassenzimmer - classroom
das Klavier -e (upright) piano
das Kleid -er dress
der Kleiderschrank ⁔e clothes cupboard;
   wardrobe
die Kleidung clothing
klein small; little; short
das Kleingeld cash; small change
das Klosett -e toilet
klug intelligent; smart
km = Kilometer

das **Knie** - knee
der **Koffer** - suitcase
der **Kombi** -s station wagon
    kommen, gekommen come; get (somewhere); [→ **an-, heraus-, herein-, herunter-, hin-, mit-, 'runter-, vorbei-, zurück-**]
die **Kommode** -n chest of drawers; bureau
    komplett complete (meal): "from soup to nuts"
der **König** -e king
die **Königin** -nen queen
    können (kann) can; be able to
    konnte(n) could
    könnte(n) could; would be able to
der **Kopf** ⁺e head
das **Kopfweh** headache
der **Korb** ⁺e basket
der **Korbball** basketball
das **Korbballspiel** -e basketball game
der **Korbballspieler** - basketball player
der **Körper** - body
    kosten, gekostet cost
    krank sick; ill
das **Krankenhaus** ⁺er hospital
die **Krankheit** -en sickness; illness
die **Krawatte** -n necktie
die **Kreide** chalk
das **Kreuz** -e cross; club (cards)
die **Küche** -n kitchen
der **Kuchen** - cake
der **Küchenherd** -e kitchen stove
der **Küchenschrank** ⁺e kitchen cupboard
der **Küchentisch** -e kitchen table
der **Kugelschreiber** - ball-point pen
die **Kuh** ⁺e cow
    kühl cool
der **Kühlschrank** ⁺e refrigerator
    kurz short
die **Kusine** -n girl cousin

L

das **Lamm** ⁺er lamb
die **Lampe** -n lamp
das **Land** ⁺er country; a state of the German Federal Republic; **aufs Land** to the country
die **Landstraße** -n highway
    lang(e) long; a long time; **wie lange** how long; **eine Stunde lang** for an hour
    langsam slow

    längst for quite a long time; quite a long time ago
    langweilig boring; tiresome
der **Lärm** noise
    lassen (läßt), gelassen leave; let; cause to
    laufen (läuft), gelaufen run; go on foot; [→ **Schi, Schlittschuh**]
der **Läufer** - runner, cross-country runner; bishop (chess)
    leer empty
    legen, gelegt put; lay; [*see page 161*]
    sich legen lie down; [→ **hin-**]
    lehren, gelehrt teach
der **Lehrer** - teacher
die **Lehrerin** -nen teacher
    leicht light (not heavy); easy
das **Leid** suffering; **das tut mir leid** I'm sorry
    leider unfortunately; I'm sorry to say
    lernen, gelernt learn; [→ **kennen-**]
    lesen (liest), gelesen read
    letzt last
    Leute people
das **Licht** -er light
das **Lichtspiel** -e film; movie; die **Lichtspiele** [*plural*] movie theater
    lieb dear
    lieber rather
    liegen, gelegen lie; be [*see page 161*]
die **Limonade** -n lemonade; lemon soda
die **Limousine** -n (airport) limousine
    link- left
    links on the left; **nach links** to the left
    loben, gelobt praise
der **Löffel** - spoon
    los: Was ist los? What's the matter? What's going on?
    lösen, gelöst buy (a ticket)
    los-fahren (fährt...los), losgefahren drive off; start
der **Löwe** -n lion; das **Gasthaus zum Löwen** the "Lion Inn"
die **Lufthansa** name of the West German airline
die **Lust** ⁺e pleasure; **Lust haben** want

M

    machen, gemacht do; make; **das macht nichts** that doesn't matter; that doesn't make any difference; **Einkäufe machen** go shopping; **fertig**

machen finish making; **eine Reise machen** take a trip; **schnell machen** hurry; **Spaß machen** be fun; **sich Sorgen machen** worry; **Was macht sein Kopf?** How is his head getting along? [→ **kaputt-**]

das **Mädchen** - girl

die **Mädchenschule** -n girls' school

das **Mädel** -s girl

mag → **mögen**

der **Mai** May

der **Main** tributary of the Rhine

die **Maisflocke** -n cornflake (cereal)

das **Mal** -e time; times; **mal = einmal** once; **zweimal** twice; **-mal** times; **Sag mal!** Say! Tell me!; **Hör mal!** Listen!; **Einen Augenblick mal!** Just a moment!

man people; you; they

manchmal sometimes

der **Mann** ⁔er man; husband

der **Mantel** ⁔ coat; overcoat

die **Mark** mark (unit of currency in Germany)

der **Markt** ⁔e market

der **Marktplatz** ⁔e market square

der **März** March

mehr more; **nicht mehr** no longer; **kein...mehr** no more...; not any more...

meinen, gemeint have/express an opinion; think; mean; **Meinen Sie?** Do you think so?; **Das will ich meinen!** I'll say!

die **Menge** -n crowd; number of things; **eine Menge** a lot

der **Mensch** -en human being; person/people

menschlich human

das **Messer** - knife

die **Milch** milk

der **Milchmann** ⁔er milkman

die **Milliarde** -n billion; 10^9

die **Million** -en million; 10^6

die **Minute** -n minute

mit with; along; **mit dem Zug** by train

mit-bringen, mitgebracht bring along; take along

mit-gehen, mitgegangen go along

mit-kommen, mitgekommen come along; go along

der **Mittag** -e noon

das **Mittagessen** - noonday meal; lunch

das **Mittel** - means; device

mitten in in the middle of

die **Mitternacht** ⁔e midnight

der **Mittwoch** Wednesday

das **Möbel** - furniture

der **Möbelwagen** - furniture van

möchte(n) would like to

mögen (mag) like; like to; **nicht mögen** not want; not want to

möglich possible

der **Monat** -e month

der **Montag** Monday

das **Moped** -s motorbike

der **Morgen** - morning; **morgens** in the morning; mornings

morgen tomorrow

der **Motor** -en motor

das **Motorrad** ⁔er motorcycle

müde tired

München South German city, capital of Bavaria

der **Mund** ⁔er mouth

das **Museum Museen** museum

die **Musik** music

das **Musikinstrument** -e musical instrument

müssen (muß) must; have to; **nicht müssen** not have to

die **Mußestunde** -n leisure hour; spare time

mußte(n) had to

die **Mutter** ⁔ mother

die **Mutti** Mom

N

na well...

nach after; toward; to; according to; **nach draußen** out; **nach oben** up; **nach Hause** home (homeward); **die Uhr geht nach** the clock/watch is slow

der **Nachmittag** -e afternoon; **nachmittags** in the afternoon; afternoons

nächst- next; nearest

die **Nacht** ⁔e night

der **Nachtisch** -e dessert

der **Nacken** - back of the neck

nah(e) near; close

die **Nähe: in der Nähe** nearby

der **Name** -n name

nämlich you see; you must understand; didn't you know that...?

die **Nase -n** nose
natürlich of course; naturally
nebelig foggy
neben next to
nebenan next door
nee "Nope"
der **Neffe -n** nephew
nehmen (nimmt), genommen take;
Platz nehmen sit down; [→ heraus-]
nein no
nett nice
neu new
das **Neujahr** New Year's Day
neulich recently
neun nine
neunt- ninth
neunzehn nineteen
neunzehnt- nineteenth
neunzig ninety
neunzigst- ninetieth
nicht not; -n't; **auch nicht** not either;
nicht mehr no longer; **noch nicht**
not yet; **nicht einmal** not even
die **Nichte -n** niece
nichts nothing; **das macht nichts** that
doesn't matter; that doesn't make
any difference
nie never
nimmt → **nehmen**
noch still; yet; **immer noch** still; **noch
einmal** again; **noch nicht/kein** not
yet; **sonst noch jemand** somebody
else; **was...sonst noch** what else;
noch ein another
der **Norden** north
die **Note -n** note (music); **Noten** [*plural*]
music score
nötig necessary
Notizen notes
der **November** November
die **Null -en** zero
die **Nummer -n** number
nun well...; now
nur only

O

o oh
ob if; whether; **als ob** as if; as though
oben up; upstairs; **nach oben** up
der **Oberarm -e** upper arm (between shoulder and elbow)
der **Oberschenkel -** thigh; upper leg (between hip and knee)

das **Obst** fruit that can be eaten raw
oder or
die **Oder** East German river
der **Ofen ⸚** stove
offen open
oft often
oh oh
ohne without
das **Ohr -en** ear
der **Ohrring -e** earring
der **Oktober** October
der **Onkel -** uncle
die **Oper -n** opera
der **Orangensaft** orange juice
das **Orchester -** orchestra
die **Orchesterprobe -n** orchestra rehearsal
die **Ordinalzahl -en** ordinal numeral
Osnabrück medium-sized city in North-
west Germany
(das) **Österreich** Austria
österreichisch Austrian
der **Ozean -e** ocean

P

das **Paar -e** pair
ein **paar** a few; some; several
die **Packung -en** package
die **Panne -n** breakdown; mechanical fail-
ure
das **Papier -e** paper
der **Papierkorb ⸚e** wastepaper basket
der **Papierteller -** paper plate
Papierwaren stationery
der **Park -s/-e** park
der **Parkplatz ⸚e** parking lot
passen, gepaßt fit; **passen zu** go well
with
passieren, passiert happen
das **Pech** bad luck
per by
die **Person -en** person
der **Pfennig -e** pfennig (= 1/100 Mark)
das **Pferd -e** horse
das **Pik -s** spade (cards)
der **Plan ⸚e** plan; map of a city
die **Platte -n** record
der **Plattenspieler -** record player
der **Platz ⸚e** square; seat; **Platz nehmen**
sit down
die **Polizei** police force
die **Polizeiwache -n** police station
der **Polizist -en** policeman

die **Post -en** post office
der **Präsident -en** president
der **Preis -e** prize
die **Probe -n** rehearsal
der **Professor -en** professor; teacher
das **Programm -e** program
das **Publikum** public; audience
das **Pult -e** pupil's desk
der **Punsch -e** punch

R

das **Rad ⁔er** wheel
das **Radio -s** radio
das **Radioprogramm -e** radio program
raten (rät), geraten advise
das **Rathaus ⁔er** city hall
der **Raum ⁔e** space; room
die **Rechnung -en** bill
recht quite
recht- right
rechts on the right; **nach rechts** to the
    right
rechtzeitig on time; punctual
das **Regal -e** shelf
der **Regenmantel ⁔** raincoat
regnen, geregnet rain
regnete was raining
der **Rehbock ⁔e** male deer
der **Reifen -** tire
die **Reifenpanne -n** flat tire
der **Reis** rice
die **Reise -n** trip; journey; **auf Reisen**
    traveling; **eine Reise machen** take
    a trip
reisen, gereist travel
reizend charming; very nice
das **Restaurant -s** restaurant
der **Rhein** Rhine
der **Rhein-Main-Flughafen** major airport
    near Frankfurt am Main
richtig correct; right; true
die **Richtung -en** direction
der **Ring -e** ring
der **Rock ⁔e** skirt
der **Roman -e** novel
die **Rose -n** rose
der **Rosenkavalier** opera by Richard
    Strauss (1864–1949), with a libretto
    by Hugo von Hofmannsthal (1874–
    1929)
rot red
die **Rübe -n** one of several kinds of edible

roots; **gelbe Rübe** carrot
rufen, gerufen call; [→ **an-**]
'runter-bringen, **'runtergebracht**
    bring down
**'runter-fallen (fällt...'runter), 'run-
    tergefallen** fall down
'runter-kommen, 'runtergekommen
    come down
rutschen, gerutscht slip; skid; [→ **aus-**]

S

die **Sache -n** thing; whole thing; affair
der **Saft ⁔e** juice; sap
sagen, gesagt say; tell; **Sagen Sie mal!**
    Say! Tell me!
sah...aus → **aus-sehen**
die **Sahne** cream
der **Salat -e** salad; lettuce
der **Samstag** Saturday
Sankt Saint
das **Schach** chess
die **Schachfigur -en** chessman
der **Schachspieler -** chess player
schade too bad
die **Schallplatte -n** phonograph record
der **Schein -e** license; certificate
scheinen, geschienen shine
der **Schi -er** ski; **Schi laufen** ski
schicken, geschickt send
schießen, geschossen shoot
das **Schilaufen** skiing
der **Schiläufer -** skier
Schiller: Friedrich Schiller (1759–
    1805) eminent German author
schlafen (schläft), geschlafen sleep
das **Schlafzimmer -** bedroom
schlagen (schlägt), geschlagen hit;
    strike; [→ **vor-**]
die **Schlagsahne** whipped cream
schlecht bad
der **Schlittschuh -e** ice skate; **Schlittschuh
    laufen** skate
das **Schloß Schlösser** castle
der **Schlüssel -** key
schmecken, geschmeckt taste; taste
    good
schmelzen (schmilzt), geschmolzen
    melt
der **Schnee** snow
schneien, geschneit: es schneit it's
    snowing; **es hat geschneit** it snowed
schnell fast; rapid; quick; **schnell
    machen** hurry

der **Schnellzug** ⍾e extra-fare through train
die **Schokolade** chocolate
schon already; yet; really; certainly; **schon lange** for a long time (up until now)
schön fine; nice; beautiful; handsome; all right; OK; **danke schön** thanks; **bitte schön** you're welcome; **schöner Gruß** best wishes; **Das Schöne kommt noch.** The best is yet to come.
der **Schrank** ⍾e cupboard; chest of drawers; bureau
schreiben, geschrieben write; [→ **aus-**]
Schubert: Franz Schubert (1797–1828) Austrian composer
der **Schuh -e** shoe
das **Schulbuch** ⍾er textbook
der **Schulbus -se** school bus
die **Schule -n** school
der **Schüler -** pupil
die **Schülerin -nen** pupil
der **Schultag -e** school day
die **Schulter -n** shoulder
das **Schulterblatt** ⍾er shoulder blade
schwach weak
der **Schwager** ⍾ brother-in-law
die **Schwägerin -nen** sister-in-law
der **Schwan** ⍾e swan
schwarz black
das **Schwarzbrot** dark bread
Schwaz town in the Tirol, Austria
die **Schweiz** Switzerland
schwer heavy; difficult
die **Schwester -n** sister
das **Schwimmbad** ⍾er swimming pool
schwimmen, geschwommen swim
die **Schwimmerin -nen** swimmer
der **Schwimmpreis -e** prize for swimming
sechs six
sechst- sixth
sechzehn sixteen
sechzehnt- sixteenth
sechzig sixty
sechzigst- sixtieth
der **See -n** lake
sehen (sieht), gesehen look; see; [→ **an-, aus-, fern-, zu-**]
sehr very; very much
sein (bin, bist, ist, sind, seid), war(en), gewesen be
seit since; **seit wann?** since when?; how long?; **Seit wann hat Käte ihren Wagen?** How long has Käte

had her car?; **Seit Montag haben wir Telefon.** We've had a telephone since Monday.
die **Seite -n** page; side
die **Sekretärin -nen** secretary
die **Sekunde -n** second
der **Senator -en** senator
der **September** September
die **Serviette -n** napkin
der **Sessel -** armchair
setzen, gesetzt put; set; [*see page 161*]; **sich setzen** sit down; [→ **hin-**]
sicher surely; certainly
sieben seven
siebt- seventh
siebzehn seventeen
siebzehnt- seventeenth
siebzig seventy
siebzigst- seventieth
sieht → **sehen**
das **Silvester** New Year's Eve
sind → **sein**
sitzen, gesessen sit; be; [*see page 161*]; [→ **auf-**]
so so; that way; so-so; **so eins** one like that; **so etwas** something like that; **So?** Is that so?; **Ach so!** So that's the way it is!
die **Socke -n** sock
das **Sofa -s** sofa
der **Sohn** ⍾e son
solch such
sollen (soll) be supposed to; be going to; should; **Soll ich?** Shall I?
sollte(n) ought to; should; was/were supposed to
der **Sommer -** summer
Sommerferien summer vacation
der **Sommermonat -e** summer month
der **Sommerplan** ⍾e plan for the summer
die **Sommerstellung -en** summer job
sondern but; on the contrary [*after a negative*]
der **Sonnabend** Saturday
die **Sonne -n** sun
der **Sonntag** Sunday
sonst otherwise; **sonst noch jemand** somebody else; **was...sonst noch** what else
die **Sorge -n** worry; **Keine Sorge!** Don't worry! **sich Sorgen machen** worry
soviel so much; as much as
der **Spargel** asparagus

der **Spaß ⁼e** fun; amusement; **Spaß machen** be fun
spät late
später later
der **Spiegel -** mirror
das **Spiel -e** game; play
spielen, gespielt play
der **Spieler -** player
das **Spielzimmer -** recreation room
der **Spinat** spinach
der **Sport -e** sport
der **Sportpark -e** athletic field
sprechen (spricht), gesprochen speak; talk; talk to; consult
springen, gesprungen jump; run
der **Springer -** knight (chess)
das **Spülbecken -** kitchen sink
die **Stadt ⁼e** city; town
die **Stadtbibliothek -en** municipal library
das **Stadtinnere** downtown
das **Stadtmuseum -museen** municipal museum
das **Stadtorchester -** municipal orchestra
der **Stadtpark -e** city park
der **Stadtplan ⁼e** map of the city
die **Stange -n** pole
stark strong
stecken, gesteckt be; be hidden; put; [→ **heraus-**]
stehen, gestanden stand; be; [*see page 161*]; **es steht ihr** it suits her; it is becoming; [→ **auf-**]
die **Stehlampe -n** floor lamp
der **Stein -e** stone
stellen, gestellt put; [*see page 161*]; **zufrieden stellen** satisfy; [→ **vor-**]
die **Stellung -en** job
die **Stimme -n** voice
stimmen, gestimmt: das stimmt that's true
stoßen (stößt), gestoßen hit
die **Strafe -n** punishment
der **Strafzettel -** ticket for a traffic violation
die **Straße -n** street
die **Straßenbahn -en** streetcar
die **Straßenecke -n** street corner
der **Strumpf ⁼e** stocking
das **Stück -e** piece; play; movie
der **Student -en** university student
die **Studentin -nen** university student
der **Stuhl ⁼e** chair
die **Stunde -n** hour; lesson
stürzen, gestürzt plunge; be flung; [→ **hin-**]
suchen, gesucht seek; hunt for; [→ **aus-**]
der **Süden** south
die **Suppe -n** soup
der **Suppenteller -** soup plate
Swissair name of the Swiss airline

T

die **Tafel -n** slab
der **Tag -e** day
die **Tankstelle -n** filling station
die **Tante -n** aunt
der **Tanz ⁼e** dance
tanzen, getanzt dance
der **Tänzer -** dancer
die **Tänzerin -nen** dancer
die **Tanzstunde -n** dancing lesson
die **Tasche -n** pocket; handbag; purse
die **Tasse -n** cup
tauchen, getaucht dive
tauschen, getauscht; [→ aus-]
tausend thousand
tausendst- thousandth
das **Taxi -s** taxi
der **Tee** tea
der **Teetisch -e** tea table
der **Teich -e** pond
der **Teil -e** part
das **Telefon -e** telephone
das **Telefonfräulein -** telephone operator
telefonieren, telefoniert telephone
die **Telefonnummer -n** telephone number
die **Telefonstange -n** telephone pole
der **Teller -** plate
die **Temperatur -en** temperature
das **Tennis** tennis
der **Tennisplatz ⁼e** tennis court(s)
der **Tennispreis -e** tennis prize
der **Tennisschuh -e** tennis shoe
das **Tennisspiel -e** tennis; tennis match
der **Teppich -e** rug
teuer expensive
das **Theater -** theater
tief deep; down
die **Tiefe -n** depth
der **Tisch -e** table
das **Tischtelefon -e** table telephone (in a restaurant)
das **Tischtennis** pingpong
der **Tischtennistisch -e** pingpong table
der **Titel -** title

die **Tochter** ⸚ daughter
die **Tomate** -n tomato
der **Topf** ⸚e pot
die **Torte** -n cake with a filling
tragen (**trägt**), **getragen** carry; wear
die **Traube** -n grape
das **Treff** -s club (cards)
treffen (**trifft**), **getroffen: sich treffen**
meet each other
trennen, getrennt divide; separate;
sich trennen separate; go to different
places
die **Treppe** -n stairway
der **Treppenabsatz** ⸚e stairway landing
das **Treppenhaus** ⸚er staircase
trinken, getrunken drink
tun (**tut**), **getan** do; **es tut mir leid**
I'm sorry; [→ **weh**-]
die **Tür** -en door
der **Turm** ⸚e tower; castle (chess)

U

üben, geübt practice
über above; over; across; concerning;
about; by way of; more than
übermorgen day after tomorrow
überrascht surprised
übrig-haben, übriggehabt: für etwas
viel übrighaben be very fond of
something
uff! [*exclamation expressing fatigue*]
uh! oops! [*expression of dismay*]
die **Uhr** -en clock; watch; o'clock; **wieviel**
Uhr what time
um at (a time); (ask) for (something);
around (a place or thing)
und and
der **Unfall** ⸚e accident; mishap
ungewöhnlich unusual
die **Universität** -en university
unten down; below; downstairs
unter under
der **Unterarm** -e lower arm (between elbow
and wrist)
die **Untergrundbahn** -en subway
der **Unterschenkel** lower leg (between knee
and ankle)
die **Untertasse** -n saucer
unterwegs on the road; under way
unverheiratet unmarried
usw. = **und so weiter** and so forth; etc.

V

der **Vater** ⸚ father
der **Vati** Pop; Dad
die **Verabredung** -en appointment; date
verdienen, verdient earn
vergessen (**vergißt**) **vergessen** forget
das **Vergnügen** pleasure; **Viel Vergnügen!**
Have a good time!
verheiratet married
verkaufen, verkauft sell
die **Verkäuferin** -nen saleslady
der **Verkehr** traffic
die **Verkehrsampel** -n (suspended) traffic
light
das **Verkehrsbüro** -s travel bureau; travel
agency
das **Verkehrsmittel** - means of transportation
das **Verkehrszeichen** - road sign; traffic
signal
verlieren, verloren lose
verrenken, verrenkt sprain
verschaffen (**sich etwas**), **verschafft**
get; arrange for
verschieden different; various
versichern, versichert assure
verstehen, verstanden understand
der **Verwandte** -n relative
die **Verzeihung** pardon
der **Vetter** -n boy cousin
viel much; a lot; **Viel Vergnügen!**
Have a good time!; **Vielen Dank!**
Many thanks!
viele [*plural*] many
vielleicht maybe; perhaps
vielmals many times
vier four
viermal four times
viert- fourth
das **Viertel** - quarter
die **Viertelstunde** -n quarter of an hour
vierzehn fourteen
vierzehnt- fourteenth
vierzig forty
vierzigst- fortieth
voll full
vom = **von dem**
von of; from; about; **von...aus**
from...; starting from...; **ein**
Freund von mir a friend of mine
vor in front of; before; **vor einem**
Monat a month ago; **vor der Stadt**

in a suburb; **die Uhr geht vor** the
clock/watch is fast
vorbei past
vorbei-fahren an (+ *dat.*) (**fährt...**
vorbei), **vorbeigefahren** drive past
vorbei-gehen an (+ *dat.*), **vorbei-**
gegangen go past
vorbei-kommen an (+ *dat.*), **vorbei-**
gekommen come past; go past; **vor-**
beikommen (bei) come by (a house);
drop in
vorgestern day before yesterday
vor-haben (hat...vor), vorgehabt in-
tend; plan
vorher previously; in advance
der **Vormittag -e** morning; forenoon
vorne in front
der **Vorschlag ⁔e** proposal; suggestion
vor-schlagen (schlägt...vor), vorge-
schlagen propose; suggest
die **Vorsicht** caution; **Vorsicht!** Be careful!
vorsichtig cautious; careful
vor-stellen (sich etwas), vorgestellt
imagine
der **Vorteil -e** advantage

W

die **Wache -n** guard; guardhouse; (police
or fire) station
der **Wagen -** car; automobile
der **Wagenschlüssel -** car key
wahr true
der **Wald ⁔er** wood; forest
die **Waldhütte -n** cottage in the woods
die **Wand ⁔e** wall
die **Wandkarte -n** map on a wall
die **Wandtafel -n** chalkboard
die **Wanduhr -en** clock on a wall
wann when [*in questions*]
war(en) was/were
wäre(n) would be
die **Ware -n** merchandise; wares
warm warm
warten, gewartet wait
warum why
was what; = **etwas** something; anything; **was für** what kind of
das **Waschbecken -** wash basin
die **Wäsche** linen
der **Wäscheschrank ⁔e** linen cupboard
das **Wasser** water
der **Wasserschi -er** water ski; **Wasserschi**
fahren water ski

der **Wassertank -s/-e** tank
der **Weg -e** way; path; street; drive
das **Weh -e** pain; ache; **weh tun** (+ *dat.*)
hurt
(das) **Weihnachten** Christmas
der **Weihnachtstag -e** Christmas Day
weiß → wissen
weiß white
das **Weißbrot** white bread
weit far
welch which; what
wem whom (*dat.*)
wen whom (*acc.*)
wenden (sich an + *acc.*), **gewendet**
turn toward; turn to (for assistance)
ein **wenig** a little; for a little while
wenn if; whenever; when
wer who (*nom.*)
werden (wird), geworden become;
get; [*with an infinitive*] will; [*with a*
participle] be
werfen (wirft), geworfen throw;
[→ **ein-**]
wessen whose
das **Wetter** weather
wie how; as; like; **Wie findest du es?**
What do you think about it?; **Wie**
schade! What a shame!
wieder again
auf **Wiederhören** good-bye (on the phone)
auf **Wiedersehen** good-bye
Wieland: Christoph Martin Wieland
(1733–1813) German author
wieso: Wieso? What do you mean?; In
what way?
wieviel how much; how many; **wieviel**
Uhr what time
will → wollen
willkommen welcome
windig windy
der **Winter -** winter
der **Wintermonat -e** winter month
das **Winterwetter** winter weather
wird → werden
wirklich real; actual
der **Wischer -** eraser
wissen (weiß), gewußt know (a fact)
wo where
die **Woche -n** week
das **Wochenende -n** weekend
das **Wochenendhaus ⁔er** weekend house
das **Wochenendhäuschen -** weekend cottage

der **Wochentag -e** weekday
wofür for what
wogegen against what; into what
woher from where
wohin where to
wohl well; probably
wohl-fühlen (sich), wohlgefühlt feel well
wohnen, gewohnt live; reside
die **Wohnung -en** residence; apartment
die **Wohnungstür -en** apartment door
das **Wohnzimmer -** living room
wollen (will) want to; plan to; **Wollen wir nicht?** Shall we; Shouldn't we?; **Das will ich meinen!** I'll say! [→ **hin**]
wollte(n) wanted; wanted to
womit with what
woran (erkennen) by what; **(erinnern)** of what
worauf (freuen) to what; **(bestehen)** on what
woraus out of what
worüber about what
wovon about what
wozu for what purpose
wunderbar wonderful
der **Wunsch ⁔e** wish
wünschen, gewünscht wish
würde(n) would
die **Wurst ⁔e** sausage
wußte(n) → **wissen** knew

Z

die **Zahl -en** number; numeral
der **Zahn ⁔e** tooth
das **Zahnweh** toothache
die **Zehe -n** toe
zehn ten
zehnt- tenth
das **Zeichen -** sign
zeigen, gezeigt show
die **Zeile -n** line (of print)
die **Zeit -en** time
die **Zeitschrift -en** magazine
die **Zeitung -en** newspaper

Zeppelin: Ferdinand von Zeppelin (1838–1917) engineer (lighter-than-air airships)
zerbrechen (zerbricht), zerbrochen break
der **Zettel -** piece of paper; note
die **Ziehharmonika -ken** accordion
ziemlich fairly; rather
das **Zimmer -** room
der **Zoll ⁔e** customs
die **Zollkontrolle** customs inspection
zu to; toward; at; for; too; **zu Hause** home; at home; **zu uns** to our house
zuerst first; at first
zufrieden satisfied; **zufrieden stellen** satisfy
der **Zug ⁔e** train; move in a chess game
zum = zu dem
zur = zu der
Zürich largest German-speaking city in Switzerland
zurück back; as change
zurück-bringen, zurückgebracht bring back
zurück-kommen, zurückgekommen come back
zusammen together
zu-sehen (sieht...zu), zugesehen look on; be careful to
zwanzig twenty
zwanzigst- twentieth
zwei two
zweimal twice
zweit- second
die **Zwei-Zimmer-Wohnung -en** apartment with living room and bedroom (and, in addition, a kitchen and a bathroom)
Zwillinge twins
der **Zwillingsbruder ⁔** twin brother
die **Zwillingsschwester -n** twin sister
zwischen between; among
zwo = zwei [used—only orally—to avoid possible confusion between "zwei" and "drei"]
zwölf twelve
zwölft- twelfth

Mädchen

Doris	Waltraud	Claudia
Daniela	Ingeborg	Marion
Dorothea	Ilse	Angelika
Heike	Karin	Petra
Helga	Sabine	Dagmar
Hannelore	Bettina	Renate
Marianne	Martina	Monika
Heidi	Gabriele	Beate
Eva	Gisela	Rita
Maria	Barbara	Andrea
Eva-Maria	Brigitte	Birgit
Elisabeth	Ursula	Christiane
Annette	Susanne	Cornelia
Ute	Sonja	Ulrike
Katja	Simone	Nicole
Betty	Yvonne	Ingrid

Jungen

Stefan	Karlheinz	Hermann
Michael	Hans-Joachim	Wolfgang
Thomas	Peter	Karl
Jens	Jürgen	Georg
Carsten	Dieter	Robert
Rainer	Thilo	Gerhard
Uwe	Matthias	Werner
Frank	Markus	Walter
Andreas	Ralf	Johannes
Günther	Harald	Herbert
Christoph	Horst	Heinz
Klaus	Roland	Manfred
Joachim	Kurt	Richard
Jochen	Fritz	Eberhard
Lars	Sven	Olaf
Bert	Erik	Hanns

DEUTSCHLAND

KEGELPROJEKTION

MEILEN

0   50   100   150

KILOMETER

0   50   100   150

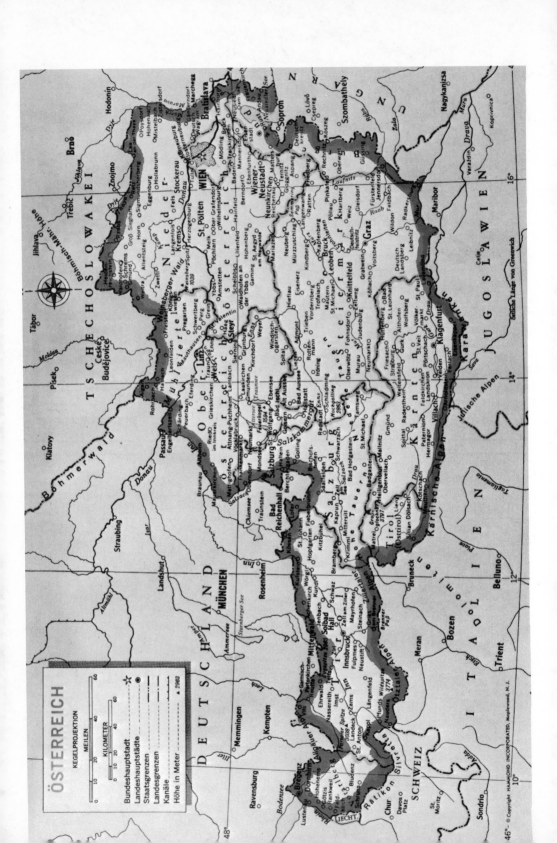

ÖSTERREICH

KEGELPROJEKTION

MEILEN
0 10 20   40   60

KILOMETER
0 20 40   60

Bundeshauptstadt .... ⭐
Landeshauptstädte .... ◉
Staatsgrenzen ....
Landesgrenzen ....
Kanäle ....
Höhe in Meter .... ▲ 2963

© Copyright HAMMOND INCORPORATED, Maplewood, N.J.

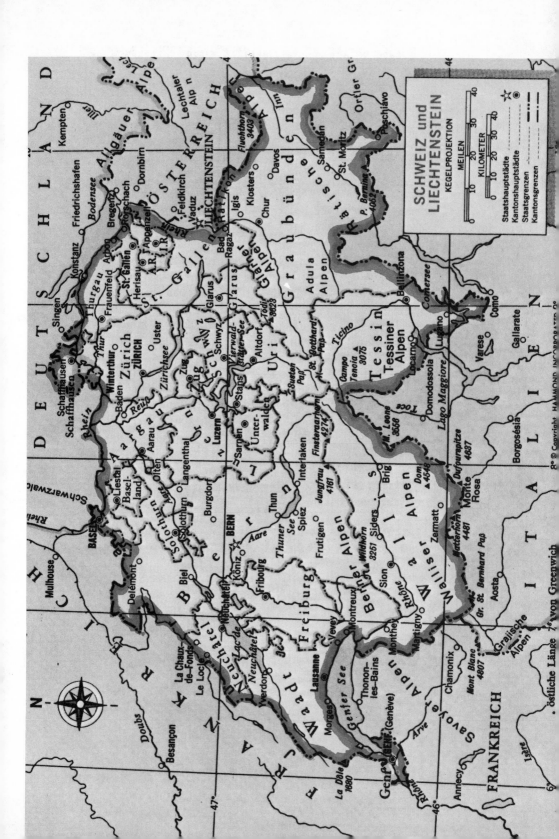

Index of Grammatical Topics
in the Exercises

The numbers in heavy type refer to Exercises; those in square brackets refer to pages.